中国职业技术教育学会
智慧文旅职业教育专业委员会推荐用书

专家指导委员会主任／韩玉灵
总主编／闫向军　魏　凯
顾问／朱承强

酒店管理与数字化运营系列教材

JIUDIAN SHUZIHUA YINGXIAO

酒店数字化营销

（第2版）

主　编　孙　健　王海燕　李　伟
副主编　邢琦娜　蒋术良　解姣姣　李　真

北京·旅游教育出版社

立体化教学资源

图书在版编目（CIP）数据

酒店数字化营销 / 孙健，王海燕，李伟主编. -- 2版. -- 北京：旅游教育出版社，2025.6
酒店管理与数字化运营系列教材
ISBN 978-7-5637-4663-7

Ⅰ．①酒… Ⅱ．①孙… ②王… ③李… Ⅲ．①饭店－数字化－市场营销－教材 Ⅳ．①F719.2-39

中国国家版本馆CIP数据核字(2024)第025546号

酒店管理与数字化运营系列教材

酒店数字化营销（第2版）

主　编　孙　健　王海燕　李　伟
副主编　邢琦娜　蒋术良　解姣姣　李　真

总　策　划	丁海秀
执行策划	黄明秋
责任编辑	黄明秋
出版单位	旅游教育出版社
地　　址	北京市朝阳区定福庄南里1号
邮　　编	100024
发行电话	（010）65778403　65728372　65767462（传真）
本社网址	www.tepcb.com
E - mail	tepfx@163.com
排版单位	北京旅教文化传播有限公司
印刷单位	天津雅泽印刷有限公司
经销单位	新华书店
开　　本	710毫米×1000毫米　1/16
印　　张	17.75
字　　数	265千字
版　　次	2025年6月第2版
印　　次	2025年6月第1次印刷
定　　价	59.80元

（图书如有装订差错请与发行部联系）

酒店管理与数字化运营系列教材
专家指导委员会、顾问、编委会

专家指导委员会
主　任：韩玉灵
委　员：杜兰晓　康　年　卓德保　丁海秀

顾　问
顾　问：朱承强

编委会
总主编：闫向军　魏　凯
委　员（按姓氏笔画顺序排列）：

于小桐　于相龙　马婷婷　王　方　王　琪　王　静　王玉娟　王海燕
王瀚君　尹　萍　孔亚楠　左　蕾　石　磊　叶耀玲　田万顷　冯召伟
冯英梅　邢琦娜　朱培锋　刘　伟　刘　岳　刘　峰　刘　萍　刘　鎏
刘兵燕　刘居超　刘晓杰　闫雪梅　孙　健　孙　鹏　孙　赫　孙立新
牟　青　纪　亮　杜奇明　李　伟　李　真　李文英　李岑虎　李雨琪
李佳龙　李素馨　李爱军　李海英　李姬贤　杨杏园　吴晓睿　邱　天
何梦华　辛　冰　汪　婷　汪惠萍　沙绍举　宋晓燕　张　文　张　琳
张　越　张　晶　张　强　张　媛　张立俭　张伟玉　张敏敏　张斐斐
张皓闵　张婷婷　张懿卓　陈　颖　陈永燕　陈增红　邵　雯　武真奕
尚晓攀　金　玉　周　彦　周高华　郑月月　柳花鹏　侯兴起　姜录录
秦　娜　袁　博　柴　佳　倪欣欣　徐　倩　栾鹤龙　高　宁　唐志国
鹿　敏　章勇刚　蒋术良　韩　静　韩爱霞　路　飞　路　伟　鲍　喆
解姣姣　綦恩周　蔡丽伟　潘晓黎

《酒店数字化营销》
编委会
主　编：孙　健　王海燕　李　伟
副主编：邢琦娜　蒋术良　解姣姣　李　真
编　委：李姬贤　孙　鹏　于相龙　孙　赫　张伟玉

总序 PREFACE

2021年3月，教育部印发了《职业教育专业目录（2021年）》，将高职"酒店管理专业"更名为"酒店管理与数字化运营专业"，这是旅游职业教育呼应旅游业特别是酒店业数字化时代的标志。酒店业与信息化、数字化、智能化融合已是大势所趋，网络预订、短视频营销、直播带货、网络点评、会员系统、云PMS、移动支付、人脸识别、餐饮POS收银、网络团购、成本控制、在线点单等基本普及，信息技术和信息系统成为酒店企业日常经营的基础工具与竞争利器。中国酒店业已经从以产品和服务为中心进入了以客户为中心的时代，数字化成为酒店业发展的命脉所在，同样成为酒店管理与数字化运营专业的必修内容。

在这样的形势下，原有的高职酒店管理专业课程和教学内容留什么、改什么，数字化运营是什么、做什么，酒店管理与数字化运营专业如何建设、如何发展、如何培养人才，成为高度聚焦、深度研究的课题。在专业建设的众多课题中，我们以教材建设作为适应专业变革的突破口，有组织、有计划地进行"酒店管理与数字化运营专业"的教材建设。根据前期积累的教育教学与专业建设经验，在旅游教育出版社的大力支持下，我们组织专家团队开展"酒店管理与数字化运营系列教材"的编写与出版工作。

2020年初，也是在"酒店管理专业"正式更名之前，作为有着30多年酒店管理专业办学经验的老牌旅游院校，山东旅游职业学院已深切感到酒店管理专业应该加强形势研判、抓住机遇、赢得主动，从与专业建设密切相关的教材和课程建设入手，积极开展相关工作。学院组织包括星级酒店、连锁酒店、连锁餐饮公司、物业公司在内的22位企业总监级别以上的管理人员、酒店管理专业教学专家与学院酒店管理专业的教师共同召开专业建设研讨会，形成了全国首套酒店管理与数字化运营专业的人才培养方案、课程建设方案、教材建设方案。这套方案的课程设置与当前教育部主导的高等职业学校酒店管理与数字化运营专业教学标准的课程设置是高度吻合的，为我们牵头组织"酒店管理与数字化运营系列教材"的编写奠定了良好的基础。

2021年7月，山东旅游职业学院与旅游教育出版社共同邀请覆盖全国院校和酒店行业企业的专家团队召开研讨会，启动教材编写工作。编写专家团队分别来自济南大学、山东青年政治学院、浙江旅游职业学院、青岛酒店管理职业技术学院、郑州旅游职业学院、黑龙江旅游职业技术学院、广州番禺职业技术学院、济南职业学院、青岛职业技术学院、北京财贸职业学院、黑龙江工程学院、平顶山职业技术学院、安徽职业技术学院、烟台工贸学校、顺德职业技术学院、洛阳科技职业学院、湖南商务职业技术学院、安徽广播影视职业技术学院、贵州职业技术学院等20多所院校。全套教材的编写注重校企合作与数字化升级。我们还邀请北京歌华开元大酒店、山东舜和酒店集团、山东南郊集团、山东大厦、济南鲁能贵和洲际酒店、青岛香格里拉、广州香格里拉、杭州柏悦酒店、杭州绿云软件股份有限公司、北京云迹科技股份有限公司、广州蓝豆软件科技有限公司10余家行业企业的专家参与此项工作。在多方共同努力下，首批8种教材已于2022年面市，同系列更多新品种陆续出版，部分品种的改版修订工作也在进行中，敬请期待。

本套教材既可作为中高职旅游类专业教学用书，也可作为职业本科旅游类专业教学参考用书，同时可作为工具书供从事旅游服务与管理的企事业单位专业人员借鉴与参考。

由于本教材是酒店管理与数字化运营专业更名后的新教材，加之酒店行业数字化转型日新月异，教材编写中难免还存在缺陷与不足，恳请读者指正，我们将在再版过程中予以完善与修正。

总主编：周向军

2025年2月

修订前言
REVISED FOREWORD

  为全面贯彻落实党的二十大精神、全国教育大会精神和习近平新时代中国特色社会主义思想及党的教育方针，培养高素质技术技能人才，做好"五金"新基建，我们按照教育部酒店管理与数字化运营专业简介和教学标准，结合酒店行业对专业人才的现实需求，对《酒店数字化营销》进行了全面修订。

  本教材紧跟酒店行业发展趋势，深度对接市场需求和新科技成果，及时纳入新工艺、新技术和新规范，系统梳理了酒店营销的传统重要理论与经典方法；聚焦数字化营销的创新实践，详细阐释了数字化消费群体的精准画像、酒店短视频内容创作、酒店品牌自媒体运营等前沿内容；创新性地诠释了酒店营销数字化转型的方式方法及其运用。此外，本教材积极融入新技术元素，如 DeepSeek 等 AI 大模型，更新了数字化案例和营销工具的介绍，进一步凸显数字化特色。

  总体而言，第 2 版教材主要从以下三方面进行了修订。

一、思政元素的深度融入

  本教材将思政元素融入教学内容，贯彻党的二十大精神、习近平新时代中国特色社会主义思想、"三教改革"理念及大国工匠精神，实现知识传授、能力培养与价值引领的深度融合，促进学生全面发展。

二、教材体例的全面更新

  全书采用"项目—任务式"编写方式，围绕酒店数字化营销的实际场景，设计了从市场调研、消费者画像、数字化营销策略制定到营销效果评估的全流程任务。通过实践，学生能够逐步提升分析和解决问题的能力，更好地适应行业数字化转型发展。

三、内容模块的丰富完善

为培养适应"互联网＋酒店"新业态发展的复合型酒店数字化营销人才，方便学生学习与教师教学，此次修订对【学习目标】进行细化，明确分为知识目标、能力目标和素养目标；同时，对【项目训练】进行全面升级，客观题和主观题都可通过扫描二维码在线作答，使学习更便捷。

此外，增加了【任务导入】和【任务实操】模块，激发学生的学习兴趣，提升其实际操作能力。每个任务后还附有【任务评价与总结表】，帮助学生检查对该任务知识点的掌握情况，以便及时查漏补缺。任务评价与总结表扫码即可获取。

本教材编写团队由高校教师、酒店集团营销总监、数字营销专家和数字媒体技术应用专家组成。在编写过程中，我们广泛参考了相关论著，吸收了专家观点，但为行文简洁，未一一注明。书后附有重点参考论著目录，谨向相关编著者致以诚挚的谢意。

尽管本书历经多次修改，但因编者能力有限，书中难免存在不足之处，恳请专家读者批评指正。

编　者

2025年5月

目录 CONTENTS

项目一　认知酒店市场营销与营销 ··· 1
 任务一　了解酒店市场营销 ··· 3
 任务二　掌握酒店市场营销运营与管理 ··································· 9

项目二　开展酒店市场营销环境调研与分析 ······························· 17
 任务一　认知酒店市场营销环境 ··· 19
 任务二　分析消费者购买行为 ·· 24
 任务三　掌握酒店市场调研 ··· 33

项目三　探索酒店市场细分与定位 ··· 45
 任务一　了解酒店市场细分内涵 ··· 47
 任务三　定位酒店目标市场 ··· 61

项目四　制定酒店产品策略 ·· 67
 任务一　认知酒店产品 ·· 69
 任务二　掌握酒店产品生命周期策略 ···································· 76
 任务三　开发酒店新产品 ··· 82
 任务四　制定酒店品牌策略 ··· 89

项目五　制定酒店价格策略 　99
任务一　认知酒店产品价格　101
任务二　掌握酒店客房产品定价　112
任务三　掌握酒店餐饮产品定价　120
任务四　识别定价的误区　125

项目六　管理酒店销售渠道　129
任务一　认知酒店数字化销售渠道　131
任务二　选择酒店数字化销售渠道　135
任务三　建立酒店数字化销售渠道　139

项目七　认知酒店促销策略　149
任务一　了解酒店促销　151
任务二　熟悉人员推销　155
任务三　了解广告和广告媒体　160
任务四　熟悉销售促进　166
任务五　认知酒店公共关系　169

项目八　实施酒店数字化营销推广　177
任务一　了解酒店短视频营销的特点　179
任务二　开展酒店品牌微信营销　188
任务三　利用App进行酒店品牌营销　202
任务四　优化OTA平台的酒店产品展示　205
任务五　探索酒店新媒体营销创新方式　211

项目九　策划酒店数字化活动　223
任务一　了解酒店数字化活动策划内涵　225
任务二　策划酒店数字化活动　228

项目十　撰写酒店数字化文案　243
任务一　了解酒店数字化文案　245
任务二　学习酒店数字化文案写作技巧与方法　248
任务三　掌握不同类型酒店数字化文案的写作　265

参考文献　273

项目一 认知酒店市场营销与营销

项目导读

　　学习酒店数字化营销课程,首先要清楚地了解酒店市场营销与营销的发展。项目一是本书的基础篇章,介绍了数字化时代酒店市场营销的概念,对酒店数字化营销的相关理论进行了阐述。在竞争日益激烈的今天,酒店企业应把市场营销摆在非常重要的位置。

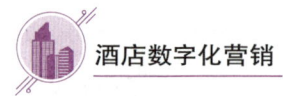
酒店数字化营销

学习目标

知识目标	1. 了解市场与市场营销的概念 2. 了解 4Ps 营销观念的内容 3. 了解酒店市场营销观念的发展
能力目标	1. 能够掌握营销观念不同阶段的演变逻辑 2. 能够运用营销观念初步分析酒店运营中的实际问题 3. 能够进行不同维度的酒店市场营销岗位设置
素养目标	1. 热爱酒店行业,坚守营销岗位,提升服务意识 2. 认真钻研酒店数字化营销逻辑,发扬工匠精神

思维导图

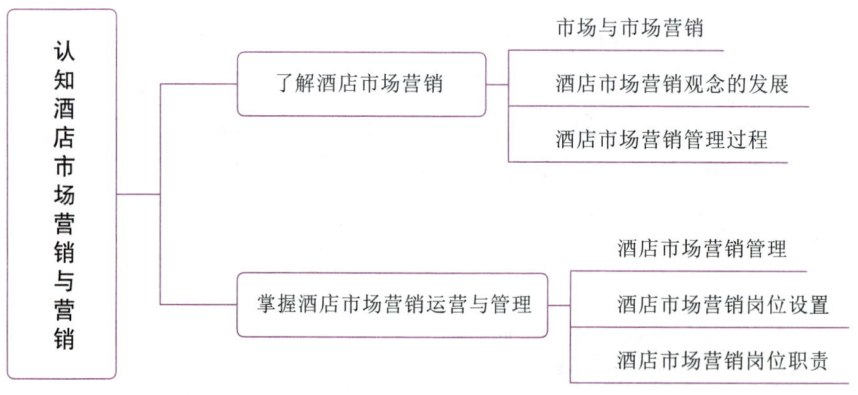

任务一　了解酒店市场营销

任务导入

星巴克如何通过"第三空间"概念占领市场

星巴克成功将其品牌从普通的咖啡连锁店升级为现代城市生活方式的象征。它提出了"第三空间"的概念，定义为工作与家庭之外的舒适场所。通过独特的市场定位，星巴克在全球范围内吸引了大量忠实客户。星巴克根据不同市场推出本地化饮品，例如中国市场的抹茶拿铁和月饼礼盒；店内设计注重营造舒适感，通过免费 Wi-Fi、背景音乐和友好的服务吸引顾客停留；开发星享卡和星巴克 App，提供积分、优惠等福利，增强客户忠诚度；通过公益活动和社交媒体传递企业的环保理念和社会责任感，提升品牌形象。

不难看出，从"以产品为中心"到"以顾客体验为中心"；从"销售导向"到"关系导向"；从"标准化"到"个性化"；从"功能需求"到"情感需求"；从"竞争导向"到"价值共创"的市场营销观念的转变，是星巴克的成功之道。

任务知识

一、市场与市场营销

在当今市场经济条件下，任何企业和商品都离不开与市场的交流。企业与市场的关系是不可分割的，企业是为了市场的需要而存在的，企业也是服务于市场的。市场有着不同的需求，而企业为了满足市场的种种需求而发展壮大。企业与市场的关系是社会性问题，市场是左右关系的根源，有了市场的需求，才有了满足这种需求的企业，对产品进行加工制造、销售购买，从而形成一种市场循环。

微课 1-1
了解酒店市场营销

（一）认识市场

市场（Market）是商品和服务价格建立的过程，是生产力发展到一定阶段的产物，是社会分工进一步深化的结果。《周易·系辞》就市场的起源这样记载:"神农日中为市,致天下之民,聚天下之货,交易而退,各得其所。"我国古代社会进入农业时期,社会生产力有一定发展后,先民们就开始就少量剩余产品进行交换,进而产生了原始市场。

随着经济活动的日益繁荣,原始市场发展成为百货市场、超级市场、连锁超市等多种形式。从场所论的角度来看,市场是商品交换的场所;从领域论的角度来看,市场是流通领域;从关系论的角度来看,市场是商品交换关系的总和,反映了人与人之间的关系,市场是商品生产和商品交换及由此产生的各种经济关系的总和;从需求论的角度来看,市场是指在一定时期内,某一地区中存在的对某种商品具有购买力、购买欲望的现实和潜在的购买者群体(表1-1)。

表1-1 关于市场的"四论"

阐述视角	主要观点
场所论	市场是商品交换的场所
领域论	市场是流通领域
关系论（经济学角度）	市场是商品交换关系的总和,反映了人与人之间的关系。市场是商品生产和商品交换及由此产生的各种经济关系的总和
需求论（市场营销学角度）	市场是指在一定时期内,某一地区中存在的对某种商品具有购买力、购买欲望的现实和潜在的购买者群体

(二)市场营销的概念

市场营销源自英文marketing一词。市场营销理论发源于20世纪初期的美国,在20世纪80年代传入我国。在营销理论发展演变过程中,各国学者和研究机构从不同角度对市场营销总结了多种定义(表1-2)。

表1-2 市场营销的含义

专家及协会	主要观点
美国市场营销协会（AMA）	对观念、产品及服务进行设计、定价、促销及分销的计划和实施的过程,从而产生满足个人和组织的目标交换
英国特许营销协会（CIM）	以营利为目的,识别、预测和满足消费者需求的管理过程
麦卡锡（EJ.McCarthy）	引导商品和服务从生产者到消费者或使用者的企业活动,以满足顾客并实现企业的目标
菲利普·科特勒（Philip Kotler）	是企业识别目前尚未满足的需要和欲望,估量和确定需求量的大小,选择本企业能最好地为其服务的目标市场,并决定适当的产品、服务和计划,以便为目标市场服务的活动过程

综上所述，市场营销是指在一定时期内组织或个人通过交换提供满足消费者需求的产品的管理过程。

二、酒店市场营销观念的发展

酒店市场营销观念是酒店企业决策者在组织和谋划企业整体经营活动中所依据的指导思想和行为准则，是企业市场营销管理的哲学思想，经历了5个阶段：生产观念、产品观念、推销观念、市场营销观念、社会营销观念。前3个阶段的观念是以企业为中心的导向观念；后2个阶段被称为市场导向观念和社会营销导向观念。

知识链接 1-1
现代营销学之父

酒店市场营销观念演变的主要因素有科学技术的进步、社会生产力的发展、市场竞争的加剧、信息来源的增加、市场需求的增加和现代化管理及社会价值观念的变化等。

（一）生产观念

生产观念是最古老的指导企业经营活动的观念之一。酒店业发展初期，由于经营规模小，生产效率低，酒店产品与服务不能完全满足需求增长的要求，多数商品处于供不应求的状态，是典型的卖方市场。

这种观念认为消费者喜爱那些可以到处买到并且价格低廉的产品。在这种观念指导下，企业以产定销，专注于集中一切力量扩大生产、降低成本，生产出尽可能多的产品来获取更多的利润。

企业的典型口号是"酒店能够提供什么，就卖什么"。企业重视生产环节，忽略了顾客需求。

（二）产品观念

产品观念的产生背景是酒店业市场供求基本平衡，生产处于饱和状态，酒店经营者的注意力由客房数量、餐厅容量等有关产品的数量逐渐转向产品的质量上。随着社会的发展和人民生活水平的日益提高，酒店类产品已经不仅仅是提供住宿功能和餐饮功能，舒适、享受、时尚慢慢成为酒店消费者需求的方向。因此，酒店经营者开始追求设施设备的高档化和多样化、服务的标准化和规范化。

这种观念认为酒店消费者最喜欢高质量、多功能和有特色的酒店产品，酒店企业的所有精力致力于生产高质量产品，并不断改进产品的质量。有时酒店企业缺乏远见，看不到市场的变化。

企业的典型口号是"好酒不怕巷子深"。这时的酒店企业容易患上"营销近视症"。

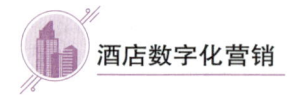

（三）推销观念

随着酒店数量的增多、设施设备的改善、服务质量的提升，酒店市场竞争开始加剧，酒店产品供过于求，卖方市场向买方市场进行转变。推销观念盛行于 20 世纪 40 年代。由于科技进步、科学管理和大规模生产技术的推广，商品产量迅速增加，市场供求关系发生逆转，买方市场逐渐形成，卖方竞争日趋激烈。

这种观念认为酒店消费者通常有购买迟钝或抗拒购买的表现，如果任其自然，酒店消费者就不会购买本企业太多的产品。酒店企业需要致力于产品的推广和广告，说服甚至是强制消费者购买。酒店的组织形式也由过去以生产为中心转向以销售为中心的架构形式，扩大了酒店销售部门的职权，增加了市场销售、广告宣传等部门的设置。

企业的典型口号是"酒店推销什么，顾客就买什么"。但是销售观念并不能建立长久的顾客关系，其指导思想是酒店企业出售其所拥有的产品，而不是创造市场所需要的产品。

（四）市场营销观念

市场营销观念是企业经营观念的一次革命。这种以顾客为中心的观念盛行于 20 世纪 50 年代，此时西方发达国家的市场已经变成买方市场，消费者的要求不断变化和提高。

随着科学技术的飞速发展，生产效率的空前提高，市场竞争的日益加剧，酒店顾客的需求更加多元和个性，导致供过于求或者供求不对等，满足顾客需求成为酒店企业最应该考虑的问题，只有了解顾客需求并努力满足顾客的需求，酒店企业才能够在日益激烈的市场竞争中站稳脚跟，得到长足的发展。"顾客至上""顾客永远是对的"等相关理念开始广为流传。

这种观念认为实现企业目标的关键是集中企业的一切资源满足目标市场上顾客的需求；营销理念和活动贯穿企业经营管理的全过程；企业追求长远利益。

企业的典型口号是"顾客需要什么，我们就生产什么"。市场营销观念虽然抓住了"顾客"这个市场核心，实现了酒店企业指导思想的根本变革，但片面注重顾客需求和供求两方面的利益而忽视了社会利益的存在，营销观念期待着新的革命。

（五）社会营销观念

社会营销观念是 20 世纪中叶后被提出的新营销理论，这一观点是在现代环境恶劣、人口激增、污染加剧、资源过度开发、通货高度膨胀等世界性问题出现的情况下提出的。它将酒店管理者和消费者的利益同整个社会的长期利益视为一个整体来作为酒店营销的目标。酒店营销需要考虑到有共同利害关系的各方利益，包括消费者、酒店员工、公司管理层、社会有关部门、政府等方面的利益。为酒店创造利润已经不是市场营销的唯一目的，市场营销是为了达到创造各方共同利益的目的而采取的手段。

酒店业经营者在制定营销策略时要注意三方利益，即消费者利益、企业利益和社会利益。要综合运用各种营销手段，引导消费者合理消费，实现企业利益和社会利益相统一。

三、酒店市场营销管理过程

酒店市场营销的实质是酒店企业为实现其目标，创造建立并保持与目标市场之间的关系而进行的分析、调研、计划、执行与控制的过程。

（一）酒店市场营销环境分析

酒店市场营销环境是指影响和制约企业营销活动的各种因素的总和，是酒店企业营销活动的资源基础，是酒店企业制定营销策略的依据。酒店企业营销活动受制于环境因素，必须与所处的环境相适应。

酒店市场营销环境分为宏观环境和微观环境，前者是对酒店产生较大影响的社会因素和力量，如政治、经济、文化、人口等；后者包括自身及周围环境等所有直接影响企业经营、服务、管理的因素，如酒店的供应商、中间商、顾客、竞争对手、社会公众等。酒店市场营销管理应先对酒店市场营销环境进行分析，再发挥主观能动性，制定有效的营销策略去影响环境，在市场竞争中处于主动，占领更大的市场（图1-1）。

图1-1 位于三亚海棠湾的度假酒店群

（二）明确酒店战略目标

酒店应了解顾客的需求及所在区域，了解消费者行为和购买方式，分析市场规模和结构，选定最适合酒店发展的目标市场。

首先，对现有和未来的市场容量做出客观分析和预测，由于未来市场需求增长与经济发展、收入水平和人口等宏观因素有密切关系，还要分析这些因素对未来发展的影响，最终决定是否进入这一市场。

其次，对酒店顾客进行市场细分，酒店企业应对不同的顾客进行辨别，根据地理、心理、人口结构等因素，将整个市场划分为不同类别的细分市场。

再次，根据细分市场进行目标市场的选择，根据各细分市场的吸引力来评估酒店企业的营销机会，满足酒店顾客的独特需求。

最后，进行战略目标定位，根据竞争者现有的产品在市场上所处的位置，塑造酒店产品与众不同、符合顾客需求的市场形象，以便顾客将本酒店产品与竞争对手产品做好区分。

（三）制订市场营销计划

市场营销计划是酒店企业为达到经营目标而制订的一系列活动的计划，经营单位需要分别为自己的产品、服务、产品线、品牌、细分市场和区域市场甚至顾客制订市场营销计划，并对营销组合的各个方面进行预算分配。

（四）规划市场营销策略

市场营销策略是具体细化展示和途径方法的选择，主要包括产品策略（Product）、价格策略（Price）、渠道策略（Place）和促销策略（Promotion），即营销学中经典的4P策略。

市场营销策略组合就是为了满足目标市场的需求，对自己可以控制的市场因素进行优化组合，以完成酒店经营目标。市场有众多不可预测因素，如突发事件、卫生事件、自然灾害等；但市场又是可预测的，如消费倾向、客源流向等。通过市场营销策略的组合，各个因素就是各个自变量，营销策略组合就是这个变量的函数，是一个整体协同作用的过程。

知识链接1-2
4P营销理论

任务评价与总结表

任务实操

举例论述酒店市场营销管理过程

第一步，请每个小组选择一家经营酒店作为论述对象。

第二步，小组成员分析该酒店的市场营销环境，收集酒店战略目标、市

项目一　认知酒店市场营销与营销

场营销计划，规划市场营销策略等。

第三步，完成表1-3，总结你们的发现，并准备一个简短的演示文稿来向全班展示你们的分析结果。

表1-3　酒店市场营销管理过程

酒店名称	营销环境（详细描述营销环境）	战略目标（描述酒店战略目标）	营销计划（制订市场营销计划）	营销策略（规划市场营销策略）

 **任务二　掌握酒店市场营销运营与管理**

任务导入

香格里拉酒店集团的岗位协作

在竞争激烈的酒店行业，香格里拉酒店集团通过精细化的市场营销策略，成功地在全球范围内树立了卓越的品牌形象。让我们来观察香格里拉酒店集团市场营销部门的岗位设置与协作方式，以及其如何通过有效的组织管理提升市场竞争力。

市场策划经理：根据酒店的整体战略和市场需求，制订市场营销计划；负责市场调研，了解竞争对手情况和行业趋势，为营销计划提供数据支持；组织并实施各种营销活动，包括线上、线下活动，如促销、广告、推广等。

销售经理：负责酒店客房、餐饮、会议等各项服务的销售工作；根据市场营销计划，制定销售策略，达成销售目标；建立并维护客户关系，提高客户满意度；收集客户反馈和市场信息，为市场营销部门提供支持。

公关经理：负责酒店的公共关系事务，包括媒体联络、品牌活动策划、危机公关处理等；提升酒店的品牌知名度和美誉度。

那么，香格里拉酒店集团的市场营销部门的工作是如何开展的？

1.跨部门合作。市场营销部门与前厅部、餐饮部、客房部等紧密协作，

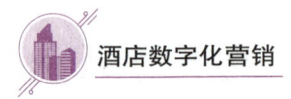

确保营销策略与酒店运营无缝衔接。

2.定期召开会议。每周召开部门会议,讨论市场动态、客户反馈、销售业绩等,并及时进行调整。

任务知识

一、酒店市场营销管理

酒店管理者需要通过运用营销学和管理学的相关理论对酒店市场营销的各个环节进行有效的组织管理,对酒店企业内部营销系统进行整体协调,以达到市场营销活动效益最大化。

(一)酒店市场营销管理内涵

酒店市场营销管理是指对酒店企业立项的经营项目和营销活动进行计划、组织、执行和控制,以便能创造、建立和维持与酒店目标市场的良好交换关系,达到实现酒店总体经营目标的目的。

(二)酒店市场营销管理特点

相较于其他市场营销管理,酒店企业营销管理具有以下特点。

(1)酒店企业营销管理是一系列包括分析、计划、执行和控制的过程。

(2)酒店企业营销管理的目的在于使预期的交易完成。

(3)酒店企业营销管理的实施可以增进酒店企业和入住顾客双方的利益。

(4)酒店企业营销管理注重产品、价格、渠道和促销4P策略的相互协调和适应,以实现有效的营销反馈。

(三)酒店市场营销管理的具体内容

酒店市场营销管理是对酒店企业的经营项目和营销活动进行计划、组织、执行和控制的过程,市场营销管理的具体内容可以从分析、计划、组织和执行、控制4个方面来进行陈述。

(1)分析。酒店市场营销管理的分析包括酒店市场营销环境分析,酒店产品消费行为分析、酒店产品价格和服务分析、酒店企业内部架构分析及酒店竞争产品分析。

(2)计划。酒店市场营销管理的计划包括酒店市场营销形势的概括,酒店企业的经营机会、威胁、优势、劣势的确定和评价,酒店营销目标的制定和营销策略的选择,包括酒店企业短期及中长期计划的制订,并做好相应的销售预测。

（3）组织和执行。经过一系列营销目标的确定，营销策略的选择及营销计划的制订，酒店市场营销管理需要对全体员工展开培训，进行以营销为导向的酒店组织架构的建立，选择合适的部门员工，开展恰当的促销活动，在部门内及其他部门之间进行广泛而密切的交流合作。

（4）控制。酒店市场营销管理的控制主要包括酒店市场营销数据的分析、归纳、整理和总结，用既定的绩效标准来衡量和测评酒店营销活动的实际结果，分析营销活动开展的实用性，评估阶段性营销活动的工作业绩，并进行相应的总结，采取相应的措施进行优化。

拓展阅读 1-1 海尔的员工培训

二、酒店市场营销岗位设置

酒店市场营销部是一个酒店全面负责执行和管理市场营销工作的组织机构，酒店规模大小不同，营销部门的人员配置和其投入也有所不同。

另外，酒店企业的市场营销是全员营销。酒店营销工作的效果除了市场营销部门的工作，更有赖于其他部门和全体员工的共同参与。在此意义上，酒店市场营销工作的组织控制就已扩展到整个酒店的经营与管理之中。

根据酒店企业的规模、产品定位、细分市场及消费者购买特征、中间商在市场营销中所发挥的作用等诸多因素，一般来说，大中型酒店企业的营销组织设置主要有以下 3 种类型。

（一）按地理区域设置营销部门

按照酒店企业的地理区域分布来配置营销力量是大型酒店企业在市场营销组织设置中运用较为广泛的一种形式（图 1-2）。其特点是委派销售人员负责向某地区范围内所有消费者销售酒店产品，有效降低酒店营销成本，避免不同营销区域之间职责人员的竞争，提高工作效率。这种形式的不足之处在于各区域都要设立专门的营销部门，需要投入大量的人力成本。

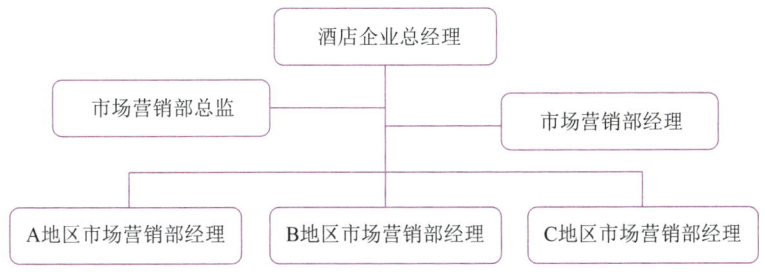

图 1-2 按地理区域设置的市场营销部门组织结构

（二）按酒店产品设置营销部门

根据酒店产品来配置销售力量，最大的优点是营销人员会具备相当专业的知识体系，了解酒店产品的开发、生产和销售等各个环节，能够增强产品的竞争力，进行较高水平的营销活动（图1-3）。这种形式的不足在于费用开支较高，如果配置不当还会造成内部竞争。

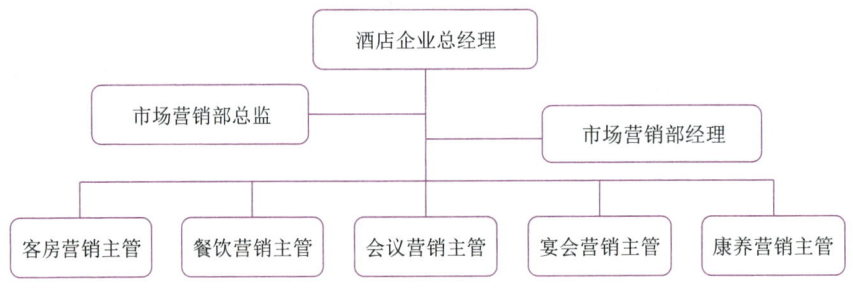

图1-3　按酒店产品设置的市场营销部门组织结构

（三）按目标市场设置营销部门

以目标市场为基础，专门的营销人员负责不同的客户群体，有利于酒店营销人员与客户建立坚实长久的业务关系，便于掌握市场需求和变化趋势（图1-4）。

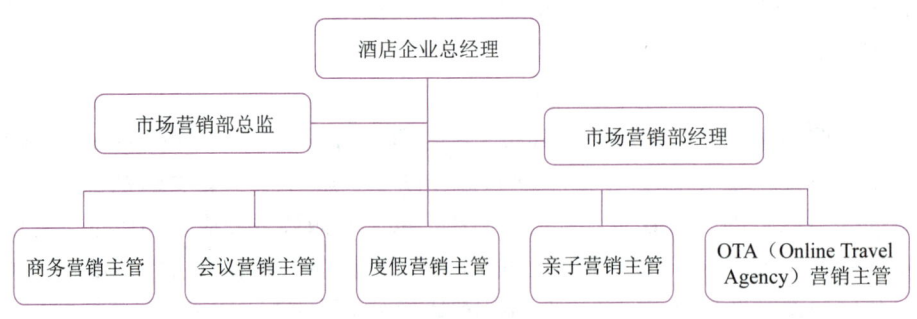

图1-4　按目标市场设置的市场营销部门组织结构

三、酒店市场营销岗位职责

酒店市场营销部是酒店企业的核心部门，负责酒店市场营销调研、分析市场环境、确定酒店目标客源市场和酒店产品定位等工作。

（一）市场营销部总监岗位职责

（1）负责拟定市场营销部的管理制度、工作程序，并负责监督市场营销部工作人员贯彻落实。

（2）负责拟定酒店市场开发及维护战略与销售策略。

（3）负责制订酒店广告策划、宣传营销计划，督促广告主管推进酒店产品及服务宣传，并按酒店规定的标准审核、控制广告费用。

（4）负责酒店公共关系主管编制公共关系工作计划及活动方案，并监督执行。

（5）督促各类公共关系活动按计划开展，维护酒店公共关系形象及品牌形象。

（6）与房务部、餐饮部等相关部门进行协调，共同制定客房、餐饮、会议等价格方案及优惠政策。

（7）与财务部协调，审核顾客挂账方式和信用情况。

（8）构建合作紧密、高效能的酒店市场营销队伍，充分发挥每位成员的潜能。

（9）开展市场调研，根据消费者行为分析，制定最佳营销方案及优惠政策。

（10）制订长期培训计划，并监督营销经理定期组织和开展市场营销部的培训工作，提升部门工作人员的工作技能和职业素养。

（11）建立公关销售业务档案。

（12）负责组织VIP客户的接待和答谢。

（13）掌握市场动向、行业热点信息、竞品细节，定期向总经理总结市场报告并提出相应政策。

（二）市场营销部经理岗位职责

（1）服从市场营销部总监的管理，向市场营销部总监提交工作计划，进行工作汇报，对市场营销部总监负责。

（2）及时掌握市场情况以便有效实施，调整营销计划。

（3）向下属营销主管分配营销任务并监督执行。

（4）协同其他相关部门根据市场环境和酒店经营情况，制定符合市场需求、适合酒店运营发展的价格策略和产品组合方案。

（5）按照公关计划组织开展各项公关活动，监督执行并确保达到预期目标。

（6）监督并审核酒店广告计划执行，保证酒店广告高效到位。

（7）定期完成客户走访与客户关系维护工作，及时处理客户意见。

（8）组织建立客户档案系统，督促下属及时整理并做好客户档案归档、调阅与保管等工作。

（9）组织开展营销主管培训工作，提高主管营销技能与管理水平。

（10）监督指导营销主管日常工作，做好绩效考评。

（三）商务营销主管岗位职责

（1）制订商务客户的销售目标及走访计划，并监督下属执行。

（2）制订长包房的销售策略和销售计划。

（3）组织下属开展客户走访工作，指导下属做好客户关系维护工作，加强与客户的联系与沟通。

（4）不断开拓酒店的商务客户市场，扩大销售网络。

（5）收集客户反馈信息，及时发现客户需求的变化，及时解决客户反映的问题。

（6）协调好来店消费客户的接待工作，全程跟踪服务，保证服务质量。

（7）记录、整理客户消费信息，形成销售工作笔记，并及时更新客户档案。

（8）关注旅游市场动态，组织做好市场信息的收集和整理工作。及时统计分析各类市场信息，定期向营销部经理提交分析报告。

（9）组织下属定期参加部门培训，对下属工作绩效进行考评，对下属的培训情况进行考核。

（10）根据任务需要，协助其他部门开展工作。

（四）会议营销主管岗位职责

（1）制订酒店会议服务或产品的销售计划，明确年度、季度及月度的会议营销目标，并监督下属执行（图1-5）。

（2）与产品研发部门共同研发会议产品组合方案。

（3）指导下属定期走访会议客户，定期走访政府机构、企事业单位及各类协会组织，了解年度需求，提前做好计划。

（4）积极开发新客户，组织做好有意向客户来酒店参观、咨询、洽谈接待工作。

（5）组织做好客户资料的收集、整理、分析工作，以便全面掌握客户消费需求的变化，及时更新客户档案。

（6）积极听取客户对酒店会议设施及服务的反馈意见，并及时反映给相关部门。

（7）跟踪会议客户的服务，并根据客户的要求监督指导会议前的准备工作。

（8）关注旅游市场动态，组织做好市场信息的收集和整理工作。及时统计分析各类市场信息，定期向营销部经理提交分析报告。

（9）组织下属定期参加部门培训，对下属工作绩效进行考评，对下属的培训情况进行考核。

（10）根据任务需要，协助其他部门开展工作。

图 1-5　承接会务是酒店营销的一大重点

（五）宴会营销主管岗位职责

（1）制订酒店宴会业务的销售计划，明确年度、季度及月度的会议营销目标，并组织销售人员按时完成。

（2）指导并监督营销专员定期走访目标客户，维护客户关系。

（3）指导并监督下属做好客户来酒店咨询参观的接待工作。

（4）检查宴会前准备工作的落实情况，及时与餐饮部同事沟通、联系，确保宴会服务事项的落实。

（5）及时解决宴会进行过程中出现的问题，及时处理客户意见及投诉，并及时与相关部门联系，确保为客户提供优质服务。

（6）与餐饮部和行政总厨沟通协调，共同议定宴会销售价格。

（7）积极监督下属参与培训，并对培训效果进行考评。

（8）关注旅游市场动态，组织做好市场信息的收集和整理工作。及时统计分析各类市场信息，定期向市场营销部经理提交分析报告。

思政园地

专业词汇

任务评价与总结表

(9）参与下属的绩效考核工作。

（10）根据任务需要，协助其他部门开展工作。

任务实操

举例分析酒店市场营销岗位的职责

第一步，请每个小组选择一家经营酒店作为论述对象。

第二步，小组成员分析该酒店市场营销部总监、市场营销部经理、商务营销主管、会议营销主管、宴会营销主管的岗位职责。

第三步，完成表1-4，总结你们的发现，并准备一个简短的演示文稿来向全班展示你们的分析结果。

表1-4　酒店市场营销岗位的职责

酒店名称	
市场营销部总监	
市场营销部经理	
商务营销主管	
会议营销主管	
宴会营销主管	

项目训练

扫描右侧的二维码，开始做题吧。

随堂练习

项目二
开展酒店市场营销环境调研与分析

项目导读

酒店市场营销环境是影响酒店营销决策的内外部因素的集合，包括酒店可控的内部条件及不可控的外部力量。管理人员需充分了解酒店市场营销环境，以优化营销策略。本项目旨在助力学生明晰市场营销环境的重要性，掌握其构成要素；深入剖析消费者购买行为，总结消费者购买行为影响因素与购买决策过程。同时，让学生掌握酒店市场调研方法，提升实操能力。

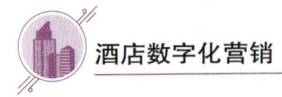
酒店数字化营销

学习目标

知识目标	1. 了解酒店宏观营销环境和微观营销环境的细分 2. 学会分析消费者购买行为
能力目标	1. 能够熟悉酒店消费者购买行为并制定产品策略 2. 能够熟悉酒店消费者的购买决策过程 3. 能够分析酒店市场营销环境 4. 能够针对酒店市场营销环境提出策略 5. 能够编写酒店市场调研报告
素养目标	1. 树立正确的市场营销道德观 2. 坚守行业初心，通过数字化营销传播中华优秀传统文化，增强文化自信 3. 强化跨部门数字化协作

思维导图

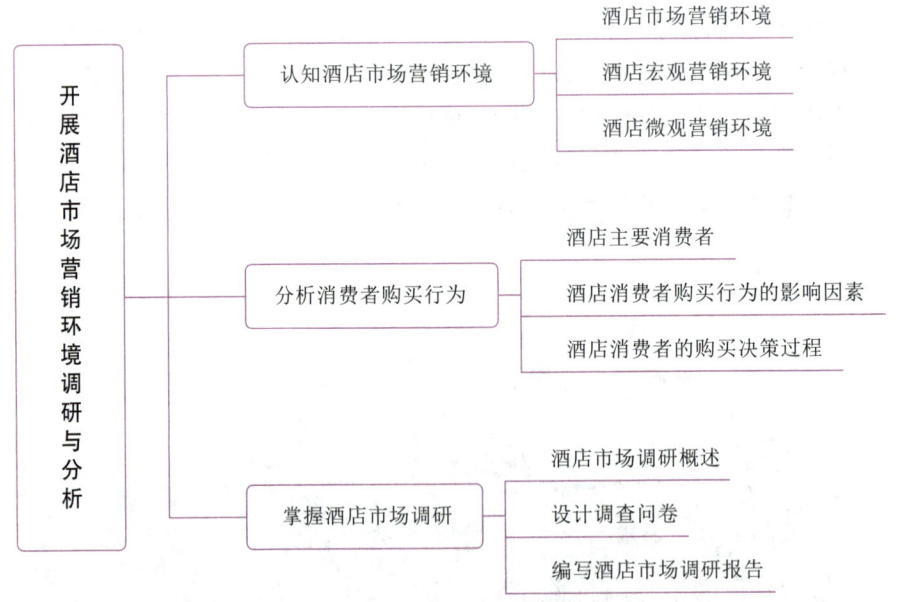

项目二 开展酒店市场营销环境调研与分析

 任务一 认知酒店市场营销环境

任务导入

万豪国际集团的营销环境

万豪国际集团（Marriott International）作为全球知名的豪华酒店集团，通过多元化品牌策略，在不同国家推出符合当地文化的服务。在中国，推出专门针对中国婚礼的服务，包括中式婚礼布置、传统中餐宴席菜单，以及中式礼服展示；而面对日本注重隐私的文化，提供背对背服务，要求服务员等客人不在房间时打扫，避免与客人正面接触；在中东地区，酒店内设置专门的祈祷室，提供祈祷垫和指向麦加的标志。在房间内放置《古兰经》和指南针，便于客人遵守宗教礼仪。

通过对宏观和微观环境的深入分析，万豪国际集团制定了适应市场变化的营销策略，保持了其在全球豪华酒店行业的领先地位。

任务知识

一、酒店市场营销环境

酒店市场营销环境是指影响酒店市场营销管理能力的各种企业外部和内部因素组成的企业生态系统，由酒店市场宏观营销环境和酒店市场微观营销环境共同构成。

市场营销环境是企业营销活动的资源基础，企业营销活动受限于环境因素，必须与所处的环境相适应。酒店营销活动要以环境为依据，主动适应环境，通过营销活动影响环境，使环境有利于酒店的生存和发展，有利于提高酒店营销活动的有效性。

宏观环境（Macro-environment）是指政治法律、经济、社会文化、科学技术、人口和自然等酒店企业不可控的宏观因素。宏观因素对酒店企业市场营销活动的影响是间接的，但又是全面而深远的，基本上是企业不可控制的。

微观环境（Micro-environment）是指与酒店企业紧密联系，直接影响酒店为目标市场服务的能力和效率的各种参与者，包括酒店内部、供应商、中间商、消费者、竞争者、社会公众等。

宏观环境和微观环境两者之间是包容和从属的关系，微观环境受制于宏观环境，同时又制约着酒店企业的市场营销活动，并受到酒店市场营销活动的影响。宏观环境和微观环境共同构成了酒店市场营销环境系统，对酒店的营销活动产生影响。酒店市场营销与宏观环境、微观环境三者的关系见图2-1。

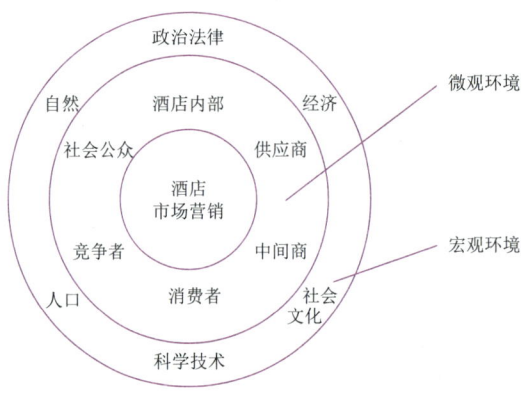

图2-1　酒店市场营销环境的构成

二、酒店宏观营销环境

拓展阅读2-1
丽思卡尔顿独具匠心的设计和选址

对酒店企业而言，一切营销活动都处于宏观环境因素的影响之中，宏观环境因素的变化既能给酒店提供发展机遇和空间，也能对酒店的生存和发展带来消极影响。

（一）政治法律环境

任何国家和地区的经济都会受到政治和法律的影响。政治法律环境主要是指政治局势、政策及行政法律法规对酒店企业的影响，酒店依托本国旅游业的营销活动受到政治法律因素的影响和制约。

政策是指政府在某一时期某一领域的管理方针和制度性的规定，包括经济政策、人口政策、就业政策、能源政策、物价政策、卫生政策、货币政策等。

法律法规具有强制性，酒店企业市场营销活动必须在其许可的范围内，不得触犯相关法律法规。与酒店企业市场营销活动关系密切的法律法规主要有以下几类：以规范企业间竞争为目的的法律法规；以保护消费者权益为目的的法律法规；以维护社会利益为目的的法律法规。

（二）经济环境

一个国家或地区的经济发展水平直接影响酒店的营销和发展。经济环境是指一个国家或地区的经济总量、经济发展水平、经济发展速度等相关变量，主要包括国内生产总值（GDP）、汇率、税率、失业率、通货膨胀率等。

（1）消费者收入水平。消费者收入水平分析一般有3个指标：人均个人收入、个人可支配收入、个人可任意支配收入。个人可任意支配收入是社会购买力的最活跃因素。收入的增加可以促进购买力的提升。但收入的增加额并不等于购买性支出的增加额。收入增加到一定程度后，消费随收入增加的比例降低，而储蓄将随收入增加的比例逐步提高。

（2）消费者支出模式和消费结构。家庭和个人收入的变化对消费结构会有重大影响。酒店营销人员应更加注意本地的平均收入水平。消费结构是指各类消费支出在消费总额中所占的比重。恩格尔系数揭示，随着个人收入的增加，用于购买食物的支出占消费总支出的比重将会下降，而用于居住、交通、教育、娱乐、保健等方面支出的比重将会上升。

知识链接 2-1
恩格尔系数

（3）经济发展水平。社会购买力的大小主要取决经济发展水平及由此决定的国民平均收入水平。经济发展速度快，人均 GDP 就会提升，社会购买力越强，酒店营销成功的概率就越高。

（三）社会文化环境

社会文化是影响人们购买行为、欲望的基本因素。在不同社会文化环境下，个人受教育的程度、生活方式、风俗习惯、价值审美观念都有明显差异，因此会衍生出不同的消费习惯和购买特点。

（1）教育水平。教育水平是指客源受教育的程度，教育水平的高低反映人们的文化素养，影响客源的消费结构、购买行为和审美观念，从而影响酒店企业的营销活动。

（2）价值观念。价值观念是人们对社会生活中各种事物的态度、看法和评价。顾客对商品的需求和购买行为深受其价值观念的影响。

（3）风俗习惯。不同国家和地区的风俗习惯千差万别，甚至在同一个国家的不同地区，风俗习惯也差别很大，其会对顾客选择产品产生巨大影响。

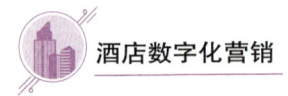

（四）科学技术环境

现代科学技术推动了酒店市场的发展，同时促进了酒店市场营销的现代化，使酒店市场营销组织大大提高了营销活动的效率和服务质量，提高了竞争优势；科技的进步促使顾客消费方式和购买习惯发生了相应的改变。

（五）人口环境

人口环境是指人口数量、构成、分布等方面的变动趋势对酒店企业市场营销活动的影响。包括人口规模、人口地理分布、人口结构、人口流动状况等。

（1）人口规模。在收入水平一定的条件下，人口规模的大小决定着市场容量的大小，即一般情况下，人口数量与市场容量、消费需求成正比。

（2）人口地理分布。从人口地理分布与客源市场的关系看，随着地理距离的增大，客源花费的费用和时间逐渐增多，客源逐渐衰落。远距离会给客源出游形成一定的阻碍，但从另一方面来看，远距离有时也会产生较强烈的吸引力。

（3）人口结构。人口结构是指性别结构、年龄结构、职业结构、家庭结构、民族结构，这些因素从不同方面对人产生不同的影响，导致其市场需求有明显差异。

（六）自然环境

自然环境主要包括一个地区的自然资源、地形地貌和气候条件等因素。一方面，酒店企业要分析研究自然环境对营销活动的影响；另一方面，酒店企业也要分析研究自然资源，特别是资源的合理、科学利用。同时，还要考虑酒店企业的活动对自然环境的影响问题，保护好自然环境，使酒店业能够可持续利用。

三、酒店微观营销环境

酒店市场营销活动的成功与否，不仅取决于能否适应宏观环境的变化，还取决于能否应对微观环境的变化。酒店市场营销活动应根据微观环境及其因素的变化灵活地调整营销策略，使酒店市场营销活动达到预期的效果。

（一）酒店内部

对于一家酒店而言，市场营销不是真空作业，需要在公司最高管理层的领导下，与各个部门紧密合作。生产经营状况实际上也是构成微观环境的一个因素。在制定营销战略时，不仅要考虑酒店外部环境，也要考虑酒店内部环境，需要各部门通力协作，致力于为顾客提供更大价值和更高满意度。

（二）供应商

供应商是为酒店提供生产经营所需资源的公司和个人。供应商对酒店资源供应的可靠性、及时性，供应的价格及其变动趋势，以及供应资源的质量水平，都将直接影响酒店产品的生产、成本和产量。

（三）中间商

酒店企业中间商是指能够帮助酒店推广营销和分配产品给最终买主的中间机构。主要有旅行社、在线旅行社（OTA）、航空公司、交通运输企业等帮助酒店销售产品的中介机构。中间商一般与酒店签订代理协议书，是消费者和酒店之间的纽带，在酒店市场营销中发挥着非常重要的作用。酒店的很多客源是由中间商来提供的，中间商的市场占有率、资质、声誉、对酒店的贡献等都应列入酒店市场营销的范围。

（四）消费者

消费者是酒店产品的最终购买者和使用者，是酒店企业最重要的环境因素。消费者的需求不同，购买和使用酒店的服务方式也有所不同。酒店营销人员应根据酒店产品本身的特点来分析企业所提供的产品和服务最适合哪一种旅游消费者类型、购买行为及消费方式。酒店的顾客类型多种多样，如度假型宾客、商务型宾客、会议型宾客等。

（五）竞争者

竞争者是酒店市场营销活动中较为重要的环境之一，不同的竞争形势对酒店营销会产生不同的影响。在竞争性市场中，除了来自本行业的竞争以外，还有来自代用品提供者、潜在加入者、上游供应者和购买者等多种力量的竞争。营销的主要目的也是有效地安排酒店与顾客、销售渠道及竞争对手的关系位置。

（六）社会公众

酒店不仅要同竞争对手争夺目标市场，还要关注一些相关的公众群体对酒店营销活动的影响。社会公众是指与酒店实现营销目标的能力有实际或潜在利害关系和影响力的团体或个人。酒店面对公众的态度会帮助或妨碍酒店营销活动的正常开展。因此，要采取积极的措施，树立良好的企业形象，力求保持和主要公众之间的良好关系。

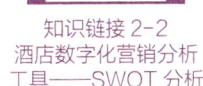

知识链接 2-2
酒店数字化营销分析工具——SWOT 分析

任务评价与总结表

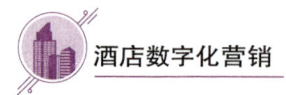

任务实操

举例论述酒店市场营销环境的影响

第一步，请每个小组选择一家酒店作为论述对象。

第二步，小组成员分析该酒店的宏观市场营销环境和微观市场营销环境。

第三步，完成表2-1，总结你们的发现，并准备一个简短的演示文稿来向全班展示你们的分析结果。

表2-1 酒店市场营销环境

宏观营销环境	政治法律	经济	社会文化	科学技术	人口	自然
微观营销环境	酒店内部	供应商	中间商	消费者	竞争者	社会公众

 任务二 分析消费者购买行为

任务导入

谁在影响消费？

王女士是一名资深旅行达人，她热爱旅游，几乎每年都会去不同的地方旅行多次。她在最近的一次旅行中选择了某地的一家高端酒店作为住宿地。以下是她预订、入住和离店的经历。

预订阶段。王女士通过短视频平台刷到该酒店的一条广告。广告展示了酒店的优美环境、丰富的配套设施（如无边泳池、海景房等），以及舒适的房间设计，同时特别提到在某平台预订可享限时折扣。受到广告吸引，她通过链接进入了预订页面，发现用户评分非常高，且有大量正面评价。最终，她选择了一间价格适中的海景房。

入住阶段。王女士到达酒店时，前台工作人员热情接待，并为她升级了房型。她对房间设施、环境和服务都非常满意,特别喜欢房间的智能化设计(如语音助手控制灯光、窗帘和温度)。入住期间,酒店还提供了丰富的增值服务,如下午茶、自助晚餐折扣和当地文化体验活动,提升了她的整体入住体验。

离店阶段。离店后,酒店通过短信邀请她填写满意度调查,并提供下次入住优惠券。同时,她在社交媒体上分享了入住体验,并收到很多朋友的点赞和评论。

试思考:

王女士选择该酒店受到了哪些因素影响?

任务知识

一、酒店主要消费者

消费者市场内容涉及很广,市场营销学家将其归纳为以下7个方面(表2-2)。

表2-2 消费者市场涉及的内容

市场由谁构成(Who)	购买者(Occupants)
消费者购买什么(What)	购买对象(Objects)
消费者为何购买(Why)	购买目的(Objectives)
消费者的购买活动有谁参与(Who)	购买组织(Organizations)
消费者怎么购买(How)	购买方式(Operations)
消费者何时购买(When)	购买时间(Occasions)
消费者何地购买(Where)	购买地点(Outlets)

营销人员在制定针对消费者市场的营销产品组合之前,必须先研究消费者的购买行为。酒店消费者是由于观光旅游、商务会议、休闲度假等原因外出而购买使用酒店产品或接受酒店服务的个人或团体。主要可以分为公务差旅和娱乐消遣两种类型。

(一)公务差旅类消费者

公务差旅类消费者基本要求舒适的办公环境,配套的会议设施,足够的通信设备等一系列现代化办公设备,以便满足其在差旅期间的需求。另外,在进

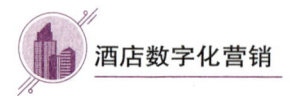

行一天甚至更久的紧张的工作会议后,还需要娱乐和其他类型的放松机会。

(二) 娱乐消遣类消费者

娱乐消遣类消费者包括以休闲度假旅游为目的而外出的个人、夫妻和团体,他们热衷于热门旅游景点、特色餐厅和娱乐场所。带孩子的消费者往往把较多精力集中于照顾孩子身上,一般选择氛围轻松的餐厅,房间设有可玩游戏的电视,酒店内设有游泳池及其他便于孩子使用的设施。

二、酒店消费者购买行为的影响因素

酒店消费者的购买行为非常复杂,通常会受到多种因素的影响。主要有文化、社会、个人和心理等因素的影响。

(一) 文化因素

文化因素对消费者的行为有着最广泛的影响,了解文化因素对酒店消费者购买行为的影响非常重要。

(1) 文化。文化是决定人们的欲望和行为的最基本的因素。它由基本的价值观、认知系统、欲望和行为所构成,这些是一个人从社会当中不断习得的。文化不能支配人们的生理需要,但可以支配人们满足生理需要的方式。文化是通过一些有形的要素表现出来的,如食物、建筑物、衣着和艺术品。文化是接待业和旅游业不可缺少的组成部分,它决定了消费者吃什么、如何旅行、到哪里旅行和住在哪里等问题。文化是动态的,会随着环境的改变而改变。营销人员需要总是不断地努力识别出文化的变化趋势,为的是设计些新的能被市场接受的产品和服务。

(2) 亚文化。每种社会的文化又可以分为若干个不同的亚文化群,即建立在共同经验和共同环境基础上并具有相同价值体系的人群,其中包括民族亚文化、宗教亚文化、种族亚文化和地理亚文化。亚文化群构成了细分市场的重要构成部分,酒店根据不同亚文化群的特征设计相应的产品和营销方案(图2-2)。

图 2-2 民俗节庆等亚文化是酒店产品设计的重要参考,图为傣族的泼水节

民族亚文化。各民族在宗教信仰、节庆活动、图腾禁忌、生活习惯等方面有独特之处。提供不同的产品和服务,也可以利用不同地域因不同文化产生的不同生活方式、民俗,为领略民族风情而设计产品,增强产品的吸引力。

宗教亚文化。不同宗教有着不同的文化和戒律,影响人们认知事物的方式、行为准则和价值观,从而影响消费行为。

种族亚文化。不同国家的消费者来自不同的种族,对产品的需求评价有很大差异,不同种族旅游者到中国旅游观光、文化交流、商务洽谈等活动,酒店应提供不同的产品以满足其需求。

地理亚文化。不同地区有着不同的生活习惯,使其消费习惯带有明显的地域特色。酒店应研究不同的地理亚文化群的情况,确定目标市场,研发酒店产品,制定恰当的市场营销决策。

(二)社会因素

酒店消费者的购买行为也会受到一些社会因素的影响,其中包括消费者参考群体、家庭、角色与地位等。社会因素会在很大程度上影响人的反应,所以酒店在制定营销策略时要予以充分的考虑。

(1)角色与地位。一个人在社会和家庭中从属于许多群体,个人在群体当中的位置可以根据他扮演的角色和所处的地位来界定。在同质性和持久性的群体中,每个阶层的成员具有类似的价值观、兴趣爱好和行为方式。同一群体地位相同的人要更加相似。因此,角色与地位不仅是影响消费者行为的重要因素,而且可以作为细分消费者市场的重要依据。

(2)参考群体。参考群体是消费者在形成其购买或消费决策时,用于作为参照、比较的个人或群体，他们是能够影响消费者个人态度、意见和价值观的一群人。参考群体分为所属群体与相关群体，所属群体又分为主要群体和次要群体。主要群体与消费者有直接接触，且关系密切，主要指家庭成员等；次要群体虽然与消费者也有直接接触，但是关系相对较为疏远，如相对陌生的同事、领导等。而相关群体则是指消费者个人不属于这一群体，但是态度、行为受其影响，如影星、歌星、球星。相关群体影响消费者行为的程度在不同产品和品牌中并非完全相同，要根据消费者自身的经济基础和文化背景等个人因素具体而定。

（3）家庭。家庭是社会上最重要的消费者购买组织，家庭成员对消费者的购买行为影响非常大。在购买不同产品和服务时，妻子、丈夫和子女因扮演的角色不同从而产生不同的影响。同时，不同的家庭也会对个人的生活习惯、购买偏好等产生影响。酒店营销人员必须关注家庭各成员在对商品和服务的购买过程中所发挥的作用及相互间的影响。同时，需要明确家庭中的哪位成员在酒店产品的订购中更具有影响力，进而采取有针对性的营销措施。

（三）个人因素

购买决策受到个人因素的影响，如年龄、家庭生命周期、职业、经济状况、生活方式、个性与自我观念等。在酒店市场营销活动中，营销人员应根据客源市场目标群体的个人因素遵循规律，打造符合客源市场目标群体的营销活动。

（1）年龄及家庭生命周期阶段。不同年龄阶段的顾客会有不同的需求，购买不同的服务类型。消费者的购买欲望也会随着年龄有所变化。不同年龄层的顾客对酒店产品的价格、所提供的服务、食物口感等都会有不同的要求，而顾客在不同的年龄，其所处的家庭生命周期阶段也不同。

所谓家庭生命周期阶段是一个以家庭成员为代表的家庭生活的全过程，从青年开始，到年老后并入子女的家庭或死亡时为止。不同阶段同一消费者及家庭的购买力、兴趣和旅游偏好都会有较大区别。

单身阶段：有较多的娱乐性消费和旅游消费，追求新潮时尚。

新婚阶段：前往风景秀丽的旅游目的地观光度假，选择设施完善、高星级、服务质量高的酒店。

满巢期：消费往往以幼童为中心，消费倾向发生变化，出行选择以儿童亲子为主的旅行目的地，酒店选择亲子酒店或儿童设施完善的酒店。

空巢期：时间比较自由，选择淡季出行。目的地多为康养度假，酒店设施出现适老化倾向。

（2）职业。消费者的职业背景也会影响其消费模式，影响其购买什么样的产品和服务。不同行业的人在娱乐方式和休闲方式的选择上存在巨大差异，对酒店经营者而言，需要找到与自己产品和服务相匹配的职业群体，进行产品设计、开发与推广。

（3）经济状况。酒店消费受到经济能力的制约，没有足够可任意支配的收入，消费者无法到酒店进行消费。影响旅游者购买的经济状况包括经济收入、可支配收入、储蓄金额、个人资产和借债的能力等。经济状况往往与职业密切相关，酒店需要根据目标市场的消费能力进行设计产品并合理定价。

（4）生活方式。生活方式是消费者心理特征的外在表现，是消费者内在动机和性格特征与外部社会相融合后的一种表现。它直接影响着消费者对产品或者酒店品牌的看法和喜好。营销人员可以通过生活方式来了解消费者不断变化的价值观及它对消费行为的影响。

（5）个性与自我观念。个性在心理学中也被称为人格，是指个人带有倾向性的、比较稳定的、本质的心理特征的总和，它是个体独有的且与其他个体区别开来的整体特性。自我观念也称为自我感觉或自我形象，是指个人对自己的能力、气质、性格等个性特征的感觉、态度和评价。个性与自我观念会影响购买行为，依据个性因素，可以更好地赋予品牌个性，以期与消费者适应。

（四）心理因素

消费者的购买行为还会受到4个心理因素的影响，主要是动机、知觉、学习、信念与态度。

（1）动机。动机是推动个人进行各种活动的驱动力，是行为产生的直接原因，促使个人采取某种行动去探求满足需要的方式。马斯洛的需求层次理论认为，人的需要是按照一定层次排列的，从最迫切的需要到不迫切的需要。其需求层次理论按照迫切性依次是生理需要、安全需要、社会需要、尊重需要和自我实现需要。当一个需要被满足后，下一个需要开始发挥作用。

（2）知觉。人们受动机驱使会随时有所行动，其行动会受到对情况的知觉的影响。同样的场合下，具有相同动机的两个人由于感觉到的各种条件不同，会采取完全不同的行动。为什么人们在同样的情况下会有不同的知觉呢？所有人都是凭着5种感觉来获取信息的：视觉、听觉、嗅觉、触觉和味觉。每个人都用各自的方式来接收、组织和解释这些所感受到的信息。知觉是个人选择、组织和解释信息并勾勒出一幅有意义的图示的过程。

人们经历知觉的3种过程分别是选择性注意、选择性曲解和选择性保留。在营销活动中，营销人员应该注意对其知觉的刺激，激发顾客记忆留存企业信息。

（3）学习。学习是指由于经验而引起的个人行为的改变。人类的大多数行为源于学习。由于市场环境的不断变化，新产品、新品牌、新技术不断涌现，消费者经过多方面的信息接收，才会做出购买决策。这本身就是学习的过程。学习理论倡导者认为，学习过程发生在动机、刺激、暗示、反应和巩固的相互作用中。

酒店企业应该帮助顾客了解其设施和服务的质量，使他们把产品与强烈的驱动力联系起来，利用刺激性诱因并提供正面强化等手段来建立对产品的需要。

（4）信念与态度。人们通过行动和学习来建立自己的信念和态度，信念和态度反过来又会影响购买行为。信念是指一个人对事物的描述性看法，顾客会认为这家酒店在相同价位的酒店中属于设备最好、服务最佳的，这些看法是建立在真实认知和意见基础之上的，也会掺杂着感情的成分。人们会根据自己的信念做出行为，信念错误会妨碍购买行为，生产者应该运用促销活动、宣传营销等来纠正这些错误的观念。

态度是指一个人对某种事物或观念长期持有的好坏认识的评价、情感上的感受和行为倾向。态度能使人们对相似的事物产生相当一致的行为，一个人的态度呈现为稳定一致的模式，改变一种态度需要在其他态度方面做出重大调整。

三、酒店消费者的购买决策过程

消费者购买决策过程是消费者购买动机转化为购买行为的过程，影响购买决策的因素有很多，不同消费者的购买决策过程有特殊性，也有一般性。消费者购买决策过程的参与者有发起者、影响者、决定者、购买者和使用者。在以上5种角色中，营销人员应着重关注决定者。

购买决策过程有5个环节，即识别需要、收集信息、比较评价方案、形成购买决策、购后行为。

（一）识别需要

当一个人意识到某种问题或需要时，购买过程就开始了。购买者感受到了一种实际状态与欲望状态之间的某种差异，这种需要可能由内部刺激所诱发。内在刺激是人体内产生的驱动力，比如饥饿、寒冷、饥渴等。人们在以前的经验中学会了如何应对这种驱动力，并受到激励去寻找能满足这种需要的物品，比如食物、衣服、饮料等。外部刺激是外界的"触发诱因"。这些刺激会激发消费者潜藏的某些需要，但是需要被唤起后却不一定能够驱使人

项目二　开展酒店市场营销环境调研与分析

们付诸行动，只有当这个需要逐渐强烈并超过一定限度时，人们才会产生特定的购买行为。

对于酒店企业的营销人员而言，需要在这一阶段做好以下工作：第一，了解与本酒店产品有关的现实或者潜在需要，一种产品如果能够同时满足多种需要，就能够吸引更多购买者；第二，了解消费者的需要强度随着时间的推移及外界刺激的强弱而波动的情况，以便按照这种规律设计诱因，增强刺激，使被唤起的需要逐步增强，最终促使人们产生购买行为，做出购买决策。

（二）收集信息

被唤醒的需要并非马上能够得到满足，而是先存入记忆中作为未满足的项目，这种需要称为"积累需要"。随着积累需要由弱变强，就要经过收集信息阶段。信息收集可以分为两个层次：一是适度的收集状态，消费者在被唤起的需要驱使下，对能够满足需要的商品资料敏感起来，比平时更加注意该商品的广告，注意别人对该商品的评价及朋友间关于该商品的谈话等；二是积极的信息收集状态，这时消费者会积极主动地在各种媒体上寻找该商品的有关资料，打电话向酒店咨询等。

消费者信息的收集主要取决于内驱动力的强度、储蓄信息的数量、收集信息的难度、增加信息的价值，以及一个人通过收集信息可能获得的满意程度。

消费者获得信息的渠道有很多，主要有以下4种来源。

经验来源：通过以往的消费经验得到的信息。

个人来源：家庭成员、朋友、同事和其他熟人所提供的信息。

公共来源：社会公众传播的信息，如政府部门、新闻媒体、社会组织等。

商业来源：营销企业提供的信息、广告、展会、产品包装等。

（三）比较评价方案

在识别需要和收集信息的基础上，消费者受满足需要的动机驱使，开始寻找解决问题的方案和途径。为了使方案更充分、更可靠，消费者会广泛收集有关信息，包括能够满足需要的商品种类、规格、价格、质量、售后服务等。

消费者在获得全面信息后会根据这些信息和一定的评价方法对同类产品的不同解决方案进行评价与选择。一般分为3个方面。

产品属性。即产品所具有的能够满足消费者需求的特性。类似酒店安全系数、交通便捷程度、客房是否干净舒适、设施设备是否齐全、收费是否合理等。

品牌信念。即消费者对品牌优劣程度总的看法，各类酒店在目标群体心目中有不同的印象。

效用要求。即消费者对酒店产品和酒店品牌每一种属性的效用功能应当达到何种水平的要求。

（四）形成购买决策

在比较评价方案阶段，消费者会对不同的产品进行排序，形成初步的购买意愿。如果此时购买意愿不被干扰，便可以形成购买决策。

但是，购买意愿一般会受到两个因素的影响，也就是他人意见和意外因素。他人意见会影响购买决策的否定程度，而且他人与购买者关系越密切，购买者越容易因其改变购买意图。意外因素可以分为与产品有关的意外因素和与产品无关的意外因素。与产品有关的意外因素可能是购买者突然发现了有关产品的不利信息，与产品无关的意外因素包括出现了其他更迫切的购买要求或闲暇时间由于各种原因突然减少等。因此，购买意愿也不一定全部产生相应的购买行为。

（五）购后行为

当消费者购买产品后，酒店营销人员的工作并没有结束。消费者在完成购买行为后，一般会体验到3种感觉：满意、不满意和购后疑惑。每种体验背后都会伴有特定的购后行为。而这些体验和行动又会影响消费者的复购及其他相关人群的购买决策。因此，购后行为对酒店营销人员仍然具有重要意义。

购后的满意程度是由两个因素共同作用的：产品实际质量和顾客期望值之间的对比程度。消费者将期望建立在过去的经验及营销人员、朋友和其他渠道所获得的信息基础上。如果企业营销人员夸大产品所具有的性能，消费者就会有所失望。期望与感受之间的这种差距越大，消费者就会越感到不满。酒店营销人员必须为消费者提供真实的产品性能描述以使消费者满意。

消费者购买后的满意程度会影响其未来的购买行为。消费者如果在购买后获得了满足，在下次购买中就会倾向继续于购买该产品和服务。更为重要的是，获得了满足感的消费者会倾向于在相关群体中传递该信息，在日常生活中向相关群体中的成员称赞该产品和服务，而这种口碑宣传往往会发挥积极的作用，对这些人的购买决策产生重大的影响；如果消费者感到不满，其反应就会恰恰相反。首先，他会倾向于下次不再购买该产品和服务；其次，他会向相关企业、行业协会等提出投诉；最后，更糟糕的是，不满意的购买者会在相关群体中进行传播，在相关群体中产生消极影响。酒店营销人员应该重视顾客的投诉及补偿服务，通过补偿服务与顾客进行下一步的沟通，为

项目二 开展酒店市场营销环境调研与分析

顾客提供新的满足,尽最大努力挽回顾客。

还有一种行为是购后疑惑。酒店营销人员可以通过回访、电话问候、邮寄小礼物等支持性资料来消除购买者的疑惑,从而增大消费者复购的可能。

任务评价与总结表

任务实操

假设你今天拿到了毕业后的第一次年终奖,打算利用年假来一次旅行,接下来你会怎么做?

营销提示:

(1)哪些因素会限制你的出行?

(2)接收信息的渠道有哪些?什么因素会影响信息搜索的途径?

(3)评价标准和评价方法有哪些?

(4)购买时面临哪些选择?

(5)如何做出购买决策?

(6)购买后有怎样的行为?

(7)消费后的感受如何?

任务三 掌握酒店市场调研

任务导入

神奇的海底捞服务

四川海底捞餐饮股份有限公司成立于1994年,是一家以经营川味火锅为主,融汇各地火锅特色于一体的大型跨省直营餐饮民营企业。

海底捞始终秉承"服务至上、顾客至上"的理念,以创新为核心,改变传统的标准化、单一化的服务,提倡个性化的特色服务,将用心服务作为基本经营理念,致力于为顾客提供"贴心、温心、舒心"的服务。

如果是在饭点,几乎每家海底捞都是一样的情形:等位区里人声鼎沸,等待的人数几乎与就餐的人数相同。这就是传说中的海底捞等位场景。等待原本是一个痛苦的过程，海底捞却把其变成了一种愉悦：手持号码等待就餐的顾客一边观望屏幕上打出的座位信息，一边接过免费的水果、饮料、零食；如果是一大帮朋友在等待，服务员还会主动送上扑克牌、跳棋之类的桌面游戏供大家打发时间；或者趁等位的时间到餐厅上网区浏览网页；还可以来个免费的美甲、擦皮鞋。

待客人坐定点餐的时候，围裙、热毛巾已经一一奉送到眼前了。服务员还会细心地为长发的女士递上皮筋和发夹，以免头发垂落到食物里；戴眼镜的客人则会得到擦镜布，以免热气模糊镜片；服务员看到你把手机放在台面上，会不声不响地拿来小塑料袋装好，以防油腻……过生日的客人会意外得到一些小礼物；孕妇会得到海底捞的服务员特意赠送的泡菜，分量还不小；如果某位顾客特别喜欢店内的免费食物，服务员也会单独打包一份让其带走——这就是海底捞的粉丝们所享受的，"花便宜的钱买到星级服务"的全过程。毫无疑问，这样贴身又贴心的"超级服务"经常会让人流连忘返，一次又一次不自觉地走向这家餐厅。

试思考：
1. 海底捞的增值服务是根据消费者的何种行为衍生出来的？
2. 海底捞的消费群体为哪部分群体，为什么？

任务知识

一、酒店市场调研概述

（一）酒店市场调研的概念

随着市场需求的不断变化，市场竞争不断加强，酒店行业面临许多新的挑战和机遇，酒店的数字化转型也不断加快。在转型过程中，酒店的经营者结合企业的发展和实际问题，通过市场调研工作的落实和分析，掌握当下市场发展的情况及消费者行为需求，并以此为营销基础，制定有利于企业的营销管理策略，从而有效地帮助酒店的转型过程变得更加完善和稳定。

酒店市场调研不仅将企业营销人员与消费者联系在一起，还可以发现新的市场机会和现有的营销问题，对营销策略和业绩起到监督评价的作用，进而联系调动企业内部各部门实现有效的沟通与协调。对此，美国市场营销学会将市场调研（Marketing Research）定义为"市场调研是通过信息将消费者、顾客和公众与营销人员相互连接的过程。这些信息用于识别与界定营销的机会与问题，提出、提炼和评估营销行动，监督营销绩效，推进人们对营销的理解"。

即市场调研是通过科学的方法，系统、高效地收集、整理并分析与企业营销活动相关的数据信息，并以分析结果为主要依据，与管理者进行沟通制定相关的营销管理策略。

（二）酒店市场调研对管理决策的作用

进入数字化时代，企业日常活动产生的数据量剧增，通过对时长及活动数据的调研分析，可以将消费者、酒店顾客、公众和营销人员联系起来，深入了解目标市场、客户需求，加强对营销的认识，帮助企业做出更有效的营销决策。

1. 描述功能

市场调研可以为酒店提供有效的数据支持，通过市场调研收集并呈现对当前事实的描述，如酒店的历史销售情况、当前的产品定价范围、顾客对产品的态度及需求。通过对收集的信息和数据进行系统地整理、分析、总结，避免企业在制定营销策略时预判错误。

2. 诊断功能

市场调研可以用来解释酒店运营数据和活动状况，如提高当前产品的价格会对销量产生的影响，如何改变产品和服务来更好地满足顾客需求，在激烈的竞争中生存和发展，可以帮助营销人员了解当前营销策略及营销活动的得失，以便给出建议并适当调整现有的营销策略。

3. 预测功能

市场环境变化多端，由复杂的多元化因素组成，通过市场调研可预测市场及行业的发展变化趋势，帮助企业提前应变做出计划和安排。了解市场可能的变化趋势及消费者潜在的购买动机和需求，有助于营销人员识别新的市场机会，为企业发展提供新的空间和契机。

（三）酒店市场调研的类型

（1）探测性调研。探测性调研是寻找问题症结的调研，主要帮助企业解决"在哪里"的问题，常用于酒店无法明确问题所在，或对当前的问题缺乏认识的情况。

（2）描述性调研。描述性调研是客观分析问题的调研，主要帮助企业解决"是什么"的问题。酒店通过详细的调查分析，客观地反映酒店市场情况，为企业提供参考性资料。

（3）因果性调研。因果性调研是解释问题原因的调研，主要帮助企业回答"为什么"的问题。描述性调研主要提出酒店各因素的关联现象，因果性调研则是要找出这些关联中的原因和结果。

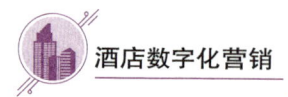

（4）预测性调研。预测性调研是预测市场、产品、技术等方面发展趋势的调研，主要帮助企业提出"将如何"的预测性判断，是为了推断和测量酒店市场变化而进行的研究。

（四）酒店市场调研的内容

酒店市场调研贯穿营销管理的整个过程，因此研究范围十分广泛。其内容包括直接或间接影响酒店营销策略的各方面信息，可分为市场环境调研，即外部调研，以及营销要素调研，即内部调研。

1. 市场环境调研

市场环境调研是针对酒店的外部营销环境进行的调研。外部营销环境是影响企业市场和营销活动的不可控制的影响因素。主要侧重于酒店的宏观环境调研、供应市场调研、需求市场调研、竞争环境调研。通过外部直接或间接的方式给企业营销活动带来影响，是给企业带来市场营销机会和造成环境威胁的外部因素。

2. 营销要素调研

营销要素调研主要包括酒店的产品调研、价格调研、渠道调研、促销调研。

（1）产品调研。产品调研是对现有产品的改进和新产品研发的相关研究，酒店产品又包括酒店的硬件条件、服务项目、服务种类及服务过程等。如了解消费者对酒店现有产品功能的评价和对产品和服务的评价等，不同的细分市场对产品的需求也不同。

（2）价格调研。酒店需要对产品价格的需求弹性，新产品价格制定或原有产品价格调整所产生的效果等进行调查研究。"性价比"是消费者在消费过程中对产品评价的常用语，既包括价格，也包括服务质量。酒店在提高服务质量的基础上，通过调研分析价格的变化对销售的影响，制定合理的价格策略。

（3）渠道调研。销售渠道是酒店提高市场占有率的重要途径，拓展产品的销售渠道前需要进行充分的市场调研。渠道调研包括对企业自主销售平台，企业现有的分销渠道状况，中间商在分销渠道中的作用和实力的调查研究，如了解消费者对中间商的满意度等。

（4）促销调研。企业大多利用产品价格优惠等促销活动作为营销方式之一吸引消费者。因此，企业需要对当前的广告宣传、价格促销、公共关系等促销方式在一定周期内的实施效果进行分析对比，充分了解消费者的消费心理，以便进一步调整促销策略。

（五）酒店市场调研的步骤

一项好的市场调研活动可以指导酒店做出正确的分析、决策和营销策略。然而酒店的市场调研并非一项盲目跟风的工作，营销人员需要充分利用资源和经验，针对企业营销活动的需要有计划、有步骤地进行，如此才能取得预期的效果。通常酒店市场调研可分为以下5个步骤。

1. 明确调研问题和调研目标

市场调研目标是调研所要达到的具体目的，明确调研问题是酒店市场调研的首要步骤，市场调研的第一步就是从"要调研什么"开始。通过对市场、企业或部门生产经营环境的初步分析，了解想要解决的问题，筛选出值得调研的问题，最终确定市场调研的目标。

2. 制订调研计划

要解决调研目标中的有关问题，就要根据需要收集的信息制订最有效的调研计划。即调研人员为取得所需资料采用的方法、程序等详细计划，计划中一般包括调研目标、调研内容和调研资料的收集渠道、方法，可以运用的调研工具等方面的问题。

3. 实施调研计划，收集信息

实施调研计划是根据调研方案抽取样本，收集资料的过程。收集信息则是加工整理和分析研究的基础，能否收集到必要的资料并加以科学整理，是市场调研能否取得成功的基本条件。该阶段主要包括确定抽取样本、收集资料、整理资料。

4. 整理分析调研信息

通过市场调研所获取的资料大多是零星分散且不能确保全部真实可靠的信息。因此，在取得大量的原始资料后，做好调研信息的整理分析也是酒店市场调研的重要工作流程，筛选出符合要求的调查资料，根据调研目的和主题做好资料分类编号、登录和汇总，并针对事实做出有科学依据的解释，进行统计和理论分析。

5. 编写调研报告

编写调研报告是针对整个调研写出总结性文件和酒店市场营销决策的参考资料。调研报告一般包括市场调研的目的、主题、起止时间、调研范围、对象、调研方法等情况的整体说明，调研资料收集、分析情况，调研所发现的问题、结论并提出相应的营销对策和建议。

（六）酒店市场调研的基本方法

企业进行市场调研需要制定详细的调研步骤和调研方法，以避免调研过程中出现的突发问题和现象，导致企业调研失去真实性和有效性。一般在进行市场调研的过程中，会采取以下4种方法进行调研。

1. 资料调查法

资料调查法是营销人员对酒店内部和外部相关现成的数据、报告、文献等信息资料进行查询或收集、整理、分析和利用的一种市场调研方法。该方法具有简单易行、速度快、信息来源广、不受空间限制、投入成本低等优点，同时也具有针对性差、时效性不足、信息的可靠性和准确性有待进一步确认的局限性。常用于探索性研究阶段。

2. 观察调查法

观察调查法是调研人员对调查对象的行为有目的、有计划地进行观察、记录、分析，以此获取原始调查资料的方法。观察调查法通常采用不引人注意的方式，在调查对象不知情的情况下进行资料收集，是调研人员排除个人主观推测，对观察现场如实进行记录的过程，因此调查结果直观真实。

观察调查法不仅可对本企业进行观察，也可对竞争企业进行观察，如以客人的身份住店，观察竞争企业的对客服务，了解其产品类型、价格及客源等，以此作为制订营销计划、策略的参考。通过观察调查法可以获取直观具体的材料，可靠性高，简便易行，可适用于各种场合和情景，但观察结果的可重复性较低，具有一定的偶然性，通常只能观察到事物的外部表现，说明"有什么"和"是什么"的问题，若要判断其中的因果关系"为什么"，还需要调研人员在调查资料的基础上进一步分析，从而明确行为的内在动机和事物的本质。

3. 抽样调查法

抽样调查法是一种专门组织的非全面调查，指按照一定的方式，在界定的调研总体范围内抽取部分样本进行调研，用所得的结果说明总体情况的调研方法，是现代市场调研中的重要组织形式。抽样调查法常用于调研经费、人力、物力和时间相对有限的情况下，对某种总体的假设进行验证，决定行为的取舍或不必要进行全面调查的情况。

抽样调查法分为随机抽样和非随机抽样。随机抽样是完全排除主观因素的影响，按照随机原则抽取样本，使每个个体都有同等被抽取的概率。非随机抽样则是考虑主观因素的影响或根据调研目的所指定的特定样本群体，不遵循随机原则进行样本抽取。

4. 问卷调查法

问卷调查法是一种利用结构式问卷，抽取一定数量的样本，依据标准化的程序来收集数据和信息的调查方法，也是市场调研中应用最为广泛的方法。

问卷调查的优点一是在于其标准化，调查问卷是一种定量调查方法，问卷中所有被调查者的问题一致，顺序及备选选项相同，便于进行大样本容量调查，可通过计算机的辅助处理迅速进行排序、交叉制表等统计分析。二是易操作，调查问卷主要由选择题构成，被调查者可自填问卷，无须调研人员做出过多的解释和指导。三是便于揭示隐性问题,问卷调查的受访过程大多是独立完成且匿名填写,可打消被调查者的顾虑,填写内容相对真实,便于了解被调查者对所调查事件的态度及心理想法等问题。

此外,随着数字化时代的不断发展,除运用市场调研的基本方法外,酒店开始借助大数据对运营数据进行分析,如线上旅游平台评论、预订数据等,从而更加快速准确地把握市场发展趋势,挖掘更多潜在的市场机会。一方面,通过分析不同季节、不同地区的预订数据,酒店可以提前制定差异化的价格策略及营销方案;另一方面,通过运用人工智能技术对消费者的行为和偏好进行深入分析,酒店能够更精准地理解消费者的反馈,从大量的客户评价中提取关键信息,为改进服务和产品提供依据。

二、设计调查问卷

(一)问卷的设计步骤

调查问卷的目的在于收集调研人员所需要的信息,因此在设计问卷过程中,首先要把握调研目的,确定并适当了解调研对象,经过认真仔细地设计、测试和调整,最终发布使用。通常调查问卷的设计可分为以下步骤。

微课2-1
设计调查问卷

1. 明确调查目的,确定目标信息资料

调查问卷设计前,调研人员须明确调查目的及通过调查问卷需要获取哪些信息,梳理调研重点。

2. 问题的设计和选择

确定了所要收集的信息后,设计人员应根据调研对象有针对性地设计具体问题,包括问题内容、提问形式和答案选项等。

问卷的提问形式根据标准化程度,可分为封闭式提问和开放式提问。封闭式提问是指在提出的问题后备有可选答案,被调查者只能在可选答案中选择作答的形式;开放式提问是指提出的问题没有回答限制,被调查者可自由回答的形式。

3. 问卷的测试与修改

为确保问卷内容设计更加科学、合理,问卷编排更加严谨,问卷初步设计完成后应先小范围进行测试调查,根据测试结果对问卷进行修改。此阶段注意事项主要集中在以下几个方面。

(1)注意问卷内容有无遗漏。

(2)注意问题比重是否恰当。

(3)注意筛选不必要的问题。

(4)注意错字、漏字,版面设计安排、字体是否规整。

4. 定稿

问卷经过修改及相关负责人员审批通过后定稿、打印并实施调研。

(二)问卷的内容

一份完整的调查问卷一般由前言、主体部分和结束部分组成。

1. 前言

前言一般包括问卷标题和问卷说明。

问卷标题是对调查对象和中心主题开宗明义地概括说明,使调查对象对问卷整体内容有大致的了解。问卷标题要点明调研对象和主题,简明扼要,易于引起被调查者的兴趣,但又不可过于笼统地采用"调查问卷"这样的标题,避免被调查者失去应答动机而拒绝接受调查。

问卷说明旨在向被调查者说明调查目的、意义,以及填写问卷的要求,一般放在问卷的开头,可使被调查者了解调查目的,消除顾虑,并按照一定的要求填写问卷。

2. 主体部分

主体部分一般包括被调查者的基本信息和调研的主题内容。

被调查者的基本信息是被调查者的主要特征,包括性别、年龄、民族、婚姻状况、文化程度、职业、收入、所在地区等人口统计方面的信息。利用被调查者的基本信息,便于对调查资料统计分析的分组和分类。实际调查中将哪些基本信息列入问卷的主体内容,应根据调查目的和调查要求而定,内容要适中,并非多多益善。

主题内容是调查者要了解的目标内容,也是调查问卷中最重要的部分。一般包括消费者需求偏好,购买行为,对某产品或事物的态度、意见、感觉、认知等方面,主体内容要围绕调研目的进行设定。

3. 结束部分

结束部分一般包括开放式问题和感谢语。开放式问题可使被调查者深入自由作答,或提出对本研究的建设性意见,并对被调查者的配合表示感谢。

(三)问卷的提问形式

问卷的提问形式,即问句,分为开放式提问和封闭式提问。

所谓开放式提问,又称非结构式提问,是指被调查者可以自由作答,不受任何限制的问句形式,如"对酒店服务有何建议"。开放式提问的优点在于被调查者可以按自己的想法进行作答,回答较真实,调研人员可以获得足够全面的答案,但同时开放式提问的结果难以做定量分析归类统计,没有标

项目二　开展酒店市场营销环境调研与分析

准答案，因此不宜作为大样本容量调查问卷中的主要提问形式。开放式提问通常设计在问卷结束部分。

　　封闭式提问，又称"结构性问句"，是指已事先设计了各种可能性答案的问题，被调查者只要或只能从中选定一个或几个现成答案的提问方式。答案标准化，回答方便，且易于进行各种统计处理和分析是封闭式提问的优点。但因回答者只能在规定的范围内选择作答，可能导致无法反映其他各种有目的的、真实的想法。封闭式提问具体形式有两项选择提问、多项选择提问和尾部开放式提问。

知识链接 2-3
问卷设计的原则

案例 2-1

封闭式提问示例

1. 过去 3 年住过酒店吗？
　A. 是　　　　　　B. 否
2. 住过哪种类型的酒店？
　A. 商务型酒店　B. 度假型酒店　　C. 经济型酒店　　D. 主题型酒店
3. 住过哪个品牌的酒店产品？
　A. 万豪集团　　B. 洲际集团　　　C. 雅高集团　　　D. 华住集团
　E. 其他 _____

三、编写酒店市场调研报告

　　酒店市场调研报告是在对目标市场资料收集、整理、分析后编写的，为酒店经营管理者制定各项营销决策提供可靠依据和可供参考的报告资料。

（一）酒店市场调研报告的格式

酒店市场调研报告大致分为标题、目录、导言、正文、结尾 5 个部分。

1. 标题

标题是将被调研对象及调研内容明确表示出来的题目，如《关于山东地区五星级酒店满意度调研报告》。标题页包括市场调研标题、报告日期、调研方，一般打印在扉页上。

2. 目录

为了便于阅读，对于调研报告内容和页数较多的情况，应使用目录或索

引形式列出报告的主要章节、附录,注明标题、章节号码及页码。目录的篇幅通常不超过一页,如图 2-3 所示。

目　录	
一、调查设计与组织实施……………………………………………………	1
二、调查对象构成情况简介…………………………………………………	6
三、调查的统计结果简介……………………………………………………	10
四、综合分析…………………………………………………………………	16
五、数据资料汇总表…………………………………………………………	26
六、附录………………………………………………………………………	30

图 2-3　调研报告目录页

3. 导言

导言主要阐述调研的整体情况,是按照市场调研课题的顺序将问题展开,阐述调查资料进行选择、评价、做出结论并提出建议的原则等。主要包括以下三方面内容。

(1)说明调研目的。即阐明进行该项调研的原因。

(2)简要介绍调研对象和内容,包括调研时间、实施对象、范围、调研重点及要解答的问题。

(3)介绍调研的方法及选用原因。对调研方法及选用该方法的原因进行介绍,有助于酒店经营者确认调研过程和调研结果的可靠性。如果调研方法复杂内容较多,应在调研报告最后部分的附件中单独附加工作报告加以补充说明。

知识链接 2-4　某酒店顾客满意度调研报告(样本)

4. 正文

正文是酒店市场调研报告的主体和核心部分,须对调研的相关论据,包括从提出问题到得出结论的全部过程进行准确阐述,并详细介绍调研原始资料的分析方法,调研结果和必要的市场信息,以及对调研情况和内容的分析评论。

5. 结尾

(1)结论与建议。结论与建议是撰写调研分析报告的主要目的。包括对调研资料及正文提出的主要内容进行总结,并提出如何利用已证明有效的措施和解决某一具体问题可供选择的方案与建议。结尾要与正文部分前后对应,避免无证据结论和无结论性意见的论证。

思政园地

项目二 开展酒店市场营销环境调研与分析

（2）附件。附件是指与正文相关需要加以补充说明，但在调研报告中无法包含或未提及的部分，是对正文报告的补充或更详尽的说明。

（二）市场调研报告的内容

（1）说明调查目的及所要解决的问题。

（2）介绍市场背景资料。如地理、经济、文化及社会变化趋势、法律与政策等。

（3）分析的方法。如样本的抽取方法，资料的收集、整理、分析方法和情况等。

（4）调研数据并进行分析。

（5）提出论点。根据数据分析结果阐明观点和看法。

（6）论证所提观点的基本理由。

（7）提出解决问题可供选择的建议、方案。

（8）预测可能遇到的风险、对策。

专业词汇

任务评价与总结表

任务实操

编写酒店市场调研报告

根据本任务所学内容，以小组为单位分工完成一份香格里拉酒店集团的市场调研报告。

第一步，请每个小组明确调研问题和调研目标。

第二步，小组成员制订调研计划。

第三步，小组成员分工实施调研计划，收集信息。

第四步，部分小组成员对调研信息进行分析。

第五步，编写酒店集团市场调研报告。

例如：

香格里拉酒店集团市场调研报告

目　录
一、调查设计与组织实施……………………………………………………………×
二、调查对象构成情况简介…………………………………………………………×
三、调查的统计结果简介……………………………………………………………×
四、综合分析…………………………………………………………………………×
五、数据资料汇总表…………………………………………………………………×
六、附录………………………………………………………………………………×

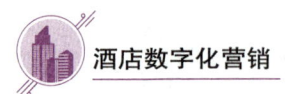 酒店数字化营销

项目训练

 练一练

扫描右侧的二维码,开始做题吧。

随堂练习

项目三 探索酒店市场细分与定位

项目导读

本项目主要对现代市场营销理论中的市场细分、目标市场、市场定位三个要素进行阐述,系统论述了其理论基础,并结合酒店实际细致讲解酒店目标市场选择、市场定位的方法及步骤。

由于酒店营销数字化变革发展趋势越来越明显,酒店营销的投放渠道与技术手段日新月异,但其底层逻辑依然是围绕现代市场营销理论中三要素进行的。因此,掌握营销基本理论,有利于更加精准地运用酒店数字化营销技术开展酒店产品和服务营销推广活动。

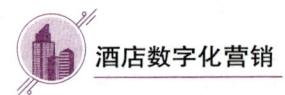 酒店数字化营销

学习目标

知识目标	1. 了解酒店市场细分的理论基础 2. 了解酒店市场细分的原则与标准 3. 熟悉酒店目标市场选择的理论基础 4. 熟悉酒店目标市场选择的方法及步骤
能力目标	1. 能够根据实际案例对酒店目标市场进行细分 2. 能够理解酒店目标市场选择策略 3. 应用酒店市场定位策略对目标市场进行评估
素养目标	1. 学习企业家精神，提升酒店目标市场顾客的服务体验 2. 坚持系统观念，掌握酒店目标市场评估与选择的方法 3. 学习数智工具，能够运用AI工具辅助完成酒店市场定位过程中的企划书、调研报告等商业材料

思维导图

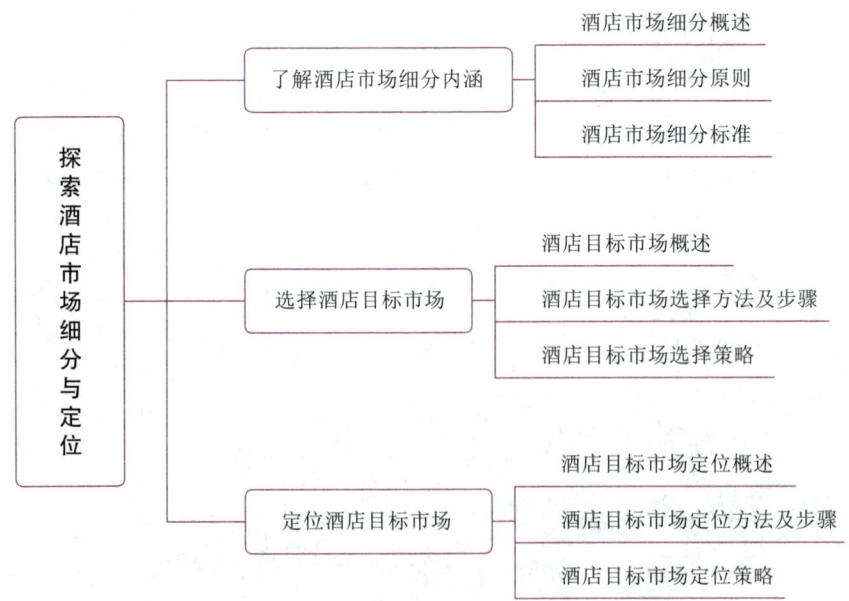

项目三 探索酒店市场细分与定位

任务一 了解酒店市场细分内涵

任务导入

某酒店在开业筹划阶段,对酒店市场竞争策略规划尚不明晰。请你帮助酒店出谋划策,探讨酒店竞争策制定、酒店位置规划、酒店内部结构设计、酒店设施购置等问题的核心依据。

酒店通过满足消费者产品和服务需求获得利润,赢得市场竞争优势。市场由消费者群体构成,不同消费者群体、消费者年龄结构都会有不同的消费需求,展现出各类消费行为特征。我们要通过市场细分理论,运用数字化市场调查方法,对酒店市场进行细分,找到与酒店内部资源相对应的目标市场。要完成上述任务,就需要深入了解酒店市场细分理论基础,拓展酒店细分维度认识,全面理解酒店市场细分内涵。

任务知识

一、酒店市场细分概述

(一)酒店市场细分含义

酒店市场细分是指根据消费者对酒店产品需求的差异性,将整体的酒店市场划分为若干具有相同需求的子市场,从而确定酒店目标市场的管理过程。具体而言,酒店根据消费者的需求、爱好、消费动机、消费习惯、消费能力和消费行为等因素,把酒店市场分为若干个需求不同的市场部分,其中任何一个市场部分中的潜在消费群体都存在相似的需求、习惯或行为。

酒店市场细分的产生是由市场与酒店产品市场属性所决定的。随着经济发展,酒店数量与日俱增,酒店竞争日益加剧,酒店市场呈现买方市场趋势。买方市场倒逼酒店革新营销理念,进行市场细分,改良产品和服务,满足消费者需求。市场学理论将市场在属性上划分为"同质市场"与"异质市场"。

微课 3-1
酒店市场细分内涵与作用

知识链接 3-1
STP 理论

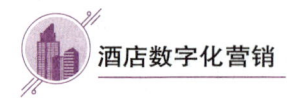

同质市场是指消费者对商品（如食盐等）的基本需求和企业经营策略没有明显的差异。异质市场则指对产品的需求有明显差异，商品可替代性强。在消费者需求上，酒店是典型的异质市场的代表。消费者根据出行目的、消费习惯、需求、爱好等会选择不同类型的酒店。例如，商务型酒店定位于商旅消费者；奢华型度假酒店定位于高端休闲度假游旅客；各种类型主题酒店定位于个性化需求相似的消费群体等。

（二）酒店市场细分意义

酒店市场细分可以帮助酒店整合优势资源提供精准对客服务，从而树立鲜明的品牌形象，获得较为广阔的市场潜力，对酒店营销方向的把握和酒店经营决策具有极其重要的作用。

1. 有利于酒店制定整体的经营战略目标

酒店通过市场细分，可以直观了解、系统分析目标市场需求，从众多市场细分中确定酒店品牌定位和服务方向，明确企业经营战略，从而聚合酒店优势资源，将人力、财力、物力集中投放于目标市场，塑造鲜明的品牌形象，制定合理的营销组织策略，有针对性地进行市场营销活动，突出酒店产品的特色和服务特征，提高酒店的知名度和市场占有率。

2. 有利于酒店提高竞争能力

酒店可以通过市场细分明确自身竞争优势，客观评估竞争劣势，扬长避短、有的放矢地寻找市场机会，了解不同消费群体的需求状况及未被满足的程度，从而以足够的信息优势抢占未被满足的市场，扩大市场占有率。例如，酒店集团往往以优越的地理位置、幽雅舒适的酒店环境、高质量服务与产品、多层次的品牌定位能吸引大量消费者；而小型酒店因资源有限，地理位置较差，往往集中精力吸引某一部分消费者，从而避免与大型酒店"针锋相对"。

3. 有利于酒店优化产品设计

市场是动态变化的，通过市场细分可以更加精准地发现目标市场需求的具体特征和变化。酒店根据目标市场需求，有针对性地设计产品内容，提高服务质量，从而满足潜在消费者的消费习惯、消费行为、消费偏好，能提升一部分的消费者忠诚度。根据目标市场需求的新变化，对现有产品及服务进行优化升级，不断提高产品和服务质量，能巩固现有市场占有份额。

二、酒店市场细分原则

酒店在经营中可以根据某单一因素或多个因素组合进行市场细分。选取的细分标准越多，相应的子市场也就越多。但是并非所有的细分市场都是有意义的，如何寻找合适的细分标准，对市场进行有效分析，一般而言，应遵循以下原则。

（一）可营利性原则

市场细分最终目的在于通过科学分析预判，找到市场中数量充足的相似的需求量，通过满足消费需求，达成酒店营利目标。因此，在进行酒店市场细分时，酒店必须考虑细分市场消费者数量、购买能力及购买次数。如果细分市场的容量和规模较小，那细分后投入成本大，获利小；又或者细分市场容量大、规模大，细分后消费者特征较为宽泛，无法精准进行产品设计，酒店定位与品牌不明晰，缺乏特色与竞争。因此，酒店市场细分的前提条件，即细分出的子市场必须有足够的需求水平，是在现实中较大的同质市场，具有制订营销计划的可行性，有足够的利润空间，值得企业专门投入。

（二）差异性原则

对酒店营销策略反应的差异性是指各细分市场的消费者对同一市场营销要素会有差异性反应；或者说如果符合同质性市场需求特点的营销要素发生改变，细分市场会有不同的反应。如果不同细分市场消费者对产品需求差异性不大，行为上的同质性远大于一致性，酒店就不必费力费时对市场进行细分。而对于细分出来的市场，酒店应当制订营销方案，采取不同的营销策略。

（三）可操作性原则

可操作性原则当中有两个必备要素，一是细分市场可衡量；二是细分市场相对稳定。可衡量是指酒店细分市场的消费者行为特征、市场范围、市场规模及购买力大小能够通过市场调研、数据分析和其他方式有效获得；同时，细分市场不仅要求范围清晰，还必须大致判断市场规模大小。稳定性是指在一定时间和条件下，酒店市场细分的标准及其性质能够保持相对不变，使酒店占领市场后，在一定时期内不必改变自己的目标市场。

三、酒店市场细分标准

消费者行为受到年龄、性别、收入、社会地位、居住地区等多重因素影响，不同消费者消费需求也各有不同，这些不同的需求是酒店进行细分的依据，也称为"细分因素"。只有在动态市场环境中，选择相对稳定的细分因素，才能有效地细分酒店市场，为酒店找到理想的经营成长空间。在酒店市场细分中，细分因素众多，常用依据为地理因素、人口因素、消费行为因素、品牌忠诚度因素等。

(一)按地理因素细分

所谓地理细分,就是酒店按照消费者所在地理位置及其他地理因素(包括国内外、城市农村、地形地貌、天气气候、交通运输等)来细分市场。地理变量是酒店划分市场时最常采用的细分变量。处于不同地理位置的消费者对酒店的产品和服务有明显不同的偏好,对酒店产品偏好、价格组合、分销渠道、宣传推广等有明显不同的反应。此外,市场潜能和营销成本也会因市场位置不同而有所差异。因此,酒店应该明确自身优势资源,有选择地将营销效应高、产品和服务优的地域作为目标市场;在提升产品和服务质量时,也应将地理因素考虑其中,给不同地域消费者更好的消费体验。

(二)按人口因素细分

人口统计变量细分是酒店根据人口因素[主要包括年龄、性别、职业、经济收入、家庭状况(包括家庭生命周期、家庭规模与结构等方面的因素)、受教育程度、社会层次、宗教信仰等]来细分市场。人口统计变量是细分市场的重要依据,其原因在于人口因素容易进行测量和预判。酒店多以年龄、性别、家庭等因素进行市场划分。下面选取其中几个方面重点进行介绍。

1. 年龄

不同年龄消费群体具有不同消费需求特点。根据年龄一般可将市场分为青年市场、老年人市场、成年人市场及儿童市场。不同年龄阶段消费者由于生活方式、经济收入、出行目的不同,对酒店设施设备、酒店产品和服务的提供要求及价格定位等方面也有很大区别。例如,青年消费者乐意接受新鲜事物,愿意尝试潮流化、个性化消费。因此,青年消费者消费偏好于青年旅馆、各类型主题酒店等。

2. 性别

男女性消费者对酒店需求存在明显差别。例如,女性消费群体通常希望客房中有梳妆台、较大的卫生间、客房距离服务台比较近、酒店安全性强等;男性消费者则对客房的设施设备不会特别敏感,但对酒店的健身设施、社交空间、行政酒廊等比较关注。

3. 家庭状况

家庭所处的生命周期、家庭规模、家庭结构、收入状况等都会直接或间接地影响消费者需求。一个家庭,按照年龄、婚姻和子女状况通常可划分为7个阶段,即单身阶段、新婚阶段、满巢阶段Ⅰ、满巢阶段Ⅱ、满巢阶段Ⅲ、空巢阶段、孤独阶段。在不同阶段,家庭购买力、家庭成员对酒店产品的兴趣和偏好都有巨大的差异。例如满巢阶段Ⅰ,年轻夫妇有6岁以下子女,家庭入住酒店对于酒店菜品、儿童设施、娱乐设施都有较多的偏好和考虑(图3-1)。

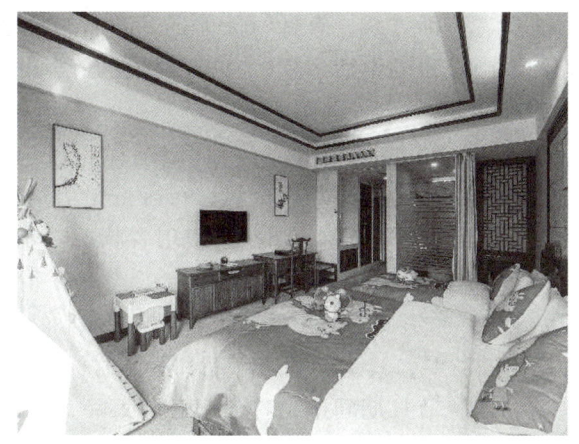

图3-1 有子女的年轻夫妇会对酒店儿童房设施有较多偏好

4. 职业、教育与收入水平

消费者所从事的职业、受教育水平及可自由支配收入都在一定程度上对酒店产品和服务产生一定的影响。同时,消费者收入往往与其职业、受教育程度互相联系,社会阶层的划分也多以收入为基础,以职业为代表,以受教育程度为参考。从事不同职业的人,具有不同的职业特点,其收入水平不相同,消费需求也不一样。因此,酒店营销中应综合分析人口因素的社会属性。例如,高端商务旅游者在酒店选择上就有别于度假旅游和一般商务旅游者,其基本特点为对价格不敏感,对酒店品牌定位、设施设备、产品和服务质量都有较高要求。

(三)按消费行为因素细分

消费者行为变量通常包含消费心理、消费行为、购买时机、追求利益、使用者状况、购买形式等。

1. 消费心理

心理因素会对消费者购买行为产生主观因素影响。按照心理变量,主要可以从消费者个性特征、生活方式和购买动机因素进行市场细分。心理变量与其他变量不同,其更为主观,测量相对困难。

个性指一个人比较稳定的心理倾向和心理特征,它会导致一个人对其所处环境做出相对一致和持续不断的反应。个性往往决定一定的消费倾向,例如咖啡主题酒店多吸引热爱咖啡品鉴制作,追求精致生活享受,乐于高品质社交,具有一定文艺气质的消费者。

生活方式是指一个人或群体对消费、工作和娱乐的特定习惯和倾向方式。生活方式不同的消费者对酒店产品有着不同需求。在酒店市场营销中,越来越多的酒店根据消费者生活方式，有针对性地提升酒店的特色服务。例如根据顾客加强锻炼，崇尚健康的生活方式，有的酒店在客房服务中提供"最佳夜跑路线"示意图。

2. 消费行为

行为是心理过程的结果，相比心理变量，行为变量更具有可衡量性。消费行为变量通常包括购买时机、追求利益、使用者状况、购买形式与数量、品牌忠诚度等。

3. 购买时机

根据消费者提出的需要，其购买酒店产品和服务时机也有所不同。例如，酒店在春节、中秋等传统节日期间推出特色服务和菜品，借助购买时机促进宴会产品和餐饮产品的销售。

4. 追求利益

酒店根据消费者对产品和服务的需求，追求不同利益细分市场。例如，宴会消费者往往追求实惠、喜庆、服务质量高等。酒店可以通过利益变量来细分市场，突出产品定位特性，最大限度地吸引潜在消费群体。

5. 使用者状况

根据是否使用和使用程度细分市场，可以将顾客分为经常购买者、首次购买者、潜在购买者和非购买者。酒店应在使用者状况细分的基础上，在保持现有购买者基础上，注重将潜在使用者转化成实际使用者，吸引更多消费群体，扩大市场占有率。

6. 购买形式

购买形式是指消费者购买酒店产品和服务所通过的组织形式和所有通过的渠道形式，依据购买形式变量，可将市场细分为团体市场和散客市场。团体市场一次性购买量较大，酒店通常会给予价格优惠；散客市场意味着购买数量较少，因此散客的优惠空间较小。

（四）按品牌忠诚度因素细分

酒店还可以按照消费者对品牌的忠诚度来细分市场。品牌忠诚度，是指由于价格、质量等诸多因素的吸引力，消费者对某一酒店品牌的产品或服务形成偏爱并长期选择这个品牌的行为。品牌忠诚度的高低，可用消费者重复选择的次数、挑选的时间、对价格敏感度的标准衡量。了解消费者品牌忠诚情况，不仅可以为酒店细分市场奠定基础，同时也有助于酒店了解消费者忠诚的酒店产品和服务，从而为酒店目标市场选择提供依据。

任务评价与总结表

项目三 探索酒店市场细分与定位

案例 3-1

万豪酒店如何进行市场细分

万豪国际集团是世界上著名的酒店管理公司和入选《财富》全球 500 强名录的企业。万豪国际集团创建于 1927 年,总部位于美国华盛顿,由已故的威拉德·玛里奥特先生在美国华盛顿创办。在 2016 年成功收购喜达屋之后,万豪国际集团已经成为全球最大的连锁酒店集团。

万豪酒店集团所有的品牌主要从 3 个维度进行市场细分:一是按照酒店等级细分,包括奢华(Luxury)、高级(Premium)和精选(Select);二是按照酒店定位类型细分,包括经典(Classic)和特色(Distinctive);三是按照酒店功能细分,分为长住型(Longer Stays)和非长住型(Non-Longer Stays)。

任务实操

表 3-1 分析华住酒店集团的市场细分

实训目的	运用酒店市场细分知识分析酒店集团市场细分案例
实训环境	教室课堂
实训准备	学生 3~4 人一组,收集华住酒店集团市场细分相关信息
实训内容与要求	综合运用 AI、实地调研、深度访谈等方法收集相关信息,列举华住酒店集团国内运营品牌,并阐述其市场细分标准与品牌定位的联系

 **任务二 选择酒店目标市场**

任务导入

某酒店集团计划在上海中心位置打造一家全新酒店。筹备之初规划市场营销总体策略时,对市场进行了细分。请你根据酒店的细分市场,选择新酒店的目标市场。

· 53 ·

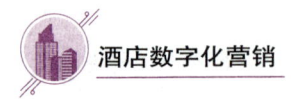

酒店目标市场选择对于酒店整体发展有着至关重要的影响。要完成选择目标市场的任务,首先要理解酒店目标市场概念,掌握细分市场评估方法,了解目标市场选择的基本模式,运用目标市场选择方法,结合酒店品牌、资源与定位,对酒店目标市场进行选择,并准确地刻画描述目标市场消费者画像。

任务知识

一、酒店目标市场概述

(一) 酒店目标市场的含义

酒店目标市场是酒店以自身资源和品牌定位为依据,通过市场调查研究,设计产品和服务以满足具有共同需要或特征的潜在购买者集合的子市场。具体而言,如果将整个酒店市场看作集合,它包含若干具有共同需要或特征的潜在购买者集合的子市场;酒店在资源有限的情况下,选择将某个或某些子市场作为目标,通过满足消费者需求,提升对潜在消费者的吸引力,促成消费行为产生,从而达成盈利目的。

酒店目标市场的选择是指酒店根据自身实际情况,预估对每个细分市场的吸引程度,并选择进入一个或若干个细分市场的过程。酒店需要根据自身条件,从细分的市场中选择出一个或几个子市场需求作为产品和服务设计方向,这一过程就是目标市场的选择过程。

市场细分是酒店选择目标市场的依据,选择目标市场是市场细分工作的延伸。以消费者为中心的营销理念是有效占领市场的关键因素,审视酒店现有资源,了解消费者心理,刻画消费者行为画像是选择目标市场的基本依据。

(二) 酒店细分市场评估

目标市场是酒店决定要进入的市场。一旦目标市场确定,酒店将会投入大量人力、物力、财力获取竞争优势。因此,在考虑进入目标市场时,应考虑以下因素。

1. 市场规模及潜力

酒店进行细分市场,选择目标市场是围绕酒店盈利目标展开的。酒店首先要调查分析目前各细分市场的销售额、增长率和预期利润等。细分市场规模小或处于逐步萎缩状态,酒店进入后,不利于长期发展。一般来说,理想的细分市场具有较多的潜在消费群,有较大的销售额和较高的增长率。细分市场规模大,或仅将市场规模作为细分因素,进入市场竞争,往往出现品牌定位不清晰、酒店产品和服务特色不鲜明、竞争优势不明显等问题。

2. 细分市场结构吸引力

从竞争战略而言，细分市场具有理想的规模和发展潜力未必就有盈利空间。被称为"竞争战略之父"的管理学家迈克尔·波特在"五力理论"中阐述道，在市场中同行业竞争、供应商的议价能力、购买者的议价能力、潜在替代者威胁、替代品威胁5种因素会对竞争产生一定影响。

在酒店细分市场中，同行业竞争激烈，往往会形成"内卷"，酒店产品和服务供给不断扩大，投入资源不断增多，撤出市场壁垒过高。酒店为了在激烈的竞争中获取优势，通常采用压低价格、拓展宣传推广渠道等方式，"价格战""广告争夺战"不断上演。

如果一个细分市场上存在难以替代的酒店产品和服务所需原材料的供应商，那么供应商对原材料供给和价格具有强大的话语权，具有较强的议价能力，这个细分市场对酒店而言就缺乏吸引力，或者说酒店进入该细分市场存在供应风险。

购买者议价能力同样是酒店目标市场选择的重要因素。如果购买者购买数量大，对产品差异性敏感度较低，或者购买者转换成本低时，购买者对价格敏感，购买者的讨价议价能力加强，都会影响酒店利益。

潜在替代者威胁是指细分市场进入门槛较低，选择细分市场的酒店就会相应增加，大家蜂拥而入，产能过剩，容易导致竞争激烈、盈利状况不理想等问题。

3. 酒店资源与定位

酒店在选择进入细分市场时，不仅要考虑市场规模与潜力、结构吸引力，还要考虑酒店自身发展目标、经营战略、管理模式、品牌定位等多方面因素。一些细分市场虽然具有较大的规模和潜力，但对于某些资源欠缺的酒店来说存在一定的困难，盲目进入会导致经营危机。例如，随着生活节奏的不断加快，人们收入水平的不断提高，休闲度假游成为新的旅游增长点，高端度假酒店很快进入公众视野，成为很多游客休闲度假的首选。但是很多酒店所在位置区域不具备丰富的旅游资源，酒店设施设备不符合高端与度假休闲定位，缺少高端酒店管理经验与服务品质。即使细分市场的规模与潜力较大，市场结构具有吸引力，但不具备相应资源与管理优势的酒店也不能盲目进入细分市场。

（三）酒店目标市场选择模式

1. 单一市场集中化

单一市场集中化是指选择一个细分市场，酒店的目标市场高度集中于同一个市场层面，只提供一类产品、服务于一种消费群体，是最简单的目标市场模式。通过单一市场集中模式，酒店可以更加清楚地了解细分市场需求，集中优势力量最大限度地获得市场占有率。由于目标市场范围比较狭窄，一旦消费者在细分市场上的消费意愿下降，或者其他竞争对手进入该细分市场，酒店将面临极大的经营风险。

2. 选择专门化

酒店在市场细分的基础上，结合资源优势，有选择地进入几个不同的细分市场，满足这些市场中消费者的需求。这些细分市场之间可能有需求重合，也可能根本不存在关联，但酒店在每个细分市场上都可以盈利。这是一种多元化的经营模式，可以有效分散经营风险，即使一个细分市场发生改变，酒店仍然可以在其他细分市场继续盈利。

3. 产品专门化

产品专门化是指酒店集中满足各类消费群体的某一特定需求。采用产品专门化模式，有利于酒店在某一产品和服务领域树立良好的声誉，成为吸引潜在消费群体的独特竞争优势。当然，如果同一领域出现强有力的新的替代品，酒店也会失去原有竞争优势。

4. 市场专业化

市场专业化是指酒店集中满足某一特定消费群体的各种需求，即酒店专门为某个消费群体服务。酒店可以根据消费群体需求不断推出新产品，拓宽新的销售渠道。采用市场专业化方式，有利于酒店品牌塑造，能够有效提高客户忠诚度。

5. 全面覆盖市场

全面覆盖市场是指酒店满足所有消费群体的需求，达到覆盖整个市场的目的。酒店通常采用无差异性营销和差异性营销两种途径全面进入市场。无差异性营销是酒店根据消费者基本消费需求提供相应的产品和服务完成全面覆盖市场；差异性营销则一般由综合实力较强的酒店集团通过对市场进行细分，采取不同的品牌定位完成全面覆盖市场。

微课 3-2
酒店目标市场选择模式

二、酒店目标市场选择方法及步骤

（一）梳理现有资源，明确酒店产品定位

俗话说，"知己知彼，百战不殆"，酒店想要在激烈的竞争中获得竞争优势，首先要厘清自身资源。酒店要通过充分考虑经营环境中经济、政治、社

会、科技、法律等因素，对经营外部环境进行大致预判，结合酒店企业内部条件（包括人力、物力、财力、地理位置、品牌影响力、销售能力、管理运营水平），统筹自身资源，设计能够以自身资源支撑的酒店产品与服务综合竞争力。因此，酒店目标市场选择的第一步在于厘清自身各方面资源，为匹配市场奠定基础。

（二）通过市场调研，进行酒店市场细分

酒店通过市场调研，对不同细分市场消费者年龄、性别、家庭结构、教育背景、消费心理、消费行为、消费数据、收入水平、爱好等情况做收集整理；对酒店销售额、预期的销售额增长率、预期的利润幅度、市场营销渠道等情况进行客观评估；对酒店产品定位相似、酒店规模相当、酒店管理运营相近的同领域竞争者的细分市场、产品和服务、营销推广等进行综合分析。在市场调研、客观评估、综合分析的基础上，结合酒店具体情况，多方面、全方位、综合考虑，制定酒店市场细分因素表，根据细分表将市场划分为若干个细分市场。

（三）定性定量分析，描绘消费者画像

定性分析是对各细分市场的性质进行分析，如对细分市场消费者消费观念、消费能力、消费偏好及细分市场发展趋势等进行描述分析。市场定量分析是指用具体适量标准衡量和预测各细分市场的现实容量和潜力，具体因素包括市场的需求量、销售量、营业额、市场占有率、市场增长率等。定量分析方法包括统计图法、均数分析法、交叉影响法、回归法等。通过定性定量的综合分析，酒店能够刻画出消费者具体消费行为画像和各细分市场中消费群体画像。

（四）选择对应匹配，确定目标市场

酒店依照可衡量性、可进入性、规模性、对营销策略反应的差异性等原则进行市场细分。在定性定量分析中，根据已有消费者行为和细分市场消费群体画像，对市场进行细分，并选择匹配酒店资源的目标市场。

可衡量性是指细分市场可以用定量方式来进行测量，如市场需求量、预期利润增长率等。

可进入性是指细分市场应是匹配酒店现有产品和服务资源及酒店市场营销活动可抵达的。换言之，是酒店通过努力能够使产品和服务进入的细分市场。

规模性是指细分市场具有一定规模，有足够的客源和潜力，有大量的潜在消费者为酒店带来可观的收入。

对营销策略反应的差异性是指各细分市场上的消费者对同一市场营销组合方案会有差异性反应，或者说对营销组合方案的变动，不同细分市场会有

不同的反应。如果不同细分市场消费者对产品需求的差异不大，行为上的同质性远大于其异质性，此时，酒店就不必对市场进行细分；另一方面，针对不同细分市场，酒店应该制定不同的产品和服务营销方案，以此对销售额产生不同的影响。

案例 3-2

花间堂酒店的度假目标市场选择

花间堂酒店用花间美学和以"家"为理念的亲切服务将度假酒店的服务理念与地方民居、民俗等人文特色融合。

习近平总书记对宣传思想文化工作提出"七个着力"的重要要求，其中一个重要方面就是"着力赓续中华文脉、推动中华优秀传统文化创造性转化和创新性发展"。"花间堂"在创建初期，融合了地方优秀传统文化因素，着力打造富有中国传统审美意蕴的酒店，旗下的酒店产品形成客栈与度假村两个系列，分别位于丽江、束河、香格里拉、周庄、苏州、杭州、阆中、无锡、同里、西双版纳、嘉兴、宁波、南浔古镇等热门人文旅游目的地。每个城市的"花间堂"都不一样，它不仅承载着城市的特色，还将酒店所在城市的街区及建筑本身的特点、历史背景等与酒店设计融为一体，将文化传承、度假生活与当代生活美学进行融合、解读与表达。

加入华住大家庭的"花间堂"将品牌定位进行全面升级，逐渐弱化原精品民宿的品牌形象，对消费者进行调查，并将消费需求作为酒店设计、产品扩充的依据。其进一步扩充了产品矩阵，为高端度假市场注入新势能——正式发布"花间系列"子品牌。根据对高端度假目标市场调研，"花间系列"产品标准进行改革升级，物业选择多在旅游休闲需求较大的区域；"花间系列"的物业面积要求会小一些，未来重点发展存量改造和"小而精"。

三、酒店目标市场选择策略

酒店在确定目标市场时，应根据目标市场具体情况，采用不同的营销策略。常用的营销策略有以下 3 种。

（一）无差异营销策略

无差异营销策略是指酒店将整个市场作为目标市场，不进行市场细分。

无差异营销策略的逻辑起点在于只关注消费者需求的共同点，对于需求差异性忽略不计，多适用于同质市场，需求大于供给的买方市场，以及酒店新产品的导入期。

无差异营销策略的优点主要在于酒店可以进行大规模营销，采用单一性的营销组合，简化分销渠道；产品的组合成本、广告宣传经费开支、销售渠道维护费用大大降低，容易形成品牌效应和规模效应。

但随着社会市场经济的不断发展，消费者的消费需求、消费心理呈多样化增长趋势，单一的市场策略已很难满足市场发展，因此，随着酒店市场竞争加剧，酒店采用这种策略的机会越来越少。

（二）差异性营销策略

差异性营销策略是指酒店将整个市场进行细分，设计不同的酒店产品和服务，同时制定不同的营销策略，以满足不同细分市场的消费需求。差异性营销策略一般适用于具有一定规模、丰富资源的酒店集团。

差异性营销策略的优点在于酒店能够根据不同消费者的消费需求，设计不同的产品和服务。因此，设计出的产品、服务和营销方式能够更好地传递给不同细分市场中的消费者，产品和服务针对性强，具有明确的产品销售定位。另外，同时经营数个细分市场还有利于企业降低运营风险。

虽然差异性营销符合市场发展规律，但由于酒店产品和服务种类多，因此设施设备投资较大，服务管理模式相对复杂；多种销售渠道，也使广告费用、营销投入、客户维护费用相应提高。此外，细分市场的分散性也难以在市场竞争中形成大规模品牌效应。

案例 3-3

桔子水晶的"新水晶"产品营销体验 2.0

随着经济的发展，人们的生活方式也在悄无声息地发生着巨大的改变，Z 世代（也称"网生代""互联网世代"，通常指 1995 年至 2009 年出生的一代人）崛起，成为消费主力，越来越多的消费者呈现偏好社交、愿意为兴趣买单，以及追求环境颜值的消费特征。华住集团旗下中高端酒店品牌桔子水晶为适应消费者对特色化、个性化旅行体验的要求，推出 2.0"新水晶"版本，锁定中高端细分市场，以"四星"的价格赋能住客"五星"的品质体验。

桔子水晶酒店作为中高端商旅型酒店，在商务酒店定位的基础上，紧紧围绕"个性化""品质化""社交型"升级核心。在公区设计上，采用胡桃木、古铜、玻璃元素，打造更具质感和高级感的空间氛围。客房内的手冲咖啡、威士忌调酒套装、精油香薰、舒适床品等，也为住客提供了极具品质的入住体验。此外，30秒入住0秒退房、机器人送物等智能化服务在为新生代商旅人士提供更为个性化生活方式的同时也提升了商旅生活效率。

以此，桔子水晶酒店在商旅型酒店中以差异化的产品与营销策略带给消费者强烈的品牌符号与深刻的印象。

（三）集中性营销策略

集中性营销策略是指酒店在市场细分的基础上，集中酒店资源选择某一个或几个最具潜力的细分市场，作为目标市场，实现产品与服务的高度专业化，塑造良好的品牌形象与定位。集中性营销策略一般适用于资源并不丰富的中小酒店及竞争相对激烈的领域。

集中性营销策略的优点在于企业经营服务范围的针对性强，容易形成特色产品，实现酒店经营项目的专门化，提高酒店资源的利用率，扩大在细分市场上的知名度，增加市场占有率。

集中性营销策略在于集中全部资源定位小部分市场，而正因专注于某一领域，容易给市场带来较大风险，一旦市场环境发生变化，激烈的竞争会导致酒店经营危机。

任务评价与总结表

任务实操

表3-2 分析华住酒店集团国内运营品牌的目标市场

实训目的	运用酒店目标市场相关理论分析酒店集团案例
实训环境	教室课堂
实训准备	学生3~4人一组，收集华住酒店集团国内运营品牌信息
实训内容与要求	借助AI工具，每组列举一个华住酒店集团国内运营品牌目标市场，描述目标市场消费者画像，并陈述该品牌的酒店产品和服务是如何满足目标市场需求的

项目三　探索酒店市场细分与定位

 任务三　定位酒店目标市场

任务导入

伴随文旅产业转型升级，数字经济迅猛发展，某酒店要求酒店市场部门对该酒店目标市场定位进行重新描述，根据酒店目标市场消费者画像对酒店产品与服务进行全面升级。

党的二十大报告指出，要构建优质高效的服务业新体系，加快发展数字经济，促进数字经济和实体经济深度融合。数字经济的高速发展影响着消费者，促使消费行为发生改变。酒店目标市场定位是酒店营销战略的重要内容，如何在数字经济时代背景下了解消费者需求、准确描述消费者画像、制定符合酒店自身资源与品牌定位的营销策略，需要在理解目标市场定位的基础上运用相应的方法、步骤及策略获得市场竞争优势。

任务知识

一、酒店目标市场定位概述

（一）酒店市场定位的含义

酒店市场定位就是酒店为其产品和服务确定在目标市场中所处的位置，设计特色产品和服务内容，塑造鲜明的产品和服务形象，创建个性化品牌内涵，引领并迎合消费群体的需求和偏好，获取较强的竞争优势。酒店市场定位从本质上来讲是以消费者为中心，在市场分析和细分化的基础上，强化某些产品和服务要素，满足细分市场中消费者的核心需求。因此，以消费者为中心的产品差异化与传统产品变革有着本质区别。产品差异化是实现市场定位的手段，是在充分调研细分市场需求的基础上，寻求建立某种产品特色，获得市场竞争力的一种途径。传统产品变革是从酒店本身出发，单纯追求产品和服务质量的提高与变异。

酒店市场定位可分为对现有产品和服务的再定位和对潜在产品和服务的预定位。对现有产品和服务的再定位一般是对现有产品和服务组合进行更新，

改变产品和服务的名称、价格、包装，以期改变消费者对现有产品和服务的固有印象，获得更好的消费体验。

对潜在产品和服务的预定位是指通过对目标市场消费需求和市场同类型产品和服务的调查研究，有目标地设计满足目标市场需求的特色产品和服务。通过预定位过程，为计划面市的产品和服务奠定一定的市场基础。

（二）酒店市场定位的作用

酒店市场定位源于"供大于求"的市场发展时代背景，酒店行业竞争日益激烈，消费需求多样化，消费心理个性化，这使得酒店需要树立鲜明的市场形象，以期获得稳定的消费群体。酒店市场定位决策是酒店制定市场营销策略与设计产品和服务的基础，因此酒店市场定位具有极其重要的意义。

酒店市场定位为制定市场营销组合策略，选择营销推广渠道和宣传策略奠定了一定的基础。酒店市场定位是在对市场调查分析及对市场细分的基础上进行的，面向的是目标市场。而酒店所进行的营销组合策略选择、宣传推广的最终目的也是能够将产品和服务特色传送给目标市场消费群体，吸引消费者选择酒店产品和服务。酒店市场定位是市场营销组合策略制定的先决条件，市场准确定位后才能科学地、有针对性地制定营销组合策略。

同时，酒店市场定位有利于构建产品和服务市场特色，建立酒店品牌形象。酒店产品定位清晰地勾画出酒店产品和服务面向的消费者群体画像，使酒店可以有的放矢地针对目标消费群体的突出消费需求和典型消费行为设计产品和服务。基于此设计出的产品和服务必将带有鲜明特点，并可以以此作为宣传推广的"热点"和"爆点"，从而加固酒店产品和服务在目标消费群体中的印象，进一步形成特有的酒店品牌和企业文化。

二、酒店目标市场定位方法及步骤

酒店市场定位的核心在于营造更具竞争力的产品和服务，可通过以下方法及步骤来完成。

（一）调研目标市场，确认竞争优势

酒店通过调查研究目标市场和同行业运营情况，可以从质量价格、消费偏好、产品和服务差异化3个方面确认竞争优势。一是获取价格竞争优势。从产品成本、管理效率、宣传推广等多方面压缩成本支出，取得规模效应，以更低的价格、较高的服务质量获得价格敏感消费者的青睐，从而取得质量价格竞争优势。二是消费偏好竞争优势。通过深入挖掘目标市场消费需求，预测新的消费增长点，具有品牌影响力，从而获得相对稳定的目标市场占有率。消费偏好竞争优势的核心在于企业对于市场极其敏感,能够根据目标市场消费行为变化,及时优化提升产品和服务。三是产品和服务差异化。酒店可以从产品和服务的质量、体验的独特等方面塑造产品和服务的差异化。

(二)创新产品特色,定位目标市场

酒店应依据自身的核心优势确定目标市场。而核心优势的确定取决于在与竞争对手的比较当中。这种核心优势是现有的,也是潜在的。确定产品和服务特色是取得核心竞争力的关键。"特色"源于独有,源于鲜明。酒店可以在产品和服务开发、服务体验、销售渠道及品牌形象等方面取得明显有别于其他竞争对手的优势项目,从而巩固酒店市场形象,获得核心优势,进而初步定位目标市场。

(三)形成品牌效应,巩固消费群体

酒店的核心优势要通过品牌进行固化。酒店在市场营销方面的核心优势不可能自行在市场中呈现,而是通过制定明确的市场战略来充分表现其优势和竞争力。通过品牌营造与推广,可以将酒店核心优势逐渐形成一种鲜明的市场概念,并将这种概念与消费者的消费需求紧密结合起来,使之形成酒店固定的"粉丝群体",成为目标消费群体所偏爱的消费选择。

拓展阅读 3-1
华住集团旗下酒店定位

三、酒店目标市场定位策略

酒店目标市场定位如果局限于对产品和服务的具体属性定位,则具有潜在消费者偏好发生变化及竞争者趋同的风险。例如,酒店定位于经济型商务酒店,那么将和其他所有经济型商务酒店具有一样的竞争因素,并不能获取独特的竞争优势。因此,酒店为获取独特的竞争优势,在基本细分市场的基础上,寻求进一步差异,创造有特色的竞争优势,以此吸引细分市场中的大部分消费群体,这种方法被称为超细分市场营销或补缺市场营销。例如假日酒店集团在经济型商务酒店中,除了满足消费者性价比高,适合商旅出行选择的需求之外,还成功地塑造了"廉价、卫生、舒适、整洁"的市场形象,而这一市场形象就有别于其他经济型商务酒店。

微课 3-3
酒店市场定位策略

酒店目标市场定位建立在市场细分与目标市场选择的基础上,一般采取以下几种策略。

（一）根据潜在消费群定位

酒店根据自身产品和服务，匹配适当的细分市场和潜在消费群，以便根据消费群体的潜在消费特点与行为优化产品和服务。根据消费群定位是酒店最常采用的定位策略，强调产品和服务的独特属性，提供给消费者独特体验。例如希尔顿酒店在高端酒店的定位中，加入"微笑服务""高效率服务"等独特体验，提供给追求高端享受的消费群体新的产品和服务体验（图3-2）。

图3-2 "微笑"服务为顾客提供独特体验

（二）根据价格质量定位

传统消费理念中往往存在"优质优价""劣质低价"理念，消费者会根据价格来判断产品和服务质量，符合一般市场运行规律。因此，酒店可以根据价格进行定位，产品质量越优，服务体验越好，产品和服务定价也越高。而在现阶段酒店竞争日益激烈，消费者对产品和服务质量要求越来越高的背景下，不少酒店也推出高品质低价位服务，吸引了大批价格敏感消费者。不难看出，价格质量双重定位的不同结合方式可以产生出营销组合中不同的"化学反应"。

（三）根据产品用途定位

酒店产品用途的基本逻辑在于分析产品适用市场，并将产品特色用途作为营销热点，以此将产品的各种用途最大化利用。例如，上海兴国宾馆因酒店区域内有多座老式上海洋房，不仅可以给酒店消费者带来独特的上海花园洋房式体验，同时因房间空间较大，还可以提供会议、团餐、宴会等服务。由此，酒店的特色产品和服务用途就由单一的住宿体验拓展为提供具有群体性活动空间，产品用途得以拓宽，消费群体也因此扩大。

（四）根据竞争定位

竞争定位是指酒店产品和服务可定位于区别或趋同其他竞争者的产品和

服务属性，强调酒店产品和服务与其他竞争者产品和服务的相同及不同之处，从而引起消费者注意，并形成较为深刻的产品和服务印象。竞争定位可分为避强定位和迎头定位。

避强定位，顾名思义是避免与强大竞争对手正面交锋，突出宣传推广自身与众不同的特色，满足市场上尚未被对手发掘的潜在需求。由于躲避了激烈竞争，综合实力较弱的酒店可以获得一定生存的空间，但定位难点在于准确分析市场需求，并能提供满足市场需求的产品和服务。

迎头定位，与"避强定位"不同，是在同一目标市场与对手开展竞争。采取迎头定位，能够在激烈竞争过程中提高自身管理运营效率，优化自身产品和服务，产生较强的轰动效应，较为鲜明地树立酒店市场形象。实现迎头定位的前提条件在于，目标市场的规模与容量能够容纳两个或两个以上的竞争产品；酒店需要具备相较于竞争者而言更多的资源、更强的实力，能提供更好更优的产品和服务，或具有一定的成本优势。

（五）混合因素定位

混合因素定位不是拘泥于产品某一方面的因素定位，而是根据酒店资源与目标市场选择情况，综合多种方法进行产品定位，多方面创新其产品和服务，使产品和服务获得多重竞争力。知己知彼，才能百战百胜。酒店产品定位的依据不仅是酒店现有资源，更是基于对消费群消费需求、竞争者产品和服务定位的分析与认知，优化产品和服务，革新消费体验，满足甚至引领消费者的消费需求与行为，才能在激烈的市场竞争中脱颖而出。

专业词汇

任务评价与总结表

任务实操

表 3-3　优化酒店定位策略

实训目的	能够理解酒店市场定位，并运用酒店市场定位方法步骤优化酒店产品与服务
实训环境	学校附近酒店或学校合作酒店
实训准备	学生 3~4 人一组，了解该酒店市场定位
实训内容与要求	在不影响正常经营的情况下，对该酒店开展顾客调研，评估该酒店市场定位，并根据酒店定位提出产品或服务具体优化措施

项目训练

扫描右侧的二维码,开始做题吧。

随堂练习

项目四
制定酒店产品策略

项目导读

　　本项目分别从酒店产品、酒店产品生命周期、酒店新产品开发、酒店品牌策略四方面阐述了酒店产品策略的相关内容。产品策略是营销组合策略的基础，通过学习本项目，学生能够获得分析酒店产品市场环境的能力、制订营销计划的能力，以及新产品设计的能力。

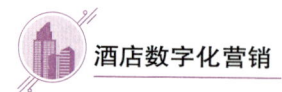

学习目标

知识目标	1. 了解酒店产品的概念和特征 2. 理解酒店品牌策略的基本要素，包括定位、作用等 3. 掌握酒店产品的生命周期和营销策略
能力目标	1. 能够运用酒店产品策略的基本理论，分析酒店产品的市场环境和竞争态势 2. 能够根据酒店产品的特征和市场需求，制订相应的产品策略和营销计划 3. 能够通过调整酒店产品的品牌、定位和差异化等要素，提升酒店产品的竞争力和吸引力 4. 能够评估酒店产品的生命周期，制定相应的产品策略优化方案
素养目标	1. 培养学生的团队协作精神和服务意识，使其能够更好地适应酒店行业的工作环境 2. 提高学生的沟通能力和表达能力，使其能够更好地与顾客和同事进行交流和合作 3. 培养学生的创新思维和解决问题的能力，使其能够更好地应对酒店产品策略制定中的挑战和机遇 4. 增强学生的爱国情怀和社会责任感，使其能够更好地为国家和社会的经济发展作出贡献

思维导图

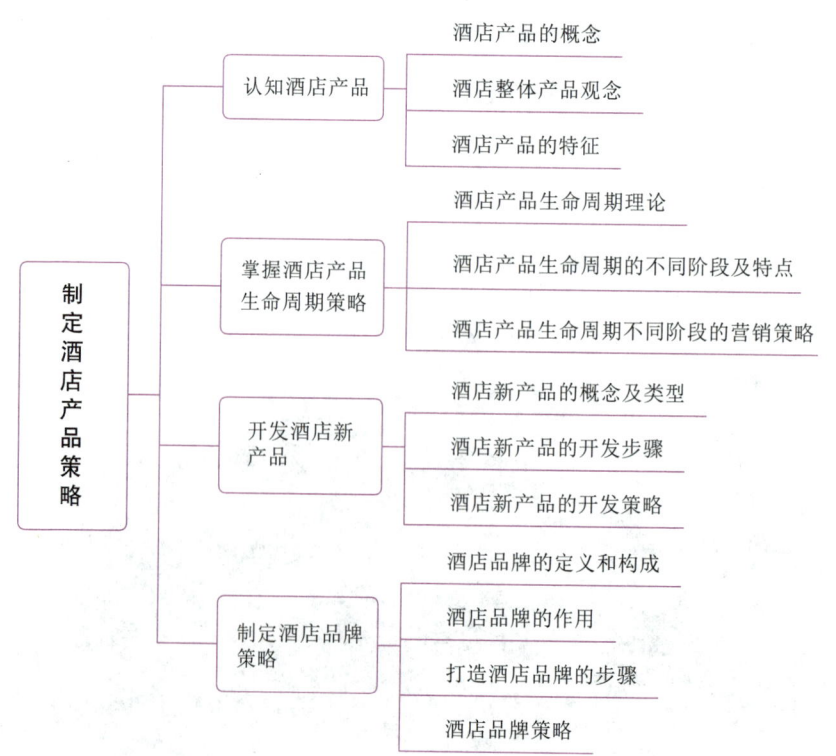

项目四 制定酒店产品策略

 ## 任务一 认知酒店产品

任务导入

上海某五星级酒店面对激烈的市场竞争，决定对其产品策略进行重大调整。他们首先分析了市场趋势和消费者需求，发现现代消费者更加注重酒店的独特体验和个性化服务。于是，酒店决定将"体验经济"作为其新的产品策略，推出了各种主题客房、特色餐饮和定制化活动。例如，他们根据中国的传统节日推出了"中秋赏月房""春节团圆宴"等产品，深受消费者喜爱。此外，酒店还加强了与当地文化和旅游资源的结合，如与当地艺术团体合作举办文化讲座和演出，为消费者提供更加丰富和有深度的体验。通过这种转型，该酒店不仅吸引了大量国内游客，还吸引了大量外国游客，成为上海乃至全国的知名酒店。这个案例表明，在激烈的市场竞争中，只有不断创新和适应市场变化，才能在酒店行业中立于不败之地。

任务知识

一、酒店产品的概念

酒店产品是指能够满足客人物质需求的有形设施、实物产品等有形产品和能满足客人心理需求的无形服务的有机结合。从宾客的角度来说，酒店产品就是一次就餐、住宿的经历与体验；从社会角度来看，酒店产品代表着一种形象，如高档酒店是时尚、奢华、高消费的代名词；从酒店自身来看，酒店产品是酒店赖以生存的基本条件，是酒店经营者精心设计的待售作品。从一般意义上而言，酒店产品包括以下两类。

（一）有形产品

酒店的有形产品一般包括酒店的硬件设施与设备。酒店不同的部门为客人提供的有形产品是不同的，例如，餐饮部给客人提供的各类餐食、餐具、装饰等；客房部给客人提供的客房及其设备、装潢、音响系统、电视、空调、卫生间的设备及美容用品等；健身房及其他康乐中心设备，如游泳池、网球

场、保龄球场、桑拿浴、美容厅、舞厅等；商务中心及其各类设备——影印、打印、电传、电话、翻译、文秘、会议设施等各项设施等。

（二）无形产品

酒店的无形产品则包括了酒店员工的服务、酒店形象及酒店氛围。员工的服务不仅包括服务员的仪容、仪表、举止、礼节、礼貌、服务态度、技能、服务程序、服务标准等，还包括服务员的交际能力、专业知识与应变能力，服务员的服务效率及服务效果。无形服务的质量标准主要是看其服务效率及服务效果。服务效率是使无形服务有形化，是提供优质服务的保证条件，而服务效果是无形服务质量标准的最终要求，是赢得宾客满意的根本因素。酒店形象是社会及大众对酒店的一种评价或看法，它包含酒店的历史、知名度、酒店星级、经营思想、企业文化等诸多因素，是最有影响力的活广告。酒店可以通过公关活动来树立知名度和美誉度，从而在顾客心中建立良好形象。酒店的氛围是顾客对酒店的一种感受。氛围取决于酒店设施的条件，更取决于员工的服务行为及态度。合理的布局结构、典雅的环境、芬芳的气味、细致的服务都会使顾客形成对酒店氛围的美好感受。

案例 4-1

海景"亲情一家人"：品牌服务的核心

在海景人看来，"没有给顾客留下美好印象和值得传颂的故事的服务是零服务"。青岛海景花园大酒店服务的个性化、亲情化给每位入住的客人留下深刻印象，如一颗颗熠熠闪光的珍珠，在客人记忆深处留下珍贵的"项链"。美国斯普林菲尔德商会的一位商务人士入住后给酒店留下表扬信，他如是说，"酒店对细节的关注体现在我最近的一次停留，当时正好是我的生日，我在中国，离家人很远，酒店工作人员给我一个很大的惊喜——把生日蛋糕、鲜花和小礼物送到房间，我非常感激他们。这样的小细节体现了酒店对客人的关心。"一位来中国度假的新西兰客人表示，"在做房间预订的时候，我要求加一张婴儿床，但实际上不只是加了一张婴儿床，还配了婴儿浴盆、婴儿油、两个小公仔玩具，酒店还将房间所有边角都用毛巾包裹起来以保护小孩不被碰伤。这里的餐厅也非常好，如果我要经营一家酒店，这里是我要学习的典范。"这般暖人的故事每天都在发生，海景的管理人员说道，"爱顾客"是海景企业文化的核心，企业文化建设是他们工作的重中之重。爱顾客，就是"把顾客当亲人，顾客永远是对的"。近年来，随手翻看各大知名旅行网上对海景的评价，分值近乎满分，每位对海景做出肯定的客人都有着一致印象：海景，酒店中的"领跑者""佼佼者"（图4-1）。

资料来源：中国旅游协会青岛海景花园大酒店：打造独具特色的"海景流派"|2021"中国服务"·旅游产品创意案例（11）

图4-1　青岛海景花园大酒店

点评：海景"亲情一家人"服务理念以"爱顾客"为核心，细节化、情感化的服务设计不仅体现了现代服务业的高质量发展导向，更与我国当前政策方针中的人民至上、文化自信、服务创新等思政元素高度契合。

1. 以人民为中心：服务为民的微观实践

海景花园大酒店的服务理念是"坚持人民至上"和"增进民生福祉，提高人民生活品质"思想的生动体现。①细节关怀彰显人性温度：为顾客准备生日惊喜、婴儿防护用品等，将"顾客当亲人"的价值观转化为具体行动，响应了"满足人民对美好生活的向往"。②超越功能需求的情感满足：通过个性化服务（如包裹房间边角）解决顾客潜在痛点，体现了"把人民的小事当作大事"在服务业的应用。

2. 文化自信：企业精神与社会主义核心价值观的融合

通过"爱顾客"的企业文化建设，将社会主义核心价值观中的友善、和谐转化为服务竞争力。①文化内生驱动服务创新：以"亲情文化"凝聚员工共识，形成主动服务意识（如员工自发关注顾客生日信息），避免了服务标准化导致的机械性。②中国式服务品牌的国际传播：新西兰、美国客人的高度评价，展现了中国特色服务文化在全球市场中的吸引力，助力讲好"中国服务故事"。

3. 高质量发展：服务业升级的创新路径

通过服务创新为行业转型升级提供范例。①从功能服务到情感价值创造：酒店通过"制造惊喜记忆"提升顾客体验附加值，符合"供给侧结构性改革"中提升服务品质的要求。②数字化与人性化结合：酒店在各大 OTA 平台近乎满分的口碑，依托于线下服务的精益求精，扩大了品牌影响力，体现了"线上线下融合发展"的产业发展方向。

二、酒店整体产品观念

整体产品的概念，最早是由美国哈佛大学教授西奥多·莱维特提出的。他认为整体产品概念由 3 个层次构成：核心产品（产品的使用价值）、形式产品（包括质量水平、特色、式样、品牌、包装）、附加产品（售后服务等）。如果我们把这一概念应用于酒店的产品，则可以将它拓展至 5 个层次，一种完整的酒店产品应由核心产品、形式产品、期望产品、延伸产品和潜在产品构成，如图 4-2 所示。

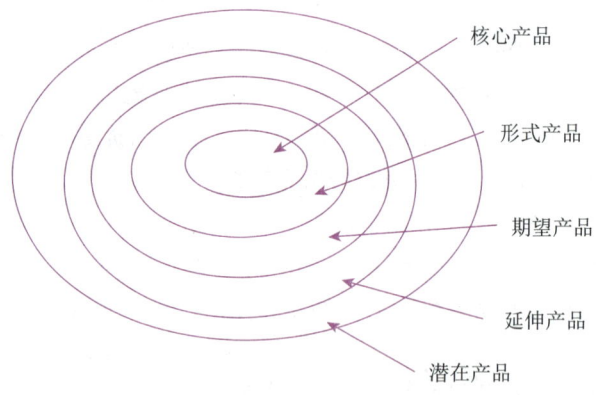

图 4-2　酒店产品的 5 个层次

1. 核心产品

核心产品也叫基本产品，是指产品能给顾客带来的基本利益和效用，即产品的使用价值，这是构成产品的核心部分。例如，顾客购买某种酒水产品，并不是为了产品本身和占有产品。而是通过对酒水的消费来满足某种需要，顾客在一家酒店就餐时饮用酒水，可让其免受干渴之苦，或者满足其受刺激的愿望或下菜及交往的需要等。

2. 形式产品

形式产品是核心产品体现的载体，酒店产品核心利益的实现必须依附于一定的实体,产品实体就是产品的基本形式,主要包括产品的构造外形等。例如酒店的位置、客房的装修风格、菜品菜色等。

3. 期望产品

期望产品是指顾客在购买某一产品时自然而然地随之产生的种种期望,例如顾客在一家酒店就餐的同时还希望得到良好的服务、适当的休息与放松、幽美舒适的环境等。

4. 延伸产品

酒店延伸产品指在核心住宿服务(如客房、餐饮)之外,为满足顾客多元化需求而提供的附加服务或体验产品,旨在提升顾客的价值感知与消费黏性。其本质是通过服务延伸与场景创新,将基础功能升级为情感化、个性化的综合解决方案。典型的酒店延伸产品形式包括以下 4 种。

(1)场景增值服务:如机场接送、SPA 疗愈、亲子活动策划等。

(2)文化体验产品:如在地文化工坊(如茶艺体验)、主题旅游路线设计。

(3)数字化衍生服务:如会员定制权益、虚拟礼宾(AI 行程规划)、智能客房控制系统。

(4)情感关怀附加:如生日惊喜、家庭防护套装等差异化细节服务。

酒店延伸产品的核心价值在于通过"功能+情感"双驱动,构建差异化竞争力。一方面延伸消费链条(如通过附加消费增收),另一方面以"超预期体验"强化品牌忠诚度。在现代酒店业中,延伸产品已成为打破同质化、实现服务升级的关键抓手,契合消费升级背景下"体验经济"的发展趋势。

5. 潜在产品

潜在产品是指现有产品包括所有附加品在内的,可能发展成为未来最终产品的潜在状态产品,是指除了现有产品的可能演变趋势和前景,是企业努力寻求的满足顾客并使自己与其他竞争者区别开来的新方法。一般来说,酒店即使不提供潜在产品,顾客也没有理由抱怨或投诉。

综上所述,酒店整体产品观念给我们带来了以下启迪。

第一,竞争始于基本产品。综合性的酒店也好,专业型的餐厅也好,它们提供的有形产品和无形服务在质量上都必须有可靠保证,不能有一点儿疏漏。酒店或餐厅在管理上之所以特别强调细节,是因为细节上一旦发生差错,顾客便会产生不满。许多年前,有人要希尔顿酒店集团的创始人康拉尔德·希尔顿先生对刚进酒店工作的年轻人提出一些要求,他想了想说:"做客房打扫卫生间之后别忘了把帘子的下端放在浴缸的里边。"这看似寻常简单的一句话,体现的却是对于细节的极致追求。可以这样说,希尔顿先生在酒店管理上的成

功正是源于他对细节的不懈追求。这对所有的酒店经营者而言都是具有普遍意义的。

第二，使顾客满意的有效办法是实现或超过他们的期望。如果期望得不到实现，顾客便可能失望；而严重失望则会直接导致投诉。

第三，在市场经济下，竞争更多体现在延伸产品和服务中。在创造延伸产品时，要充分重视"微小的力量"。许多时候，顾客正是从一个微小的行动、一份细致的关心、一声意外的问候之中形成对酒店的印象，建立对于酒店的好感。随着竞争的加剧，今天的延伸产品明天可能会变成期望产品。因此，我们必须不断创新，提供新产品、新服务。

第四，潜在产品是产品整体概念当中的最高层次，很少企业能做到。如企业能做到这个层次将形成绝对竞争优势，从而彻底击败所有竞争对手。这要求企业不仅要有超强的预测能力与长远的战略眼光，还需具备强大的财力与研发能力。在当今社会，谁能把握潜在产品的发展方向，谁就能取得市场先机。因此，酒店应加大研发力度，不断推陈出新，以长远的眼光与超强的预测能力实现企业的可持续发展。

三、酒店产品的特征

（一）无形性

酒店服务是看不见、摸不到、非物化、非量化的产品。酒店服务的无形性，致使酒店企业很难向客人描述、展示服务项目，而客人也不可能在购买某一项服务前对其进行检验或试用，因此造成酒店产品推销上的困难。客人在选择酒店或餐厅时，往往只凭他所知道的该酒店的声誉作为选择标准，而不像在购买其他商品时，有产品说明书和产品规格作为依据。由于产品的无形性，顾客也会从酒店的社会形象、声誉等因素来判断其产品和服务质量的好坏，因此，酒店必须十分重视树声誉、创品牌、立形象的工作。

（二）差异性

一家酒店提供的同一产品不可避免地存在质量和水平的差异，具体表现在一家酒店的不同员工甚至同一员工在不同的时间、不同的场合或对不同的对象所提供的服务或产品往往水平不一、质量不同。造成酒店服务差异性的直接原因在于手工劳动是酒店的主要生产手段。要克服酒店产品与服务差异性的关键在于制定严格的质量标准，坚持每次服务都符合标准，同时加强员工的教育培训，提高从业人员的文化修养与服务技能，不断提高服务水平。

（三）信息反馈的直接性

工业产品被生产出来后，要拿到商场（市场）上，由商业部门组织销售，产品的生产者不直接与顾客见面，客人对产品的意见、投诉要经由商业部门或销售部门反馈到生产者那里，生产者有足够的时间对客人的意见和投诉做出反应。服务产品则是由酒店工作人员当面向客人提供的，客人对产品的意见和投诉会立即反馈给服务的提供者——酒店工作人员。因此，酒店工作人员必须机智灵活，训练有素，善于接受客人的意见和投诉，能灵活应对和妥善处理各种情况。

（四）不可储存性

酒店产品的这一特点是由服务的直接性决定的。酒店向客人提供的各种设施和服务无法储存和搬运，只有当客人光顾或住进酒店时才能进行消费；当客人结账离店时，酒店的服务也随之终止。一家酒店的100间客房，如果在某一天晚上只销售出去60间，其余没有销售出去的40间客房是没有办法储存起来待次日销售的。没有销售掉的这40间客房所造成的损失永远无法弥补。正是由于这个特点，有些酒店对保证性预订客人进行收费，以求即使他们未能入住该酒店也能减少一部分损失。

（五）所有权不可转移性

消费者购买和消费酒店产品和服务时，只是拥有其使用权，并非所有权。例如，客人入住酒店后享用了美食，体验了舒适的床铺、温馨的客房等，客人在消费过程中，只拥有客房和餐厅的使用权，在客人结账离店后，客房及餐厅的所有权还是归属于酒店的，留给客人更多的是美好的经历、体验及感受。

任务评价与总结表

任务实操

酒店产品设计如何融入红色文化主题？

红色文化是中国共产党领导人民在革命、建设和改革过程中形成的宝贵精神财富。在酒店产品设计中融入红色文化，可以让消费者在入住酒店过程中感受到红色文化的独特魅力和精神内涵，增强对祖国的认同感和自豪感。请同学们4~5人一组，分组讨论如何根据红色文化结合酒店特色设计开发红色主题客房、红色主题餐厅等。

任务二 掌握酒店产品生命周期策略

任务导入

产品生命周期理论是现代企业市场营销学中重要的理论。研究产品生命周期理论不仅能全面把握酒店产品在市场不同阶段的特点和规律，而且对于制定酒店产品策略、及时且有计划地进行产品更新和有效地进行酒店经营管理都具有重要的意义。

试思考：
在数字化营销时代，老牌酒店如何在激烈的市场竞争中突出重围？

任务知识

一、酒店产品生命周期理论

产品生命周期一般是新产品开发进入市场至退出市场的整个过程。产品生命周期，正如人的寿命周期一样，有从出生、少年、青年、壮年，最终走向老年、死亡的过程，酒店产品的生命周期一般包括引入期、成长期、成熟期和衰退期4个阶段（图4-3）。

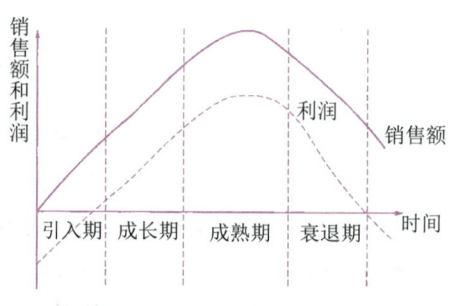

图4-3 酒店产品生命周期

酒店产品生命周期包括了从酒店产品投放市场到退出市场的全部过程。但不同的酒店产品因社会环境、政策变化、经济影响和科技水平等因素的影响不同，也会呈现形态各异、或长或短的表现形式。

复盘最近 20 余年中国酒店业的发展阶段，第一次发展高潮是 2000 年左右的经济型酒店快速发展阶段。随着市场经济的逐步推进与商务活动的繁荣，全国性商旅需求日益增加，原本的酒店供给格局已无法满足国内酒店需求，商旅旅客出行普遍遭遇"高档酒店太贵、普通酒店太差"的局面，行业处于严重的供不应求状态。随着1996年全国范围内第一家经济型酒店"锦江之星"的开业，经济型酒店进入了全面发展阶段，如家、莫泰168、汉庭、7天等国内品牌迅速崛起；速8、宜必思等国际知名品牌的相继进驻，出现了国内经济型酒店市场国际化竞争局面（图 4-4）。

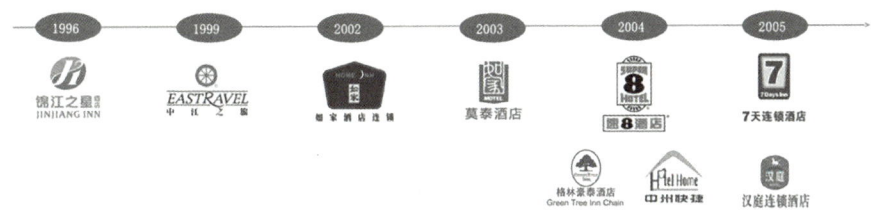

图 4-4　部分经济型酒店品牌成立时间

随着经济型酒店的快速发展，经济型酒店市场逐渐从"供不应求"向"供需匹配"甚至"供过于求"转变，2010 年前后市场接近饱和，迎来明显拐点，以如家、7 天为代表的经济型酒店入住率持续走低。此时酒店业的第二个风口——中端酒店出现，各经济型酒店集团陆续推出中端酒店品牌，原本的中端酒店集团也开始加快扩张步伐（图 4-5）。

图 4-5　部分中端酒店品牌成立时间

从 2020 年开始，酒店业进入了数字化加速发展期，酒店数字化集中体现在营销、服务、运营与供应链管理的各个环节，各大在线旅游平台也开启了为酒店数字化助力的进程。

二、酒店产品生命周期的不同阶段及特点

（一）引入期

引入期又称导入期，指酒店产品从设计投产到投入市场的阶段。这一阶段由于酒店产品品种少，消费者对产品认知度低，购买率低。为了扩大销路，酒店需要投入大量的促销费用，进行宣传推广。该阶段由于资金、品牌和管理等多方限制，酒店产品生产批量小，制造成本高，广告费用大，产品销售量较少，酒店企业许多时候不仅不能获利，反而可能亏损。

知识链接 4-1
产品生命周期

（二）成长期

成长期指酒店产品通过试销，效果良好，逐渐被消费者认可的需求增长阶段。这一阶段消费者对酒店产品已经熟悉，建立了一定的品牌影响力，需求量和销售额迅速上升，利润迅速增长，市场占有率不断增加。与此同时，竞争者看到有利可图，纷纷进入市场参与竞争，使同类产品供给量增加，价格随之下降，企业利润增长速度逐步减慢。

（三）成熟期

成熟期指酒店产品随着购买产品的人数增多，稳定地进入市场销售，市场需求趋于饱和的阶段。此时，酒店产品普及并日趋标准化，市场占有率高，销售量迅速上升，利润迅速增长，消费者具有较强的产品忠诚度。同时，竞争者纷纷进入市场，使同类产品供给量增加，酒店利润增长率逐步减慢，利润到达生命周期的最高点。

（四）衰退期

衰退期指酒店产品已经老化，逐渐进入被市场淘汰的阶段。随着科技的发展及消费者消费习惯的改变等，酒店产品的销售量和利润持续下降，产品在市场上已经老化，不能适应市场需求。此时成本较高的酒店企业就会由于无利可图而陆续退出市场，该类产品的生命周期也就陆续结束（表 4-1）。

表 4-1 酒店产品生命周期不同阶段的主要特点

生命周期	引入期	成长期	成熟期		衰退期
			前期	后期	
销售量	低	快速增长	持续增长	平稳或开始降低	下降
利润	负或小	较大	高峰	平稳至逐渐下降	低或负
消费者	较少	较多	高峰	高峰至开始减少	锐减

项目四 制定酒店产品策略

续表

生命周期	引入期	成长期	成熟期		衰退期
			前期	后期	
竞争状况	小	兴起	增加	到达高峰	减少
品牌影响	小	增多	高峰	有下降趋势	减少

三、酒店产品生命周期不同阶段的营销策略

（一）导入期的营销策略

导入期开始于新产品首次在市场上销售时，导入期的时间不宜太长，重点是要尽量扩大产品的市场份额，尽快进入成长期。在酒店产品导入期，主要的营销策略是提高顾客对酒店产品的了解和认知的程度，以扩大市场面。在酒店产品上市前，要进行有效的广告宣传活动，突出"人无我有"或"人有我特"的优势，引领消费的新时尚，争取目标市场上那些敢于尝试新产品、喜欢酒店新产品的"先锋型"客人。

在这一阶段，酒店要向广大潜在的顾客消费群体介绍酒店产品的优点，向他们展示酒店新产品的吸引力和诱惑力，达到激发顾客购买欲望的目的。因此，针对导入期的酒店新产品可以采取以下策略。

1. 快速撇脂策略

快速撇脂策略是一种采用高价格、高促销费用，以求迅速扩大销售量，取得较高市场占有率的策略。采取这种策略一般有一定的市场环境，如大多数潜在的顾客还不了解这种新产品，或是已经了解这种新产品急于求购、愿意高价购买。另外，在此阶段酒店还面临潜在竞争者的威胁，在这种情况下应该迅速使顾客建立对酒店产品的偏好。

2. 缓慢撇脂策略

缓慢撇脂策略是一种以高价格、低促销费用，以求得到更多利润的营销策略。这种策略可以在市场面比较小、市场上大多数消费者已熟悉酒店新产品、购买者愿意出高价、潜在竞争威胁不大的市场环境下使用。

3. 快速渗透策略

快速渗透策略是一种低价格，高促销费用，以求迅速打入市场，取得尽可能高的市场占有率的策略。在市场容量很大，消费者对这种产品不熟悉，但对价格非常敏感，潜在竞争激烈，酒店企业随着生产规模的扩大可以降低

单位生产成本的情况下适合采用这种战略。

4. 缓慢渗透策略

缓慢渗透策略是一种低价格、低促销费用的营销策略。这种策略适用于市场容量较大，市场上酒店产品的知名度较高，顾客对价格很敏感，存在潜在竞争者但威胁不大的市场环境。

（二）成长期的营销策略

针对成长期的特点，酒店企业要保持市场增长率，延长获取最大利润的时间，可以采取以下几种策略。

1. 改善产品品质

通过提高产品质量，增加酒店产品的特色设计，如增加新的功能、改变产品款式等改善产品品质。对酒店产品进行改进，使之与特色服务相结合，可以提高产品的竞争能力，满足更广泛的顾客需求，吸引更多的顾客。

2. 寻找新的细分市场

通过市场细分，找到新的尚未满足的子市场，根据子市场的需要组织生产，进行酒店产品的附加设计，以迅速进入这一新的市场。

3. 改变广告宣传的重心

把广告宣传的重心从介绍酒店产品转到建立产品形象上来，打造酒店产品的品牌，树立酒店的形象，维系老顾客，吸引新顾客，让酒店产品形象深入人心。

4. 适时降价

通过降价激发那些对价格比较敏感的消费者，使其产生购买动机和采取购买行动，有利于酒店产品进入新的市场。

酒店与酒店之间的竞争，不一定是你死我活的竞争，也不一定是恶性竞争，可以是良性的竞争、友好的竞争，酒店与酒店之间开展"合作竞争"，构建共赢机制。

（三）成熟期的营销策略

酒店产品进入成熟期以后，酒店营销策略的重点应突出一个"长"字。此时酒店企业只能采取主动出击的战略，使成熟期延长或使产品生命周期出现再循环。为此，可以采取以下3种策略。

1. 市场调整策略

市场调整策略不是要调整产品本身，而是通过发现产品的新用途或改变营销方式等，使产品销售量得以扩大。

2. 产品改进策略

产品改进策略是通过产品自身的调整来满足顾客的不同需求，吸引有不同需求的顾客，刺激现有顾客重新购买。

3. 营销组合调整策略

酒店企业的市场营销组合不是一成不变的，应该随着销售环境的变化而进行调整。这种调整常用的方法包括降价、提高服务质量等。

（四）衰退期的营销策略

衰退期的营销策略重点是收缩市场面，以减少退出的损失。可选择的营销策略有以下 4 种。

1. 持续营销策略

在衰退期，由于大量竞争者纷纷退出市场，经营者减少，但市场仍然有一批"怀旧型"顾客。因此，处于有利地位的酒店可以暂不退出，继续沿用过去的营销策略，直到这种产品完全退出市场或等待新的复苏。

2. 集中营销策略

酒店企业应收缩战线以减少促销费用，把主要精力集中在还有利可图的市场部分，争取从中获利。这样既有利于缩短产品退出市场的时间，又能为酒店创造更多的利润。

3. 收缩营销策略

对那些没有希望的顾客群体，只有采取放弃的做法，大幅降低促销水平，减少促销费用。这样虽然在短期内销售额会有所下降，但成本和费用也会降低，仍然能保持一定的利润水平。

4. 放弃营销策略

对于那些衰退比较迅速的酒店产品，应采取果断措施，结束销售业务，退出市场。或者，也可以采取逐步放弃的策略，逐步退出市场。在选择放弃策略的同时，要及时推出新产品，进入新一轮循环，抢占市场先机。

任务评价与总结表

任务实操

表 4-2　探讨创新驱动下老牌酒店的产品打造

实训目的	1. 探讨老牌酒店在创新驱动下如何进行产品打造 2. 分析创新在酒店产品生命周期中的作用 3. 分享成功案例，总结经验教训 4. 形成一套适用于老牌酒店的产品打造策略

续表

实训内容	1. 背景介绍：简要介绍老牌酒店面临的挑战和机遇，以及创新在酒店业中的重要性 2. 问题分析：深入探讨老牌酒店在产品打造方面存在的问题，分析其原因，并讨论如何解决这些问题 3. 案例分享：分享一些成功的老牌酒店案例，分析它们是如何通过创新打造产品的 4. 策略制定：基于以上讨论，制定一套适用于老牌酒店的产品打造策略，包括产品定位、品牌形象、服务体验等方面 5. 行动计划：为老牌酒店制订具体的行动计划，包括短期、中期和长期目标，以及实现这些目标所需的资源、预算和时间安排 6. 总结与展望：总结本次讨论的主要观点和结论，并对未来老牌酒店的产品打造进行展望

 任务三　开发酒店新产品

任务导入

民族文化是一个民族的独特标识和精神根基。在酒店产品策略中融入民族文化传承理念，可以让消费者在入住酒店过程中了解和体验不同民族的文化特色和魅力，增强对多元文化的认知和尊重。

试思考：

酒店如何通过设计开发民族主题客房、民族文化体验活动等，展示不同民族的服饰、音乐、舞蹈、美食等元素，让消费者深入了解不同民族的文化内涵？

任务知识

酒店产品生命周期理论告诉我们一个道理：随着时代变迁，科技在迅猛发展，消费者需求也在不断变化，创新是酒店赖以生存和不断发展的唯一途径，因此酒店新产品的开发就成了酒店管理的重要议题。

一、酒店新产品的概念及类型

（一）酒店新产品的定义

酒店新产品是一个动态的概念，既包括新开发的产品，比如随着酒店的智能化设备和智能化服务的发展，无人酒店、智能机器人和数字客房等大批量高科技元素进入酒店领域，受到年轻消费者的青睐；还包括那些在原有产品基础上不断改进、不断创新发展而来的产品，能给客人以新的感受和体验，比如作为四大菜系之首的鲁菜，近年来把"少盐、少糖、少油"的健康饮食理念引入其中，对很多鲁菜的经典菜肴进行了创新，深受消费者的欢迎。

酒店新产品是一个全面的概念，既包括面对消费需求越来越个性化、垂直化、多样化的现状，出现的酒店新业态和新产品，如近年出现的主题酒店、精品民宿等；也包括在技术、功能、结构、规格、服务、实物等方面与旧产品有显著差异的产品，如酒店客房经过改进升级，从传统的标准客房到现在的影视房、情侣房、零压房，再到最近火爆的电竞房。

因此，酒店新产品是指酒店向市场推出的以前没有生产和销售过的产品，它既可以指一种整体的全新产品，也可以指部分有所创新和改进，能给消费者带来新体验的产品。

（二）酒店新产品的类型

1. 全新型酒店产品

全新型酒店产品是指原来没有出现过的产品，是为满足消费者需要，应用新原理、新技术和新材料等完全创新的酒店产品。比如在酒店业发展初期，斯塔特勒建造的酒店开创了现代酒店的概念；随着汽车产业的发展，汽车旅馆在美国诞生，也是一种全新的产品；2000年左右在中国迅猛发展的经济型酒店，也是一种全新的产品；随着科技的发展，酒店新装修的智能化客房、餐厅推出的机器人送餐等，也是全新的产品。

2. 换代型酒店新产品

换代型酒店新产品也称革新性产品，是指酒店对现有产品进行较大改革后推出的酒店产品，它使原有产品的功能得到较大的升级改造。比如，将分体式空调改成中央空调；将酒店餐饮的堂食增加到堂食和外卖兼顾；将客房的电子门锁换成智能门锁；等等。换代型酒店产品意味着酒店产品结构从一个阶段向更高阶段发展。

3. 改进型酒店新产品

改进型酒店新产品是指在现有酒店产品的基础上进行局部改进和完善，以提升产品功能的酒店产品，这类产品与原有产品改变不大，易于被顾客接受。比如，酒店局部改造调整，增加儿童游戏设施；服务流程的调整，退房服务延时；酒店浴缸升级，增加按摩冲浪功能；等等。改进型酒店新产品在酒店创新中被广泛使用，其投入成本相对较低，能有效提高市场竞争力，是酒店扩大市场份额的重要策略。

4. 仿制型酒店新产品

仿制型酒店新产品是指酒店原来没有而其他酒店已经存在的产品，通过仿制或者稍加改变，作为一种新产品推向本酒店的目标市场。例如，1996年上海锦江集团旗下的"锦江之星"作为中国第一个经济型酒店品牌问世后，诞生了包括锦江之星、如家、7天、尚客优、汉庭等一大批快捷酒店品牌；北京烤鸭被广东的酒店和餐厅仿制后，变成了广东的片皮鸭。

5. 新品牌酒店新产品

新品牌产品是酒店在产品矩阵的基础上，针对某一细分市场上的需求，创新品牌，从而满足顾客的一种策略。如开元酒店集团旗下酒店品牌"开元名庭""曼居酒店"正式焕新升级，以唐风宋韵为基础，诠释"新国风"的品牌风格，这是开元酒店集团以文化视角挖掘品牌深度，向年轻化市场推进中高端酒店的重要举措。

二、酒店新产品的开发步骤

酒店新产品开发是指酒店对新产品的研究、构思、设计、生产和推广，其目的在于扩大酒店产品品种，提高产品质量，进一步丰富酒店产品体系，增强竞争优势和满足消费者的需要。一般来说，酒店规模较小的产品，一旦创意形成，就可以着手开发，比如餐饮的菜品创新、客房的局部升级等，但对于那些规模较大、投资较多的开发项目，就需做好开发计划和可行性分析，采用科学的开发步骤，使新产品能够符合市场的需求，受到客人的欢迎。

（一）创意构思

酒店新产品的开发构想是指对酒店新产品的基本轮廓和架构的设想，是新产品开发的基础和起点。酒店在现代技术、产品功能、布局结构、规模实物、优质服务等方面进行的创意，都可通过书面的形式描绘出来。酒店新产品的开发构想必须遵循的原则是明确目标市场需求、拟开发新产品的特征及定位、资源分配和新产品投资收益等。酒店在开发新产品的过程中，要集思广益。

1. 酒店内部人员

酒店内部人员主要包括酒店一线部门、职能部门和市场营销部等的所有人员。他们是构想的主要来源，每天都与客人接触，能够从客人那里得到关于产品的反馈和需求的信息，针对产品优缺点提出改进或创新的构思。在这个阶段，相关人员应加强市场调研，通过消费者调查和客户关系系统，充分发掘和确认他们的需求，以发现能更好地解决顾客问题的新产品。

2. 酒店竞争者

收集竞争者产品的特点和状况，掌握竞争对手的动态，分析其产品的成功和失败之处，往往可以发现新的创意。在这个阶段，酒店可采取到竞争对手的酒店消费的方式来深入了解竞争对手产品的具体特点和情况，也可通过对竞争对手的广告和其他宣传信息来获得有关新产品的线索。

3. 酒店中间商

酒店中间商主要包括旅行社、会展中心、航空公司等。他们是新产品构思的重要来源，收集中间商的信息，了解顾客需求更为直接，充分利用中介信息渠道可以获得市场的第一手资料，为创意提供支持。

4. 其他信息来源

主要包括行业杂志、专业网站、专家讲座、展览和研讨会、政府机构、新产品咨询机构、广告代理机构、营销调研机构和大学专家等。

创意构思最重要的特点就是创新性、针对性、适应性和经济性。只有具备创新性，才能让有特色、有新意的酒店新产品满足顾客千差万别的需求；只有具备针对性，才能确保开发的新产品能受到客人偏爱和市场欢迎；只有具备适应性，才能更好地匹配酒店现在的能力，进行可操作的创新；只有具备经济性，才能在新产品创新时考虑投入产出比，产出较好的经济效益。

（二）创意筛选

构想只是一个初步的设想，各种创新的方案并非都是可行的。酒店应对收集来的创意和构思进行评估和筛选，从而挑选出好的创意和构思，以便下一步对新产品的开发。考察的内容主要是新产品能否满足顾客需求，新产品的创意是否和企业发展目标一致，酒店内部资源是否适合新产品的开发，酒店财务是否有足够的资金发展新产品，新产品在同行中的竞争状况和环境因素分析，等等。筛选工作一般由营销部人员、高层管理人员及外聘专家进行，相关筛选程序如下。

1. 成立筛选小组

构思的筛选小组通常由酒店营销部门和前厅、房务、餐饮和财务等部门的中高层管理人员组成。在人员构成上，既要考虑成员代表的职能和部门，还要考虑成员的知识结构、评分能力和性格特征，能够真正以工作为重，筛选出适合酒店的新产品。

利用产品构思评价表，就产品构思在销售前景、竞争能力、开发能力、资源保证、生产能力和对现有产品的冲击等方面按照一定的权重进行综合考虑，以选出最适合的产品创意。

2. 评分筛选

评分筛选是指利用评分表对筛选留下的构思进行评分筛选，全面填写"新产品可行性评估表"。评分主要依据一般为第一阶段中已经形成的"新产品需求表""预调研记录单"和"新产品企划书"，评分表包括4个基本要素：评分因素、评分等级、权重及评分人员。评分因素是指影响新产品开发成功的各种因素，如酒店的研究能力、财务能力、生产能力、营销能力、竞争者状况等。评分等级和权重可根据酒店发展战略进行相应设定。

3. 经验筛选

由筛选人员根据自家的经验来判断构思与酒店经营目标、生产能力、财务能力和销售能力是否相适应，可以利用排除法，根据这些指标和工作经验把不适当的构思剔除，以做进一步筛选。经验筛选中最好利用头脑风暴，筛选小组成员各抒己见，避免职务较高人员的"一言堂"。

（三）新产品概念形成和测试

新产品概念是指酒店新产品的构思具体化。用文字、图形、模型、试验品描述出产品的性能、具体用途、形状、优点、外形、价格、名称等，让顾客能一目了然地识别出新产品的特征。比如绿色酒店产品创意，既可以设计成有机食材的绿色餐饮、环保节能的绿色客房，也可以改造酒店节能减排设施等。

新产品具体化后就可以进行测试，测试新产品对酒店内部条件和外部环境的适应性，以及目标顾客对新产品的反应，为新产品的市场预测奠定基础，找出对新产品概念感兴趣的消费者，针对目标消费者的具体特点进行改进。如酒店菜品创新后可采用邀请相关客户进行试菜的方式，客房进行智能多媒体升级可采用邀请试睡员的方式。通过概念测试，酒店可了解顾客对酒店新产品功能、质量和价格等方面的意见，进一步完善新产品，以使新产品更加符合顾客的需要，而那些顾客觉得体验较差的概念产品将会被淘汰。

（四）新产品营销策略制定

在选定最佳产品概念后，酒店营销人员要针对新产品制定相应的营销策略，包括分析目标市场及其规模、产品发展潜力、产品市场定位、消费者行为特点、预计销售量和市场占有率等。制定新产品短期、中期和长期的价格，然后选择分销渠道、促销手段，并做好营销预算。

（五）新产品商业分析

商业分析又叫经济分析，是对新产品在市场中的适应性和发展能力的预测。预测的内容包括酒店产品的销售量、成本、利润和收益率。此外，还应预测该产品营销推广时所需要的人力、物力、资金风险和机会成本等，以及消费者购买行为、竞争者的反应、环境对新产品发展潜力的影响等。

这些不仅需要描述，更需要精确的数字计算和市场调查，得出确切的结果。这项工作需要科学的开发技术和市场研究，并结合新产品上市后实际情况进行分析。经过商业分析，确定该新产品有开发价值，就可以进入正式的实际开发阶段。

（六）产品研发

若产品构思被商业分析确定为可行，就进入了具体产品的实际开发阶段。在进行产品的设计与开发时，要考虑酒店新产品的功能、外观、产品的适用性及经济性，并要经过反复测试。例如，建一座酒店，要考虑其地理位置、交通条件、酒店的设计与建筑、设备安装、装修装潢、员工素质等多方面的因素。有的酒店试营业之前，会邀请酒店专家、同行企业代表、旅行社代表、顾客代表入住，请他们提出意见和建议，再根据这些意见和建议进行整改，完善酒店的产品。

（七）市场试销

新的酒店产品是否能被顾客接受，产品的生产运转是否顺利有序都需要在小范围内试销。市场试销是新产品小规模投入市场的试验阶段，其主要目的是观察顾客对新产品的接受程度，从顾客那里得到其对产品的评价，对不足的地方进行修改和提高。另外，对自身提供产品的能力也可以进行测试，酒店自身的内外部条件是否适应新产品的供给要求，哪些方面还需要协调。再者，可以对商业分析的内容进行核对，看商业分析的结果是否符合实际经营状况，是否需要调整。

（八）正式上市

若新产品在试销中取得顾客良好的评价和反应，并且潜在的顾客人数较多时，则可以决定上市。酒店营销者在这个阶段应当在适当的时间和适当的地点，采用适当的推广战略，营销策略的选择和实施要针对最佳的目标顾客群，以竞争到最有影响力的顾客。此外，酒店新产品全面上市时，要与已有产品衔接进行推广，将其列入销售的产品线中，调整产品组合，投入大量的广告宣传，还要派出营销人员进行促销。

三、酒店新产品的开发策略

酒店新产品的开发是为了更好地满足顾客需要，也是酒店保持活力和竞争优势的重要途径。新产品的开发策略应根据酒店内部自身的条件和外部的环境变化选择。酒店新产品开发策略主要有以下 5 种。

（一）领先策略

领先策略是指酒店面对消费的需求变化和竞争对手的情况，利用自身雄厚的人力、物力和财力资源抢先开发出新产品并投放市场，使酒店处于领先地位，一般适用于实力较强的酒店企业。领先策略的实质是以新取胜和以速取胜。选用该策略的酒店一般应具有较强的新产品开发能力和风险承担能力，并且有一套灵敏的市场处理和反馈系统。例如，有的酒店设立专门的菜品创新小组，组织专业化的菜品研发，定期推出新菜肴，以满足顾客需求，这就是在新产品开发上采用抢先策略的表现。

（二）仿制策略

仿制策略是指酒店不抢先研究和开发新产品，而是借鉴其他实力雄厚的酒店已投放市场且深受顾客喜欢的产品，通过仿制和改进来推出自己的新产品，一般适用于中小酒店。其优点是，不用花费大量的投资，而且研究和开发的周期短、风险小，如许多快餐企业模仿肯德基的餐厅风格、餐厅装修、餐饮形式、餐饮经营新模式，推出自己的中餐产品。不足之处是，酒店若仿制新产品的时间太长，将延误产品投放市场的最佳时机，而且如果创新不够难免有山寨嫌疑，从而影响产品的销售，难以实现企业预期目标。

（三）产品升级策略

产品升级策略也称产品改进策略，是指酒店在现有产品的基础上，通过改进升级以实现满足顾客需求和延长酒店产品生命周期的目的。产品升级既可以指酒店重新装修等方面的硬件升级，也可以指酒店借助现代科技进行的智慧化改造，还可以是酒店管理服务全方位的提升。产品升级策略的优点是开发费用相对较低，风险相对较小；不足之处是，产品升级只是局部改变，创新性不足。

（四）品牌延伸策略

品牌延伸策略是指酒店将现有成功的酒店品牌应用到新产品中去。品牌延伸策略有利于酒店借助现有品牌进行新产品的延伸，以保持消费者对品牌的忠诚度。品牌延伸策略的优点是利用原有品牌的知名度可迅速打开市场，减少新产品的促销费用；不足之处是酒店新产品如果质量欠佳，可能对企业品牌造成负面影响。

（五）差异化策略

差异化策略是指提供与竞争者不同的差异化产品或服务。主要包括有形产品差异化和无形服务差异化。有形产品差异化，如建筑风格、内部装饰、环境氛围、餐饮设施、员工形象、食物色香味等的差异化，主要体现在顾客可以通过有形产品初步了解酒店的品牌形象。无形服务差异化，如餐

任务评价与总结表

饮产品的差异化,主要体现在独特风味、服务模式和主题文化及服务活动中。

任务实操

表 4-3 酒店产品开发

实训目的	1. 掌握酒店产品开发的基本流程 2. 培养学生对市场和顾客需求的分析能力 3. 培养学生的团队协作和沟通能力 4. 为学生提供一个实践机会,将理论知识应用于实际情境中
实训内容	1. 市场调研:小组需收集关于目标市场的酒店业数据、顾客群特点和竞争对手的信息 2. 需求分析:根据调研结果,分析目标顾客的需求和偏好,确定产品开发的方向 3. 产品策划:设计新的服务项目、设施配置和特色活动 4. 成本预算:对新产品的开发成本进行预估 5. 方案呈现与讨论:制作 PPT 或报告,向指导老师和其他小组展示产品方案,并接受提问和讨论 6. 反馈与改进:根据老师和同学的反馈,对方案进行修改和完善
实训考核	1. 市场调研的完整性和准确性 2. 产品方案的创造性和实用性 3. 成本预算的合理性 4. 团队沟通和协作能力:团队配合度、个人分工合理性、组织协调能力 5. 方案呈现和表达能力:方案的完整性、演讲人员的现场表现

任务四 制定酒店品牌策略

任务导入

华住酒店集团品牌战略

华住酒店集团作为中国领先的全服务酒店运营商,其成功的品牌战略是业内关注的焦点。华住酒店集团品牌战略主要表现在 5 个重要方面。

(1)多元化品牌布局。华住旗下拥有多个品牌,覆盖了从高端到经济型市场的不同细分领域。这种多元化的品牌布局使华住能够满足不同消费者的

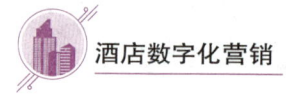

需求，提高市场占有率。

（2）统一的服务标准。尽管品牌多样，但华住在所有旗下酒店中实行统一的服务标准和质量控制，确保顾客无论在哪家酒店都能享受到一致的高品质服务。

（3）技术创新驱动。华住注重利用先进技术提升用户体验。例如，通过移动预订、自助入住、智能客房等创新技术，提升顾客的便捷性和满意度。

（4）绿色可持续发展。华住坚持绿色可持续发展战略，致力于节能减排，并采用环保材料和绿色设计，为顾客创造绿色健康的住宿环境。

（5）高效的会员体系。华住的会员体系能够为顾客提供积分累积、优惠折扣、专属活动等权益，增强了顾客的忠诚度，同时也有助于提高酒店的入住率和顾客的回头率。

任务知识

品牌（Brand）是酒店企业的识别标志、酒店文化的精神象征、酒店价值理念的体现，也是酒店产品品质优异的核心。品牌能够使顾客通过其提供的有效信息来识别特定的酒店产品，是酒店产品营销的重点，代表了酒店产品的特色。

一、酒店品牌的定义和构成

（一）酒店品牌的定义

品牌的概念源于英文"Brand（烙印）"或"Trademark"（商标）。1960年，美国市场营销协会（AMA）在《营销术语词典》中把品牌定义为"用以识别一个或一群产品或劳务的名称、术语、象征、记号或设计，以和其他竞争者的产品或劳务相区别"。如麦当劳的"M"形招牌、耐克的"√"形标志等。菲利普·科特勒认为："品牌是用来识别一种（一系列）产品或服务的名称、术语、标记、符号或图案，或是它们的相互组合，使之与竞争对手的产品或服务相区别。"

具体到酒店行业，品牌建设具有双重属性，既包含建筑形态、服务流程等硬件要素，也涉及文化体验、情感价值等软件要素。优质酒店品牌通过系统化设计，将名称、标识、服务标准与文化内涵有机融合，最终形成区别于竞争对手的市场认知体系。

(二)酒店品牌的构成

1. 品牌名称

品牌名称是指能用语言读出的部分——词语、字母、数字或词组等的组合。如中国大饭店、杭州开元大酒店、济南鲁能贵和洲际酒店、深圳丽思卡尔顿酒店、三亚亚龙湾瑞吉度假酒店等。品牌名称涵盖了酒店产品和文化属性的内容,是酒店产品的识别标志。

2. 品牌标志

品牌标志是指品牌中不可以发声的部分——包括符号、图案或明显的色彩或字体。它是品牌形象化的标识符,可以唤起人们对品牌的联想,有利于形成品牌的个性,便于识别和记忆(图4-6)。

图 4-6　部分洲际酒店集团品牌标志

3. 商标

商标是品牌的法定标记,是指受到法律保护的整个品牌、品牌标志、品牌角色或者各要素的组合。未经商标所有权人许可,其他企业不得使用或仿效,否则构成侵权,要承担法律后果。

二、酒店品牌的作用

(一)识别作用

品牌可以帮助消费者辨认出品牌生产的酒店企业,从而区别于同类产品。

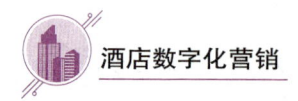

酒店品牌包含着其所提供的服务产品的功能、质量、特色、文化等丰富的信息，在消费者心目中它代表着服务形象和酒店形象。品牌可表明酒店产品的内在属性，以方便顾客识别。如某酒店的粤菜餐厅、豪华行政楼层等，前者代表可以在这家酒店餐厅品尝到广东菜，后者表示可供顾客住宿的房间。顾客可以根据品牌准确地识别和挑选所需属性的产品。品牌往往还可凸显个性，如广东菜的"烤乳猪""佛跳墙"等。

（二）价值作用

酒店品牌代表着酒店产品的价值。豪华品牌酒店、中档精品酒店和经济型品牌的差异代表着不同酒店产品的等级，如去瑞吉酒店住一晚豪华客房，亲身感受瑞吉酒店拥有百年历史的管家服务和鲜花服务。同一品牌下的酒店集团有时也有许多子品牌，如华住旗下有汉庭、海友、怡莱等经济型品牌；有全季、桔子等舒适型品牌；有桔子水晶、漫心等高档型品牌，有花间堂、禧玥、铂尔曼等豪华型品牌，还有美爵、诺富特、雅高等合作品牌。

（三）促销作用

由于酒店品牌代表着不同的服务特色和品质，消费者常常按照品牌选择产品，因此品牌有利于引起消费者注意、满足消费者需求、实现扩大产品销售的目的。加上消费者往往依照品牌选择产品或服务，促使酒店更加关心品牌的声誉，不断创新产品和服务，加强质量管理，树立良好的酒店形象，使品牌经营走上良性循环的轨道。如白天鹅宾馆、中国大饭店、北京长城饭店等都是在国内旅游酒店市场上有很高知名度的酒店品牌，对于消费者有着非常好的招徕作用。

（四）增值作用

品牌是酒店的无形资产，它本身就可以作为商品被买卖，具有很大的价值。品牌的价值对于拥有它的酒店来说，要通过产品的销售才能体现出来。产品中包含的品牌价值不同，产品的价值也会有很大不同。如假日酒店等品牌形象价值高达上百亿美元，品牌已成为假日集团核心竞争力的外在体现。

（五）激励作用

知名品牌酒店，比如丽思卡尔顿酒店、洲际酒店、希尔顿酒店、四季酒店、香格里拉酒店和索菲特等，因为较大的品牌效应、良好的形象、和谐的工作氛围，可激励酒店员工在工作中产生自豪感和荣誉感，并形成一种企业文化，激发员工的工作热情，发挥员工的潜能，提高酒店企业的竞争力。

三、打造酒店品牌的步骤

酒店企业的品牌建设是一项系统的、长期的工程。建设酒店品牌，需要按照科学的流程规范运作，才能取得较为理想的效果。酒店品牌的建设一般可以分为以下步骤。

（一）酒店品牌调研

品牌调研是指品牌建设的酒店相关部门人员对酒店的品牌现状进行了解，或者对酒店计划树立的品牌相关内容的资料进行收集。对于已有品牌的现状主要是了解企业品牌的知名度、美誉度、代表意义等，其意义在于明确企业预期的状况及实际品牌所处状态，另外还需了解员工的品牌意识，以及其对该品牌的理解程度。而对于企业计划树立的品牌应了解企业声誉、品牌产品或服务的质量性能、在同行业中的地位、目标受众对品牌的关注、何种因素对目标受众的品牌意识最具影响等。总之，品牌调研是发现品牌系统存在的问题或影响因素并对其进行全面了解。

（二）制订品牌设计计划

通过品牌调研在掌握了大量的情报资料，确定了品牌系统中存在的问题、影响因素之后，下一步工作就是制订品牌设计计划。品牌设计计划有长期战略规划、年度工作计划，也有品牌项目设计工作计划，品牌设计计划的制订主要是确定品牌打造目标，设计打造方案，确立设计内容及评估预算。

（三）品牌定位与设计

品牌定位与设计，就是依据品牌目标为品牌确立适当的位置，并进行具体设计。设计品牌需全面导入 CI 设计等。CI 是企业形象识别标志（Corporate Identity）的英文缩写。企业形象标志就像人的外观特征，人们通过企业形象来识别企业，比如酒店的徽号、建筑物、中英文店名等；酒店的设计风格和装修特色，是酒店形象的具体体现，另外，许多酒店的大楼本身就是所在城市的地标。

酒店品牌的 CI 战略首先要建立酒店的理念识别系统，包括酒店的经营理念、服务文化、企业精神和价值观等；其次要规范酒店的行为识别系统，重视员工品牌意识的培养，建立完善的品牌服务制度；再次要强化酒店的视觉识别系统，重视酒店的外观形象，突出酒店的鲜明特色，注重酒店的布局和装饰，给客人一种温馨的感觉；最后需要时时处处宣传酒店的品牌，推广酒店产品的特色，树立酒店的形象，提高企业的市场竞争力。

（四）品牌推广

酒店品牌设计完毕之后，酒店下一步就要对品牌加以推广。品牌推广指综合运用广告、公关、媒介、名人、营销人员、顾客体验等多种要素，结合目标市场进行线上和线下的综合推广传播，以树立品牌形象。品牌推广中要善于利用广告、公关等宣传手段，也要善于利用名人、事件等推动因素，把握品牌质量、品牌服务，树立长远发展战略。

（五）品牌效果评估

酒店品牌效果评估就是要利用市场调研收集资料、获取信息。品牌效果评估的主要工作内容是了解品牌打造工作是否按期、保质完成，是否达到了预期的效果，如品牌曝光量、粉丝量、好评率等常规性指标，还可以从品牌资产模型、品牌价值体系着手，然后设定品牌评估指标及评估方法。下面是大卫·艾克的品牌资产五星模型和凯文·莱恩·凯勒提出的CBBE品牌价值模型，是最典型的理论模型，它们之间存在共通关系（图4-7）。

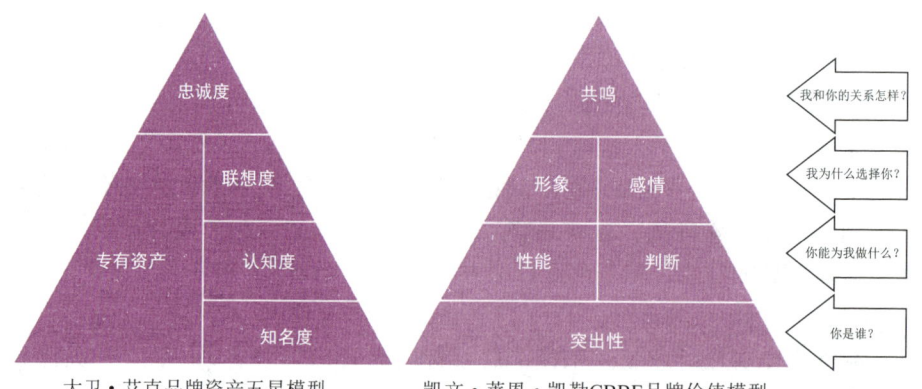

图4-7　CBBE品牌价值模型

从第一个层级让目标人群知道该品牌是什么，到第二个层级呈现功能利益让人明白品牌能够提供怎样的解决方案，到第三个层级表达情感利益让目标人群对品牌产生好感、信任，最后与品牌形成捆绑。我们可以根据理论模型的共性推导出表4-4所示的品牌评估指标。

表4-4　品牌评估指标表

目标人群的疑问	品牌要实现的目标	评估指标
你是谁	品牌信息可见，让目标人群有印象	知名度

续表

目标人群的疑问	品牌要实现的目标	评估指标
你能为我做什么	让目标人群认为品牌能够解决其痛点需求	认知度
我为什么选择你	品牌形象、文化、价值观与目标人群相符合	认同度
	品牌口碑好、有保障、风险低	信任度
	使用品牌能使目标人群表现自我	推荐度
	付出成本小、轻松买得到	消费度
我和你的关系怎样	满足甚至超出目标人群的预期	忠诚度

四、酒店品牌策略

酒店实行品牌策略是酒店产品决策的一个重要组成部分，是一系列能够产生品牌积累的酒店市场营销方法，它的基本职能是把本酒店的产品和服务同其他酒店区分开来。酒店企业常用的品牌策略有创新品牌策略、多品牌策略、品牌延伸策略和单一品牌策略。

（一）创新品牌策略

创新品牌策略是指酒店企业在创业之初实行的新的品牌或者在原来的基础上成立的新的酒店品牌。如锦江集团旗下设立了GIC（全球创新中心），专门用于创立、孵化新品牌。眼下比较热门的原拓酒店（国潮风）、枫渡酒店（Art Deco风格）皆出自其手。新品牌首先要做好定位（市场细分、主体风格、品牌名称、品牌文化及故事、服务级别及架构、市场价格定位、工程造价成本、运营成本拟定等），然后再进入设计阶段，产品一般需要几轮的打磨，不仅是色彩搭配、软装样式、功能配套等方面的循环优化，最主要的还是要找到投入和产出的最佳平衡点。

酒店品牌创新策略的酒店无论是7天、汉庭、如家，还是城市便捷、亚朵等，都是非常好的示范，都在各自的细分市场上取得了成功。

拓展阅读4-1
亚朵集团的品牌定位

（二）多品牌策略

多品牌策略是指一家酒店发展逐步成熟后，在自己成熟品牌的基础上，又开发了多个品牌（如从快捷→商务→时尚→精品）的战略。其目的在于深度细分市场，充分占领多种品类需求，比如酒店企业根据各目标市场的不同利益分别使用不同的品牌，例如，如家集团在中国推出了两大品牌：快捷给客人带来时尚、实惠；和颐给客人带来尊贵、高端。

酒店多品牌战略有许多优点。一是通过对每个品牌进行准确定位，满足不同消费者的需求，尽可能增加市场份额，在同行竞争中占据不败之地。二是不同品牌的产品定位不同利益的细分市场，强调各品牌的特点，吸引不同的消费者群体，从而占有较多的细分市场。三是可分散酒店在市场中的风险危机，又可促使企业内部多品牌良性竞争，从而提升企业整体发展的动力。

酒店多品牌策略也有一些缺点。一是操作成本偏高，例如在同一市场统一品牌时，如果统一销售、统一广告宣传、统一培训员工、统一服装、统一财务采购、统一财务系统等可以省时省力省钱；相反，如上问题将会分开来做、分别执行，从而大大提高了运营的成本。二是酒店内部管理监督难度大，各部门沟通协调费时费力，将会降低整体的工作效率。表4-5所示的是部分酒店管理公司的多品牌战略。

表4-5 部分酒店管理公司的多品牌战略

酒店管理公司	超五星品牌		五星品牌		四星品牌		经济型品牌	
	名称	图标	名称	图标	名称	图标	名称	图标
Marriott 万豪	Ritz-Carlton 丽思·卡尔顿		JW Marriott Hotels & Resorts（JW万豪）		Renaissance Hotels & Resorts 万丽			
			Marriott Hotels & Resorts 万豪		Courtyard 万怡			
Hilton Hotels Corporation 希尔顿酒店集团公司	Conrad（康拉德/港丽）		Hilton Hotel 希尔顿		double tree 双树			
Starwood Hotels and Resorts 喜达屋集团	St.Regis 圣·瑞吉斯		Sheraton 喜来登		Four Points 福朋司			
	Le Meridien 艾美							
	Westin 喜鼎				W 酒店			
InterContinental Hotels Group 洲际国际酒店集团			Intercontinental 洲际		Crowne Plaza 皇冠假日		Express by Holiday Inn 快捷假日	
					Holiday Inn 假日酒店			

（三）品牌延伸策略

品牌延伸策略是指酒店企业将某一知名品牌或某一具有市场影响力的成功品牌扩展到与成名产品或原产品不尽相同的产品上，以凭借现有成功品牌推出新产品的过程。

实施酒店品牌延伸策略有利于酒店发挥"品牌伞"效应，强化新产品的品牌效应，加快新产品的定位和市场推广，减少新产品的市场风险，增加品牌这一无形资产的经济价值；能够增强核心品牌的形象，提高整体品牌组合的投资效益。

酒店企业采用品牌延伸策略的方法众多，如酒店集团既可以有酒店管理公司，也可以在此基础上用同一品牌经营物业管理公司、旅游公司、家政公司和洗衣公司等，以此来实现酒店产品品牌的扩展和延伸。

品牌延伸策略既可能给酒店企业带来利益，也可能带来风险。酒店进行品牌延伸策略时，应考虑以下几个因素。

第一，产品差异化。酒店提供的产品品质，价格档次等应呈现多样化特点，不同的模块需要不同的品牌定位。

第二，效益规模化。品牌延伸能够充分发挥酒店品牌的规模效益，壮大酒店品牌实力。

第三，品牌创新化。成功的酒店品牌延伸可以为现有的品牌带来新鲜感，为消费者提供更完整的选择。

拓展阅读 4-2
凯悦集团的品牌延伸策略

（四）单一品牌策略

单一品牌策略是指酒店所有产品都使用同一个品牌的策略。比如，希尔顿酒店集团采用的是单一品牌策略，在其所有次级品牌中都能见到"希尔顿"的字样，如"希尔顿花园酒店"等（图 4-8）。四季酒店集团始终秉承单一品牌策略，不断拓展全球酒店市场。再如美国最佳西方国际集团，在全球近 100 个国家和地区拥有成员酒店 4200 多家，总客房数超过 30 万间，是全球单一品牌下最大的酒店连锁集团，在美国、加拿大及欧洲具有广泛的影响。

图 4-8　希尔顿酒店集团的单一品牌策略

单一品牌策略的优点一是有利于品牌的宣传。所有产品共用一个品牌，品牌树立起口碑后，再延伸或拓展新的品牌，能够迅速打开市场。二是节约酒店产品促销费用。单一品牌策略宣传了主力产品也就宣传了所有产品，为酒店企业集中资源宣传单一品牌、树立品牌形象提供了良好的物质基础。三是能够维持顾客对酒店唯一品牌的忠诚度，对于酒店会员顾客具有持之以恒的美誉度。单一品牌策略的缺点是对品牌管理要求比较高，经营风险比较大，如果某个子品牌产品质量出现问题，就会损害酒店整体品牌形象，连累其他产品的声誉。

专业词汇

任务评价与总结表

任务实操

学生分组选取 1~2 个国内外酒店品牌，围绕品牌理念与定位、历史与文化、形象识别、营销策略、顾客体验、危机管理、拓展与合作及未来展望等方面进行调研和探讨，最终以小组为单位汇报品牌调研报告。

项目训练

扫描右侧的二维码，开始做题吧。

随堂练习

项目五 制定酒店价格策略

项目导读

本项目主要从酒店收益管理的角度出发,阐述了酒店客房和餐饮产品定价的重要因素和定价策略,使学生不仅能懂得酒店营销的基础知识,更能具备从收益管理的角度以市场为中心制定适合酒店的产品价格的能力。

酒店定价策略需要掌握市场细分、市场需求和供给等概念,同时更要清楚地认识到成本和竞争市场等因素对价格策略的影响,从而熟练运用酒店价格策略。

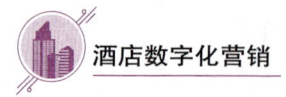

学习目标

知识目标	1. 了解酒店产品定价的目标 2. 了解酒店产品定价的原则 3. 了解酒店产品定价的重要性 4. 了解酒店产品定价的相关误区
能力目标	1. 能够掌握酒店产品定价的影响因素 2. 能够明确酒店细分市场与定价的关系 3. 能够运用定价策略制定酒店客房产品价格 4. 能够运用定价策略制定酒店餐饮产品价格
素养目标	1. 遵循酒店在定价过程中的诚信原则，塑造良好的企业形象，强化社会责任感 2. 通过合理的定价策略，兼顾酒店的经济效益、社会效益和环保效益，促进酒店全面可持续发展

思维导图

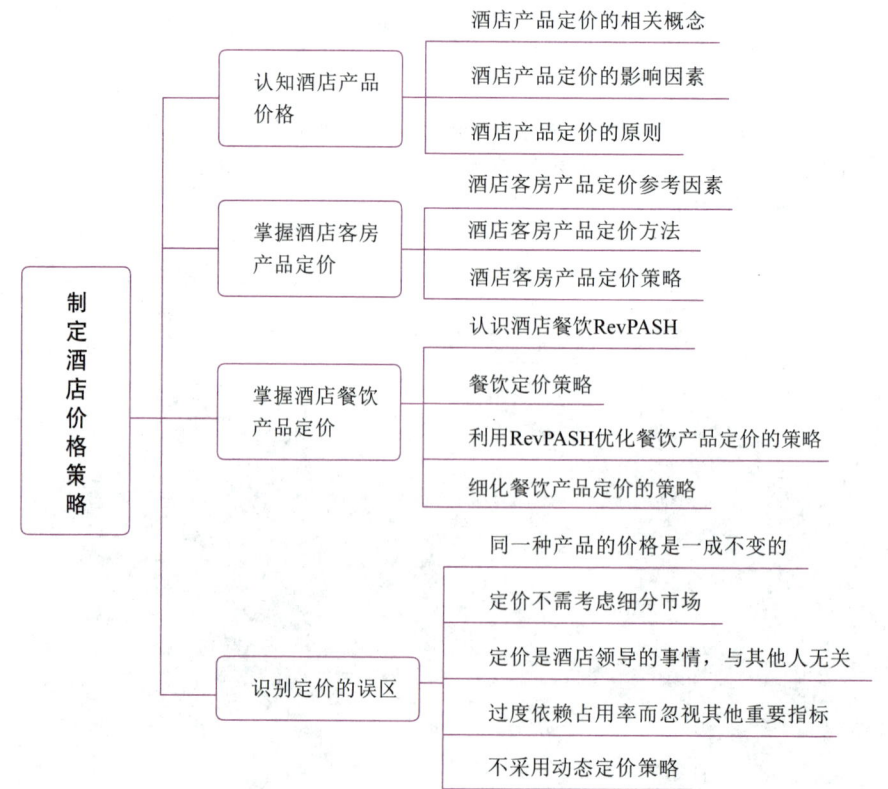

任务一 认知酒店产品价格

任务导入

AI 应用：万豪集团的智能定价系统

万豪集团利用 AI 技术，实现了基于市场动态和个性化需求的智能定价。其 AI 定价系统主要通过以下 4 种方式优化收益管理。

1. AI 驱动的价格预测

利用 AI 系统分析历史入住率、淡旺季数据、当地节庆活动、天气情况、竞争对手价格、用户搜索行为等数据，预测未来需求变化。例如，在大型会议、体育赛事或节假日期间，系统会提前预测需求激增并自动上调价格，以确保收益最大化。在淡季或预订率低于预期时，AI 会自动调整房价，提供折扣或捆绑销售（如免费早餐、升级房型等），以提高入住率。

2. 实时供需监测与动态调整

AI 实时监测酒店的当前预订情况，当某个时间段的预订增长过快，系统会自动提升价格，以确保酒店不会因低价销售而错失潜在利润。例如，如果一家万豪酒店在周末的预订量突然激增，AI 系统会检测该区域的酒店房源情况，并在需求高峰时调整房价。反之，如果入住率下降，AI 会自动降低价格或推出限时优惠，吸引价格敏感型顾客。

3. 竞争对手价格监测

AI 系统持续跟踪 OTA 平台、品牌官网和竞争对手酒店的价格数据。例如，如果附近的希尔顿酒店推出促销折扣，万豪的 AI 定价系统会智能调整价格，确保其价格在市场上具有竞争力，同时不会影响自身盈利。

4. 个性化定价

AI 系统还能根据用户历史预订行为、忠诚度计划、浏览记录等因素，提供个性化定价策略。具体操作如下。

（1）针对新用户。AI 可检测新用户首次预订，届时可能提供一定折扣，以提升品牌吸引力。

（2）针对忠诚会员。长期住客或 Bonvoy 高级会员可能会收到专属折扣或房型升级优惠。

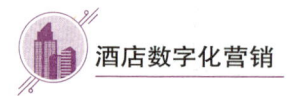

（3）针对商务旅客。AI可检测用户的搜索习惯，针对商务用户提供定制化商务套餐，如会议室折扣、延迟退房服务等。

任务知识

　　提到酒店价格，就不得不说"酒店收益管理"，即 Hotel Revenue Management。简单来说，收益管理可以概括为"制定合理的策略，把适当的产品和服务，在适当的时间，以适当的价格，出售给适当的顾客"。与酒店传统的价格和销售管理理念相比，两者的相同之处是酒店的价格都是以价值作为支撑点，建立在产品和服务的质量基础上。酒店收益管理与传统的价格和营销管理不同之处在于：一是收益管理采用的是市场为导向的定价方法，而非成本或者利润为导向的定价方法，即收益管理关注的重点是价格而非成本；二是收益管理必须让消费者和收益管理人员充分理解同样的产品和服务在不同的市场环境下有不同的价值和价格；三是价格策略作为酒店收益管理的重要组成部分，应该支持酒店全年或者未来更长时间的整体发展战略，最终达到企业的总体目标。

　　对于现代酒店而言，酒店的收益管理主要是指客房收益管理，这是因为大多数酒店的客房收入占酒店总收入的比例较大，酒店的利润也主要来自客房收入。因此，价格的控制和管理也是酒店收益管理的核心问题。

一、酒店产品定价的相关概念

（一）限制

　　若酒店规定房间数量的限制条件，这些限制的详细信息通常都会向客人解释清楚。通过限制条件，顾客明白他们要获得更优惠的交易需要做的事情。例如，顾客通过比较优惠的价格获得酒店的一间客房或者一顿精致的午餐或者晚餐，需要的限制条件可能是提前在某个平台或者渠道上进行预订，如果当天临时到酒店前台办理入住或者临时到餐厅用餐是不可以享受这个优惠价格的。在支付此价格之前，酒店的各项限制条款会描述得非常清晰，让顾客非常清楚应该做什么。具体如下。

　　（1）预付定金。最简单的例子莫过于酒店场地的预定，有些酒店场地资源丰富且特点突出，在婚宴吉日一场难求，然而婚宴场地预定时间比较长，至少为3~6个月，甚至有些酒店婚宴场地提前一年就已经被新人预定了，因此最先预定婚宴场地的客人需要在预留场地的时候缴付10%~20%的场地费用作为定金，而非"订"金，保证即使有其他新人再到酒店预订的时候，这个

项目五　制定酒店价格策略

场地也不再预订给其他的客人。但是如果缴付了定金，因个人原因不管遇到什么情况婚宴取消的话，酒店将不会退还定金。

（2）提前付款。这个定价策略其实最早应用于航空公司的机票销售策略，某些航空公司的机票预订越早，价格的优惠力度就越大，折扣甚至可以到一至二折，但是需要乘客提前支付所有的票款，限制条件不能更改和取消。与此类似，酒店也在一定的时段将客房给予较低的折扣来吸引顾客提前三天或者七天预订房间，但是需要在预订时给酒店支付全额房费，且预订的房间日期和房型不能更改或取消。通过这样的价格策略会提前将酒店的一部分房间预订出去，从而使酒店可以根据市场的需求重新设置当日的客房柜台卖价，做到客房收益的最大化。

（3）买一送一等优惠活动。"双十一"一般是现有商家优惠力度最大的日子，酒店可在房间或者餐饮预订的渠道或平台上推出"买一送一"活动，这样顾客只要五折就可以购买到平时心仪的酒店产品。但是绝大多数的客房产品在"买一晚送一晚"的时候都标注非常清晰的购买限制，如"两个房晚不可以拆分使用"，或者"买一送一的房间只限在周六和周日使用"，等等。这样的限制确保了酒店不但可以让顾客觉得享受到了最大优惠，而且还可以在住客量较低的情况下获得比原来更多的销售量，从而提升酒店的客房收益。

（二）优化

优化是酒店通过自身的房间数量、入住日期或者入住天数的设定做到客房收益的最大优化，这样的限制信息通常不需要跟顾客解释。具体如下。

（1）关闭某一天的到达预订。从酒店客源细分市场和价格体系理论可知，酒店会根据自己所处的市场把自己的客房收入来源分成不同的客源细分市场，尤其是重要的细分市场收入来源的定价也是不同的。例如，90%以上的酒店会签署一定数量的公司协议客户，这些客户每年会带来稳定的较大的客房业务量，同时这些客户也会相应享受到酒店给予的客房优惠价或者固定折扣价。但有时候酒店只关注到了这些协议客户每年带来的业务量的绝对值，忽略了这些协议客户在预订客房时的一些模式，如入住时间、提前订房的天数等，这些因素对于酒店客房的收益最大化产生了重大影响。此外，有的城市在一年中都会有一些时段整个客源市场需求非常高，如每年春天在成都举办的"全国春季糖酒会"、广州举办的"广交会"、北京和上海的国际车展、上海举办的"国际进出口产品博览会"等，如果酒店还是在这段时间把酒店的客房按照当时签订的协议价格卖给公司顾客的话，酒店的客房必定会遭受一定的损失，因此酒店在签订公司协议的时候就要在协议上明确哪些日期是不适用公司协议价格的，会关闭这些天到达的公司协议价格，或者另外规定适用于这些日期预订酒店客房的协议价。

（2）顾客最长的入住天数。以客房产品为例，最长入住天数的限制优化主要是用于避免一些低价的客人住宿的时间过长，占用了本来可以出售给高价的细分市场的情况。例如，一个城市度假型的高档酒店在公众假期（如"五一劳动节""国庆节"）的时候房费价格可以卖到2000元每晚，但是在假期来临之前有一些价格相对较低的公司协议客户入住到酒店后在假期依旧入住一至两天，影响了节假日期间将客房出售给可接受高价的无协议散客；还有部分酒店为了提高淡季或者低谷期的出租率和收入，有时候会出售一些特价的房间优惠券，如果不控制这些赠券使用的天数，在酒店旺季或者高峰期也同样使用的话，酒店本来可以收取全价的房费就只能收到优惠价，这无疑会影响酒店的总体收益。所以，为防止这些赠券或者优惠券被滥用或者无限制使用，酒店应当在这些赠券上注明只限用于某个时段及客人住宿的天数。

（3）顾客最短的入住天数。需要设置最短入住天数的情况大致有两种：一种是在淡季或者低谷期，酒店会推出特价房以弥补出租率的不足，这些特价房要求获得一定的销售量才能发挥最大效用，因此酒店会要求顾客至少入住几个晚上才可以获得特价或者最大的优惠。例如，某城市商务酒店在冬天淡季的时候客人较少，酒店的出租率较低，为了提升整个冬季的出租率，酒店推出了"买二送一"特价优惠的家庭套房，但是规定客人需要至少在酒店连住两晚才能享受第三晚的免费。另外一种是在旺季或者市场需求量非常高的时候。例如，某城市度假型酒店只剩下了15间客房，在周六家庭出游客人较多的情况下，预计市场的需求量较为旺盛，但是周日的客房预订量仅有55%。如果酒店不设定周六的最低住房天数的限制，那么剩余的15间房很快就会被仅住周六一天的客人预订一空，但是那些在周六、周日连住两晚的客人就无法预订酒店的客房了，这样就会影响酒店周日出租率。因此，酒店应设定仅有预订周六和周日连住两晚的客人能够得到房间，这样酒店就可通过对房间预订时段的优化达到获取收益的最大化。

通常有收益管理系统的酒店会通过准确的客房需求和细分市场计算来帮助酒店确定何时采用不同的优化战术。

（三）风险

（1）蚕食。当新产品或者营销方案在字面上侵蚀"现有产品"时，即为蚕食。也就是说，那些习惯于消费高价格且愿意支付高价格的顾客，而非希望促销和折扣。大家都知道，绝大多数的名牌折扣店会开在距离市区非常远的地方，很多想购买名牌的顾客不愿意为了一些折扣而浪费路途上的时间到折扣店购买商品。例如，为避免蚕食，酒店不应该在客人比较多的晚上销售高折扣的客房，或者酒店的餐厅不应该在非常火爆的特殊节日如情人节、母亲节等给予用餐的折扣。

（2）稀释。如果顾客不断发现只有某酒店能提供折扣价，即发生了稀释。举例来说，高档鞋店里面的鞋油和鞋垫都不会打折，因为这些产品是顾客的必需品，不管是否打折，顾客都会购买。如果顾客变得习惯于打折，就不再愿意支付非折扣价和市场价格。

综上所述，蚕食是将现有顾客的目光转向新的价格更低的产品；而稀释是降低了自己销量很好的产品的价格。

（四）折扣

酒店实行有效的折扣策略不但要可以吸引更多顾客、增加入住率，也要确保利润最大化。因此，酒店的管理层或者收益管理团队应对定价策略中的折扣有深入且清晰的认知。

（1）折扣是酒店业务的一部分。酒店的产品丰富多样，价格也高低不同，客户群体也分多个层次，除了一些较为独特的酒店产品保持固定的价格之外，大部分酒店产品应根据市场需求的变化和所针对的目标客户群体给予一定折扣，因为酒店产品和价格的变化都是根据市场需求、目标客户群体和市场竞争的变化而变化的，不是一成不变的。

（2）折扣能为酒店和顾客创造双赢。例如，客人通过一些网络平台如携程网、美团网、booking 等网站预订酒店客房卖价是每晚 800 元，但是酒店会给予自己的会员客人九折优惠，那么就会有很多的客人为了这个优惠价格而成为酒店的会员，酒店在增加会员数量的基础上还会提高出租率，客人的满意度也会增加，从而增加酒店的收益。

（3）针对目标市场提供相应的折扣。酒店在为自己的产品制定折扣的时候一定要充分考虑到这个产品和折扣主要是针对酒店的哪些目标客户群体或者说是哪个细分市场。例如，酒店的某个特色餐厅想做"战斧牛排套餐"的促销优惠活动，针对那些喜欢时尚、有品位的客户通过给予一定的折扣，吸引他们在非周末的晚上到酒店的餐厅用餐，提高整个餐厅非周末的收入。酒店需要注意给目标客户提供折扣应该采取何种促销方案和通过哪些渠道来赢得目标细分市场的客户。

（4）折扣务必设置相应限制条件。酒店给予客人一定的折扣都是要设定限制条件的，如提前七天预订、提前支付全款并且不能更改、不能取消、周末连住两晚第三晚免费等，否则就无法给酒店带来预期的收益。

（五）价格敏感度

价格敏感度是指顾客愿意支付的程度。顾客的价格敏感度将视购买的场合而定。另外，在不同的目标细分市场，需求的价格弹性不一样。所谓的价格弹性就是指消费者对于价格的敏感程度，价格变化幅度很小，但是引起需求变化很大，说明需求的价格弹性大。需求弹性大的目标细分市场，其客人对价格的敏感度也强，因此酒店要根据不同的目标细分市场制定不同的价格。例如，顾客在过生日的晚上可能会去高档西餐厅消费人均1000元的西式大餐，但是平常工作日的晚上一个简单的外卖简餐也是不错的选择，顾客为一顿饭愿意支付价格的高低，就是价格敏感度最简单直接的体现。

因此，如图5-1所示，酒店的定价不是单纯为了将酒店产品销售出去，定价其实是酒店收益管理的一个重要组成部分。

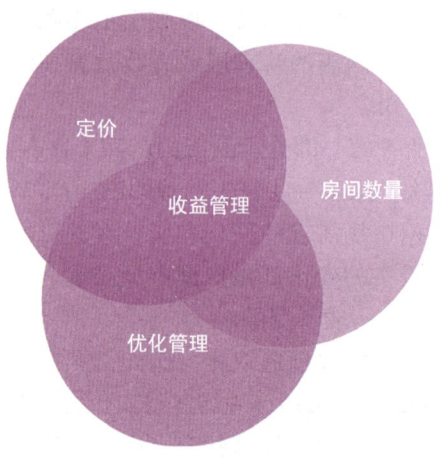

图5-1　酒店定价与收益管理的关系

二、酒店产品定价的影响因素

（一）竞争对手定价

在竞争日趋激烈的酒店市场中，酒店之间互相比较价格是正常的现象。在传统上把以市场竞争为中心的定价法叫"随行就市定价法"，即酒店紧盯着竞争对手的价格，让自己酒店的价格随着竞争对手酒店的价格变化而改变，这种方法的中心思想就是使自己的价格管理目标与竞争对手的价格保持一致。但这种定价方法也存在一定风险，酒店一味地降价也会在一定程度上影响酒店的管理水平和服务质量，导致收入更低。

（二）供应与需求

酒店客房可根据酒店的供给和市场的需求来定价。如在全面二孩政策放开以后，每当节假日，许多家庭出游至少是两名或者四名成人带着两名孩子，他们在选择酒店的时候都希望有适合父母和儿童一起居住但是又互不影响的双卧套房，如果套房隔壁能有一间可以联通的标准房可让儿童的祖父、祖母（外公、外婆）或者保姆居住就最好了，因此有的酒店非常快速地设置出适合家庭出行居住的"儿童家庭套房"或者是更加有吸引力的"主题儿童房"，价格较之前的普通套房至少高 400~500 元，但一经推出便供不应求，在节假日前至少需要提前 3~7 天预订。

（三）市场因素

市场因素包含的内容比较广泛，如政府的政策、当地经济的变化、城市类型等都会对酒店价格产生影响。例如，政府的政策要求承接政府活动接待的酒店的人均消费上限的限制对于酒店的产品的定价起到了至关重要的作用，如果定价太高，则政府公务人员的报销标准不允许，但是定价过低，酒店的成本就会增加高。对于淡旺季明显的城市酒店，在旺季的时候顾客的价格敏感度不高，但是在淡季的时候，价格会大幅下降。

（四）酒店业务组合

这主要取决于酒店的市场定位和在不同阶段的主要目标客源市场。比如上海外滩区域的五星级酒店的主要客源细分市场是来自国内外的散客，入住酒店客房的房价高，因此酒店就不会接待价格较为便宜的协议客户，以确保酒店有更高的平均房价和客房收入。再如，有的酒店是典型的会务酒店，以接待综合收入较高的会议团队作为主要的目标细分市场，那么这个酒店在会议淡季阶段的散客定价就不会特别高。

如图 5-2 所示，酒店定价策略的三大支柱是需求、竞争和价格敏感度。当酒店制定价格策略的时候，一定要从这 3 个最主要的因素出发，从而实现收益最大化。

图 5-2　酒店定价策略的三大支柱

三、酒店产品定价的原则

（一）最优弹性价格是酒店的基准价格

定价是酒店收益管理的重要组成部分，而传统的定价法的缺陷已经暴露出来——忽视了市场因素。由于市场需求常随着季节而变动，供求关系、顾客对酒店产品和服务的价值的理解、细分市场订房的模式及市场竞争等存在较大的差异，所以酒店的价格也是不断变动的。这种以市场为中心的定价方法就叫动态定价法或者最优弹性定价法（Dynamic Rate），这是目前酒店最常使用的或者说是惯用的基准价格。基准价的高低体现了酒店产品特别是客房的档次，也反映了酒店的市场定位和品牌形象。需要注意的是，运用动态定价法时酒店的基准价是随着市场情况上下浮动的，因此折扣价也将随之变动，在变动的基准价基础上打折比在固定的价格上打折对酒店来说更有利，对消费者来说也更合理。会议场所和餐饮场所的价格定位应当考虑当地市场的基准或者有效的行业标准。

（二）"最优弹性价"可以打折，但应设立限制条件

客房和非客房产品存量商品可以灵活定价以保持市场竞争力或者获取优势，前提条件是设置价格限制并支持差异化产品，从而获得显著的收益。对于客房的预订，有的顾客是在抵达酒店的同一个星期内预订酒店的客房，那么享受到的折扣就低一些，只有10%左右的价格折扣优惠，但是可以在抵店前的24小时免费取消。对于抵达前两周或者三周预订酒店客房的客人，则可以享受到25%的价格折扣优惠，但是一旦预订便不可以取消或者更改。这就是说，酒店对于享受酒店价格折扣较大的顾客，给予的限制也比较高。

因此，酒店在定价或者给予折扣的时候将做一些权衡，有意义的权衡能为顾客和酒店创造双赢。否则，酒店可能要冒收益被稀释的风险：丢失本来可以从愿意支付高价格的顾客身上赚取的收益。

例如，顾客愿意承诺预订并同意受制于"取消预订的惩罚"；顾客愿意提前付款，或者愿意承受由于取消预订而造成损失的风险；顾客愿意入住特定的天数。

（三）制定定价决策时应考虑可能对所有细分市场产生的影响

做出产品定价时，酒店要考虑对所有产品的影响，包括非客房存量商品、包价套餐及细分市场。最优弹性价格是酒店对外销售的基准价格，也是酒店所有渠道对外公布和销售的价格，这个价格对酒店所有的折扣价格都会产生一定的影响，如酒店的公司协议价格、团队价格、折扣价格和包价价格（图5-3）。

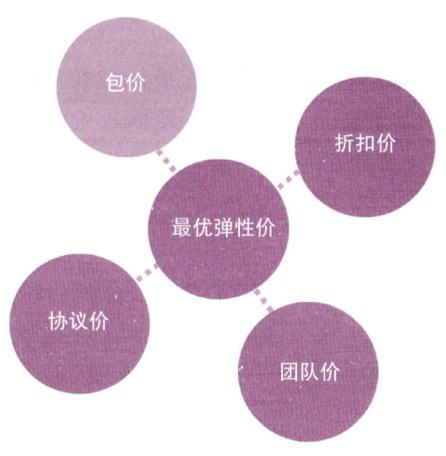

图 5-3　酒店产品定价

1. 公司协议价格

公司协议价格是指某些公司全年的业务量比较大，消费能力较强，与酒店进行价格谈判后签订了全年的比最优弹性价格优惠的公司协议价格。通常公司协议价格的范围是在酒店最优弹性价格的 8 折至 8.5 折之间，绝大多数的公司协议价格是固定的，价格根据房型的差异也有不同。但是酒店的最优弹性价格是随着市场需求的变化而适时变化的，如果某个时段酒店的最优弹性价格设定得特别高，那么公司协议价格客户就会大批量订房，若酒店没有不可用日期的限制，那么酒店本应预留的高房价房间就会被低价的公司协议价格客户全部订完，这样就无法达到理想的客房收益。反之，如果在某个时间段市场需求非常低，酒店为了吸引更多的顾客提升酒店的出租率，把酒店的最优弹性价格设定得非常低，甚至低于公司协议价格，那么就会导致公司协议价格的客户将不再使用其公司与酒店签订的协议价格预订房间，而是通过最优弹性价格订房，这样不但使酒店失去了客户的信任，而且一部分原本对于酒店忠诚度较高的公司协议客户也流失到了其他渠道中去，改变了酒店原有的细分市场组合，影响了最佳收益。

2. 团队价格

团队细分市场是绝大多数酒店不可缺失的细分市场，因为团队的总体收益对于酒店来说是高的，不仅带动了客房的收入，同时还带动了酒店非客房产品（会议场所、餐饮场所甚至是康乐、健身、车队等小部门）的收益。但是团队的价格在一家酒店中不像公司协议价格一样一成不变，而是一团一议的，也就是说，是根据酒店当时的预订情况和预测的当时团队入住酒店时期的市场需求情况而给予团队顾客的，因此如果酒店对于市场需求情况预测不够准确的话，设定的价格太高，与酒店的最优弹性价格的价差较小，则团队价格与其他竞争对手相比无任何竞争力，团队就会流失到其他酒店去；如果设定的价格太低，则会将原本可以高价卖给散客的房间给了团队，未收到应有的客房收益，对酒店也是一种收益损失。

3. 折扣价格

一般情况下，折扣价格会给到酒店的会员顾客或者有的公司协议客户，如果折扣价格与最优弹性价格的价格差异较小，会员顾客会认为酒店对于会员的关注度较小，久而久之，会员的忠诚度也会受到影响。

4. 包价价格

捆绑套餐应该给予消费者优惠，同时考量计费频率（每晚/每次使用/每次入住）及对于单个产品的独特需求。若包价套餐或者捆绑套餐的价格非常高，消费者可以通过最优弹性价格计算出他们的消费是否合适，若计算出没有优惠或者折扣较低，证明酒店设置的包价产品是失败的，也不会有消费者再次购买。

（四）酒店折扣和客房类型定价应具有弹性，以鼓励顾客"尽可能买进"

简单来说就是酒店的产品（尤其是客房）在高需求的时间段，提供最少的折扣；在低需求期间，提供稍微多一点儿的折扣。通过不同的客房类型和在不同阶段设定的价格，就有机会追加销售酒店的客房，以获取最大的收益。因此定价时有如下做法。

（1）每周和每个季度回顾酒店不同产品的不同类型的定价，即不是所有的价格设定好了都是一成不变的，酒店要定期回顾不同产品的定价是否达到了当时设定的预期效果。如果有偏差，收益管理团队就要重新讨论分析原因，重新制定产品的价格。例如，某家酒店的基础房型与其高一档房型之间的价格差异是 58 元，经过一段时间之后复盘发现，顾客不愿意多花 58 元购买此类型的房间，原因是除了房间面积仅仅比基础房型的房间多了 8 平方米之外，房间的设施、装修和景观并无很大的差别，因此经过分析讨论后，酒店将原有的 58 元价差缩小到了 28 元，结果预订量较之前增加了 30%，但在市场需求较高的情况下，再将价差调回到 58 元，通过不断的变化获取最大的收益。

（2）观察酒店的产品（客房、餐饮、康乐产品等）的需求趋势，识别定价机遇。例如，对于一家城市度假酒店来说，每当周末和节假日，即使是价格比非周末高了 500 元的套房，尤其是适合家庭出游的"主题亲子套房"也很早就售罄了。由此可以判断，如果酒店的产品在这个时候更加适合家庭顾客的话，将会获取更多的收益，因此酒店把"亲子套房"和酒店的儿童烘焙课和游泳学习班一起打包捆绑销售，客人愿意支付更多的钱来满足孩子的需求，从而获得更多的综合收益。

（3）调整酒店的"追加销售量"和折扣百分比。例如，可以最大化客房出租率或者最大化餐厅的上座率，并增加追加销售的机会。目前很多酒店通过淘宝的"双十一"进行酒店产品的大促活动，在有的促销产品售罄之后又通过加单的方式增加了收入。

（五）说明价格限制和其他详细信息

清楚传达定价信息的好处有以下4点。

一是能获得更高的客户满意度。价格和限制的条款在价格展示的初期表达得越清楚，客人就越明白自己所支付的价格可以享受的优惠是什么，而不是模糊不清导致最后的混淆和投诉。

二是能获得更多的回头客。透明、清晰的价格让客户产生更多的信任感，从而成为酒店的忠实客户，形成二次或者多次购买。

三是让客户感觉备受尊重。不论顾客支付多少，都感到被告知，而非酒店"店大欺客"。

四是使限制有意义。顾客愿意为酒店的产品支付价格，同时也愿意承担此价格所提出的限制要求，比如顾客支付了酒店"买一送一"的套房价格，也同意只在此价格所要求的周六和周日入住，而不是在其他时间入住，这说明酒店的限制是有作用的。

任务评价与总结表

任务实操

研究一家酒店的定价策略

第一步，每个小组选择一家酒店作为研究对象。

第二步，小组成员共同研究并收集该酒店的定价策略信息，包括但不限于公开的价格、特殊折扣、会员优惠、季节性价格变化等。

第三步，分析所选酒店的价格策略如何反映其市场定位、竞争对策、供需关系及其他可能的外部影响因素。

第四步，完成表5-1，总结上述信息，并准备一个简短的PPT来向全班展示小组研究成果。

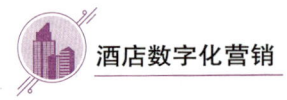

表5-1　酒店定价策略研究

酒店名称	价格策略	市场定位	竞争对策（竞争对手的比较）	供需关系（供需周期变化）	影响因素（政策、经济等因素）

任务二　掌握酒店客房产品定价

任务导入

酒店客房应如何定价？

某四星级酒店位于一座商务和旅游并重的城市，随着市场竞争的加剧和顾客需求的多样化，如何制定既能吸引顾客又能保证酒店收益的客房价格，成为其管理者亟待解决的问题。

首先，酒店管理者发现，虽然酒店位置优越，但周边同类酒店的竞争也异常激烈。价格过高可能导致顾客流失，而价格过低又可能影响酒店的收益。因此，如何确定一个既具有竞争力又能保收的价格，成了第一个关键问题。

其次，酒店管理者注意到，不同类型的顾客对客房价格有着不同的敏感度和期望值。商务顾客可能更注重房间的舒适度和便利性，愿意支付较高的价格；而旅游顾客则更注重性价比。因此，如何根据不同顾客的需求制定差异化定价策略，成了第二个关键问题。

最后，随着季节和市场需求的变化，客房的预订情况也呈现明显波动。如何在不同时间段内灵活调整价格，以应对市场变化，成了第三个关键问题。

试思考：

面对激烈的市场竞争和不同类型的顾客需求，酒店如何确定客房的定价策略，以确保价格既具有竞争力又能实现收益最大化？

项目五　制定酒店价格策略

任务知识

一、酒店客房产品定价参考因素

作为全服务型、综合收入型酒店，客房的利润率相对来讲较高，是酒店收益的核心部分，因此，酒店客房定价的高低，或者客房最终销售价格的高低，决定了酒店在市场上的地位。

（一）客房业绩衡量标准

酒店收益管理中衡量客房业绩的 3 个主要指标是市场渗透指数（Market Penetration Index，MPI）、平均房价指数（Average Rate Index，ARI）和收入产生指数（Revenue Generation Index，RGI）。这些指标的计算公式如下。

（1）MPI 反映了酒店在目标市场中相对于竞争对手的市场吸引力。

计算公式为：*MPI= 酒店入住率 / 竞争对手酒店平均入住率*。

（2）ARI 是衡量酒店房价相对于竞争对手的高低，它能够显示酒店在房价设置上是否具有竞争优势。

计算公式为：*ARI= 酒店平均房价 / 竞争对手酒店平均房价*。

（3）RGI 是衡量酒店盈利能力的核心指标。

计算公式为：*RGI= 酒店的 RevPAR/ 竞争对手酒店的 RevPAR*。

平均每间可卖房间的收入（Revenue Per Available Room，RevPAR）的计算公式为：*RevPAR= 房间总收入（Total Room Rev）/ 可卖房总数（Total Available Room）*。

在收益管理实践中，RGI 是衡量酒店实际收益管理状况的关键指标，它综合了 MPI 和 ARI 的影响。对于经验丰富的酒店管理者而言，维持或提升 ARI 指数，即确保酒店房价在市场上保持领先，是其持续追求的目标。这 3 个指数的相互作用和具体案例虽不在本书详细讨论，但它们的重要性不容忽视。

（二）考虑酒店客房产品定价策略的情况

通常情况下，酒店客房收入下滑多数是由于客房出租率或者平均房价下滑，其主要原因可能是酒店设施设备老化或者周边有新的竞争对手出现，这些情况都会导致酒店客房产品定价变动。酒店平均房价下滑主要表现为以下 4 点。

（1）酒店出租率较低的时候，酒店的中低价房型出现了剩余库存，顾客更愿意选择购买价格较低的房型；而酒店为提升出租率，将中低价的房型超量售卖，而后将超量售卖的中低价房型为顾客免费升级到高房价房型，在这种情况下酒店的平均房价会持续走低。

（2）在竞争比较激烈的两家或者两家以上的酒店，同类房型被竞争对手长期以低价售卖，为避免顾客流失，本酒店被迫将同类房间价格降低，争取最大的流量和成交量，导致平均房价同比持续走低，产生恶性竞争。

（3）周末或旅游旺季可能满房但酒店的平均房价会比较低。例如，某中高端连锁酒店位于著名风景区附近，周末的出租率较高，甚至可以达到满房的状态。旅游旺季时因为担心顾客被周边低价酒店吸引，酒店对客房价格进行调控，甚至将中低价房型超量售卖，让顾客提前把房间订满。但周边低价酒店趁机上调价格，这样一来即使该连锁酒店满房，提升了出租率，平均房价反而下降，导致其在市场需求非常高的情况下，收入增加较少。

（4）酒店在没有做好市场调查、对客源没有准确定位、对周边竞争对手没有充分了解的情况下盲目将客房价格定得很高，无法与顾客的消费能力和市场接受度匹配，导致客房出租率降低，浪费了提升市场占有率的机会，致使平均房价下滑。

因此，为提升客房收入和市场占有份额，酒店应该根据市场需求和竞争对手的价格，与收益管理团队一起制定自己酒店的定价策略。

二、酒店客房产品定价方法

对于酒店客房产品的定价方法，以往有许多说法，如"千分之一定价法""赫伯特定价法""客房面积定价法"等。这是在一个时代或者说是酒店发展的一个特定阶段适用的。但是随着时代的发展，客人的需求不断增长和变化，市场竞争越来越激烈，这些定价的方法暂时不再适用于现在客房定价的需求，因此产生了一些新的定价方法。

（一）酒店的价格细分

由于酒店的需求和支付能力不同，所以现在的酒店一再强调市场细分，对不同的市场提供不同的产品和服务。因为产品和服务的价值最终通过价格来体现，不同的价格代表不同的产品，市场细分的过程也是价格细分的过程，市场组合的过程也是价格组合的过程。细分和组合的目的，都是最大限度地提高单位产品的销售价格和销售总量，从而达到酒店收益最大化。

作为目前国际上知名度较高的洲际酒店管理集团，其客房的细分市场就分成了至少23个，这也就意味着有23个不同类型的价格，针对不同的细分市场的顾客需求，制定出不同的价格体系（图5-4）。

图 5-4　位于杭州钱江新城的洲际酒店，杭州地标之一

（二）动态定价法

以市场为中心的动态定价法，也就是最优弹性定价法，是目前相对来说最符合市场发展变化，或者说是最先进的定价法。采用动态定价法，酒店的收益管理团队必须准确及时地分析预测供求关系的变化、市场竞争对手和顾客敏感度等相关因素的变动情况，及时调整价格。由于动态定价法是建立在分析预测和市场变动的基础上，所以具有其他定价法不可比拟的优越性，能最大限度地提高产品的销售量、销售价格和总体收益。当市场的需求增加了，价格跟着提高；当市场需求减少了，价格跟着降低。

三、酒店客房产品定价策略

酒店客房产品价格是酒店收益管理策略的重要组成部分，而收益管理策略又是酒店经营管理策略的重要组成部分。收益管理确定了酒店整体收益的目标，如酒店年度的营业收入、平均房价、客房的平均出租率和市场占有率等，并明确指出了实现这些目标所需要的途径，如应该采取的价格策略、细分市场和销售渠道策略、市场宣传策略等，同时由长期、中期和短期等不同层次的策略组成。作为酒店收入占比最多的客房收益管理策略来讲，最基本的目的就是要降低客房的空置率，并不断提高客房的平均房价，以提高酒店客房的整体收益。酒店要想实现收益最大化，就需要运用一些战术性的客房产品的技巧和方法。

（一）容量控制法

这种预留一定的房间数量，在特定的时间，以特定的价格销售的做法叫作容量控制法（Capacity Control）。这种方法适用于急于提高客房出租率的酒店，尽可能提前预订客房，甚至很早就把酒店某一个特定时期的房间预订一空。采用容量控制法要想取得成功，取决于两方面的工作：一是对于市场的预测是否准确，即预留的房间数量和预期的销售价格是否准确。二是是否严格控制了各细分市场的客房销售价格和数量，比如是否在公众假期或者寒、暑期高价格散客预订的旺季，以低价接受了团队的预订。但这种方法有时候会损失很多潜在的收益。例如在公众假期期间或者在旅游旺季，酒店如果提前两周就把房间出售一空，在散客或者家庭出行的旺季，酒店的房间一房难求，而且根据现在客人出行的特点，提前预订的时间越来越短，对于酒店客房价格的敏感度就相对较低，因此酒店就失去了将酒店客房高价售出的机会，白白损失了酒店的收益。

（二）超额预订法

超额预订（Overbooking）是指酒店客房在已经预订满的情况下，再适当增加部分订房的数量。这是酒店在了解到在某个时期市场需求较高，并且竞争对手的预订也较高，或者说已经可以预测到酒店会满房的情况下而制定的经营策略。

1. 产生超额预订的原因

延迟入住、临时取消的预订和提前退房的预订，这都会给酒店的客房收益造成损失。在现实生活中，客人的旅行计划有时会受到多种因素的影响，如恶劣天气的影响而导致的航班或者火车班次晚点或者取消、个人身体不适，或者公司的会议或计划临时改变，因此针对这样的情况，酒店会用超额预订方法来确保客房出租率达到最高。

2. 超额预订的风险预防

酒店超额预订有时也需要付出一定代价的。如果酒店当天超额预订的量较大，就需要把客人临时安排到附近同等档次的酒店入住。按照惯例，酒店需要承担送客人到其他酒店入住的交通费等费用，如果第二天客人需要搬回酒店来住，酒店还需要承担次日将客人接回的交通等费用，有时客人对于酒店的抱怨或者投诉也随之而来，从而会影响酒店的声誉。

3. 酒店风险防范措施

临时取消、没有入住、延时入住或者提前离店是酒店面临的常态，针对这种情况，酒店可以采取一定的措施和办法将损失控制到最小。

一是设立不同层次的具有不同条件限制的价格，广泛采用收取保证金或者要求客人信用卡担保预订，明确预订取消的条件。如果客人预订了房间但是不在规定的时间内通知酒店取消订房，那么酒店就会收取客人当晚的房费；如果订了房间，也不通知酒店取消，也不来酒店住，那么酒店就要收取全额的费用；如果客人预订的是两晚或者三晚的房间，没有在规定的时间入住，那么酒店就要收取第一晚的房费。这样风险就转嫁给了客人，避免了酒店的损失。但是预订取消的条款要在客人预订的时候向客人解释清楚。

二是在签订团队协议时要设置限制性条款。一般情况下，团队预留的房间数越多，出现临时取消或者推迟入住的情况就越多，因为团队的组织者为了自己便利，通常会让酒店多留出一些房间，以确保他们的客人都能住在酒店里面。但是有的团队组织者无法确切拿到团队客人的详细行程，导致当天临时取消、延迟入住或者换人的情况频频发生，如果提前一天或者当天发现临时取消的房间数量较多，酒店是很难将房间再出售出去的，也给酒店造成了损失。因此在签订团队协议时，除了要求团队组织者提前将至少70%的押金付给酒店外，还要约定每天房间的担保数量，低于当天的入住担保数量，则按照协议中约定的担保房间数量付费，无形中给团队的组织者施加人数和房间控制的压力，从而降低酒店的经营风险。

三是要经常核对预订名单，纠正错误或者重复的预订。有些客人提前很长时间就预订了酒店的房间，但是中间出现了很多的变化而无法预期抵达酒店或者取消了行程，但是他们通常都拖到最后一刻才告知酒店将房间预订取消，导致酒店无法承接新的预订进来。也有可能客人因为名字拼写错误、通过不同的渠道都预留了房间等原因导致重复订房。所以酒店预订部和前台同事就要至少提前一天核对次日的预订信息，及时与客人沟通，尽量提前发现问题并及时改正，减少不必要的损失。

（三）住宿天数控制法

住宿天数控制（Duration Control）是酒店为了提高客房的占用率，减少空置率，努力提高客人住宿的天数。客人消费时间的长短是指客人使用或者享受一种产品或者服务所用的时间。为了获取最高的营业额，不同情况对消费时间长短的控制有不同的需要。而对于酒店产品来说，是鼓励客人延长还是缩短入住天数，考虑的因素更加复杂，不仅要考虑需求的情况，还要考虑价格的情况。

1. 最低入住天数限制

需要设置最低入住天数限制的情况有两种。一种情况是在淡季或者市场需求较低的时候，酒店推出特价来吸引更多的预订以提升出租率，这些特价要求获得一定的销售数量才能发挥最大的效用，因此有的酒店会要求客人至

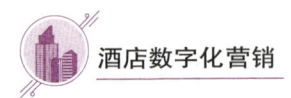

少入住两晚才可以享受这个特价。另一种情况是在酒店旺季或者需求较高的时候，例如靠近旅游景点的酒店平时在周五和周六客人需求较多，但是周日客人都返回了，周日酒店的出租率较低，因此对于仅预订周六房间的客人，酒店要求必须同时预订周六和周日两晚的房间才可以预订到房间，这样既满足了周六预订的客人需求，也提升了酒店周日的出租率。

2. 最高入住天数限制

最高入住天数的限制主要用于避免一些低价的客人住宿的时间较长，在酒店需求高峰的时候占用了本来可以出售给高价的细分市场的客人的情况。例如，酒店员工可享受员工价，但规定了每名员工每年最多的订房天数和数量。

（四）房间类型差异法

房间类型差异法的本质是酒店房间产品差异化策略的体现，由于细分市场对产品有不同的需求，而且有不同的支付能力，为此，酒店增加了客房产品的类型，拉开价格的差异，从而增加客房的收入。

（五）升档销售法

升档销售法是通过对产品的高卖（Up-selling）提高酒店收益的一种策略。升档销售法是指在房间类型差异化的基础上，提高高档客房的销售量，从而提高酒店客房总收入的方法。这也是酒店收益管理常用的一种手段，升档销售就是在客房产品差异化的基础上，尽可能引导客人购买酒店中价格较高的高档客房。因此酒店需要做到以下4点。

（1）合理确定套房、豪华客房和普通客房的数量比例及价格差异。

（2）暂停普通客房的销售，主动推销酒店高档类型的房间。

（3）以普通客房的价格销售部分豪华房型或者套房的房型，以降低酒店客房的空房率。

（4）加强对酒店预订部和前台接待员工销售技巧的培训。

（六）触发点价格控制法

触发点价格控制法中的触发点是指某项指标的特定的值，如预订的客房出租率或者平均每房收入。根据触发点进行价格控制管理，即当需求高于某个触发点时，要关掉某些等级的价格；当需求低于触发点时，要开放某些等级的价格。触发点的确定是主观的，可以建立在酒店出租率的基础上，也可以建立在平均每房收入的基础上。当已经获得的预订和实际客房销售量和销售收入达到了预订的目标，收益管理系统的软件就会自动建议软件使用者把价格调高，升到上一个级别。

（七）附加值定价法

酒店有时候既要保持酒店的营业收入，又要提高销售量，吸引更多的消费者的一项有效措施是在房价不打折的基础上给予客人更多的利益，也就是客人付同样多的钱，但是能获得更多的价值。这种方法叫附加价值法（Value Added Method）。通常这种价格的设置，酒店不会只计成本或者费用，都会提前计算好利润，这种方法比纯属打折的方法更能增加酒店的收入。例如，一家典型的商务酒店在周末的时候差旅出行的客人比较少，出租率较低，酒店的精致小套房每晚的价格是1299元，如果按照以往周末出租率较低的情况，酒店就会给予客人七五折优惠，价格降低了324.75元，预订的客人没有将节省下的钱用于酒店其他非客房区域的消费，往往去酒店周边的餐馆用餐，酒店就白白损失了这部分收益。因此，酒店采取附加增值的方法，不给预订的客人七五折的优惠，客人还是支付每晚1299元的房费，但是除能享受免费早餐外，还可以享受酒店特色餐厅价值399元/位的免费晚餐或次日中午单人免费午餐；如果连住两晚，除了以上的优惠还可以继续享受到赠送的价值96元的洗衣服务。这样的做法无疑给了客人附加的礼遇，使他们付出与平时一样多的费用可以得到更多的礼遇和价值，同时能保证为他们节约的房费通过餐厅和洗衣服务重新回到酒店，不会"肥水流入外人田"。

（八）住房天数折扣法

提高酒店客房的入住率和整体收入的一个有效的措施是鼓励客人延长住宿天数，尤其是针对酒店长住客人细分市场，连续入住一年的客人和连续入住三个月的客人价格明显是不同的。对于酒店而言，虽然房价较低，但是因为住宿天数的增加仍然能有效提高酒店的市场占有率。

（九）包价促销法

包价促销法也称搭配销售、捆绑销售、组合销售或者打包销售。它是将客房产品和酒店的其他产品或者服务组合在一起向客人销售，客人只需要购买一次，即可获得所有相关的产品和服务。如将酒店客房产品和酒店零售产品（月饼、粽子、圣诞节大餐等）一起销售；将酒店客房产品和酒店的自助餐一起捆绑销售给客人等。

（十）团队市场替换分析法

团队市场替换分析是细分市场替换分析的一部分，目的是研究和计算接受某个团队的预订是否会比接受另外一个团队的预订，或者把房间留下来卖给散客更有利。团队细分市场是酒店重要的细分市场之一，涵盖了酒店客房、用餐和会议的需求，酒店综合收益是比较高的，因此在酒店需求的旺季，尤其是散客细分市场的旺季，如果酒店承接一个团队预订，酒店的收益管理团队就要分析对于可以接受高价格的散客细分市场来说，对于酒店整体收益和市场占有率来说是否合适。因此，团队市场替换分析法是分析和研究接受某个团队的业务,是否会挤掉别的潜在业务,是否能从整体上给酒店带来更多的好处,如酒店是否能得到包括客房收入、餐饮收入、会议收入等在内的更多收入。

任务实操

模拟制定酒店客房产品定价方案

任务评价与总结表

第一步,每个小组选择一家酒店作为研究对象。

第二步,小组成员共同研究并收集该酒店的客房类型、市场竞争情况及顾客需求信息。

第三步,运用至少 3 种不同的定价策略(容量控制法、超额预订法、附加值定价法等)设计该酒店的客房产品定价方案。

第四步,完成表 5-2,总结上述信息,并准备一个简短的 PPT 来向全班展示小组方案。

表 5-2　酒店客房产品定价方案分析

酒店名称	客房类型	定价策略	预期收益目标	竞争对手价格分析	顾客偏好和支付能力分析

任务三　掌握酒店餐饮产品定价

任务导入

探索酒店餐饮的营收奥秘:RevPASH 与定价策略

在数字化营销日益盛行的今天,酒店业面临着前所未有的机遇与挑战。其中,餐饮营收作为酒店重要的收入来源之一,其经营管理水平直接影响着酒店的总体营收。而在衡量餐饮经营管理水平的众多指标中,每可用餐位单

项目五 制定酒店价格策略

位时间平均收入（RevPASH）无疑是一个重要且有效的工具。

RevPASH 不仅考虑到餐位的数量，还融入了时间因素，能全面反映餐饮部的生产能力和创收能力。对于酒店管理者来说，了解并提升 RevPASH 不仅意味着提高餐饮部的创收能力，更是对酒店整体运营效率和市场竞争力的提升。

然而，RevPASH 的提升并非易事，它涉及餐饮部的定价策略、服务流程、菜单设计等多个方面。其中，定价策略的运用尤为关键。如何根据市场需求和餐饮部的实际情况，制定出既能吸引顾客又能保证收益的价格，是每位酒店管理者都需要深入思考的问题。

本任务将探讨如何通过优化定价策略来提升餐饮经营的 RevPASH。

试思考：

请结合酒店业的实际情况，解答以下问题。

（1）目前酒店餐饮在定价方面存在哪些问题？

（2）如何根据市场需求和餐饮部的实际情况，选择合理的定价策略？

（3）在提升 RevPASH 的过程中，除定价策略外，还有哪些因素需要考虑？

任务知识

一、认识酒店餐饮 RevPASH

RevPASH 是衡量酒店餐饮部门绩效的关键指标。该指标对管理者极为重要，它不仅能揭示餐饮部座位的利用效率，还能展示餐饮部营业时间内的盈利能力。

（一）RevPASH 的计算方法

RevPASH = 餐厅营业总收入 /（餐厅总餐位数 × 餐厅营业时间）

例如，一家酒店的餐饮部共有 200 个餐位，某日营业两次，午餐营业 4 小时，晚餐营业 4 小时，该日餐饮部营业总收入为 32000 元，则：

$$PevPASH = \frac{32000}{200 \times 8} = 20（元）$$

这表示餐饮部每个餐位在每小时的平均收入为 20 元。

（二）RevPASH 的作用

（1）提升运营效率。通过监控 RevPASH，餐饮部管理者可以优化员工排班、菜单设计及桌位周转率，从而提高整体运营效率。

（2）指导战略定价。利用 RevPASH 数据，餐饮部能够在不同时间段内实施动态定价策略，以吸引更多顾客。

（3）完善容量管理。理解 RevPASH 有助于优化座位布局和预订政策，确保在不同时间段内实现最大的收益。

（三）提升 RevPASH 的意义

高 RevPASH 值表明餐饮部有效地利用了其餐位资源，上座率高，营业额显著增长。这意味着餐饮部不仅成功吸引了顾客，还将顾客来访转化为收入。相反，低 RevPASH 可能说明餐饮部座位使用不充分，盈利能力低，可能是由于价格设置不合理、菜单不吸引人或市场营销策略不足等因素造成的。

二、餐饮定价策略

（一）执行成本导向定价

执行成本导向定价是通过计算所有生产和运营成本，并在此基础上加上预定利润率来设定价格。这种方法的优点在于简单明了，易于实施，有助于保证餐饮部的财务安全和营利性。例如，一家民宿的餐厅计算制作一份特色意大利面的全部成本（包括食材、调料、人工等），在总成本基础上加上 40%的利润，形成最终售价，确保每售出一份意大利面都能获得稳定的利润。

（二）实施市场导向定价

实施市场导向定价是依据市场条件、竞争对手的定价及消费者需求来调整和设定价格。这种策略要求企业持续关注市场动态和价格变化，以保持竞争力和扩大市场份额。例如，位于热门旅游区的一家高端酒店餐饮部会定期考察周围同类餐饮部的菜品价格，并据此调整自家菜单价格，以保持价格竞争力，吸引更多顾客。

（三）应用价值导向定价

应用价值导向定价是根据消费者对产品或服务的感知价值来设定价格。这要求餐饮部门通过市场研究、统计建模等手段准确评估消费者的支付意愿，从而设定相应的价格。例如，一家位于商业中心的酒店西餐厅通过调查了解到顾客对使用独特食材和创新烹饪技术的菜品愿意支付更高的价格。于是该餐厅针对这些菜品采用更高的价值导向定价，以吸引寻求高端餐饮体验的顾客。

通过整合以上 3 种定价策略，酒店餐饮部能够更灵活地应对市场变化，满足不同顾客群体的需求，从而提升整体盈利能力和顾客满意度。3 种策略的综合应用有助于餐饮部在竞争激烈的餐饮市场中保持领先。

三、利用 RevPASH 优化餐饮产品定价的策略

使用 RevPASH 指标来监控和调整定价策略是提升餐饮部业绩的有效手段。通过定期评估每可用餐位单位时间平均收入，餐饮部管理者可以做出数据驱动的决策，优化价格设置，提高利用率和收益。

（一）监控 RevPASH 来优化定价

通过持续监控 RevPASH，餐饮部管理者可以识别哪些时段或哪些菜品的表现低于预期，从而调整相关的定价策略。例如，一家城市酒店餐饮部总监在分析了其 RevPASH 数据后，发现午餐时段的客流量和收入远低于晚餐。为了提升这一时段的表现，他决定打造午餐特价菜单，以吸引附近办公区的上班族。通过提供性价比高的午餐套餐，该餐厅成功地提升了午餐时段的上座率和 RevPASH。

（二）动态调整价格

利用 RevPASH 还可以实施动态定价策略。例如，餐饮部可以根据每日或每周的需求波动自动调整菜品价格。在需求高峰期，如节假日或特殊活动期间，稍微提高价格，可以在不显著影响顾客满意度的情况下增加收入。相反，在需求低迷时期通过优惠促销活动吸引顾客，从而平衡收入和顾客流量。

（三）利用数据做定价决策

通过分析 RevPASH 与不同价格点之间的关系，餐饮部可以更精确地设定最优价格。这种基于数据的定价方法使餐厅能够在保持竞争力的同时，最大化每个座位的收益潜力。

四、细化餐饮产品定价的策略

（一）时段定价策略

时段定价是一种动态的定价策略，根据不同时间段的客流量调整价格，以最大化收益和座位使用效率。这种策略不仅有助于提高餐厅的经营效率，还能更好地满足顾客需求和市场变化。

（1）高峰时段溢价。在晚餐或周末早餐等客流高峰时段，餐饮部可以适当提高价格。这不仅可以增加高需求时段的收入，还可以通过价格调节避免过度拥挤，保证服务质量。

（2）低峰时段优惠。在午后或平日早晨等客流低的时段，通过提供折扣或特价菜单吸引顾客。这种策略可以增加通常较空闲时段的客流，提高整体

的座位使用率和收入。

（3）节假日和特殊事件定价。在公共假期或大型活动期间，根据预期的高需求调整价格。例如，在情人节或母亲节等特殊节日，餐厅可以推出特别菜单并调整价格策略，以吸引庆祝这些场合的顾客。

（4）顾客预订激励。通过提供预订时段的价格优惠，鼓励顾客在非高峰时段访问。例如，为提前预订午餐或晚餐的顾客提供一定比例的折扣，以平滑全天的客流量。

（二）心理定价策略

心理定价是一种通过精心设计价格点来影响顾客购买决策的策略。这种策略可以采取多种形式，旨在通过心理感知的价格优势吸引顾客，促进购买行为。

（1）结束数字定价。通过将菜品价格设置为58元而非61元，可以让顾客在心理上产生价格更低的感觉。结束数字常用"9"或"99"，因为这种定价策略可以让价格看起来比实际上低一些，使顾客感觉享受了优惠。

（2）价格锚点设置。在菜单中设置一个昂贵的菜品作为价格锚点，这样可以使其他菜品相对显得价格更合理。顾客在看到高价格后，对比较低的价格更容易接受，从而提高整体的购买意愿。

（3）诱饵定价。提供几个价格相近但价值感知差异明显的产品选项。例如，设置一个高价格的菜品作为诱饵，与中等和低价产品对比，使中等价位产品看起来更具吸引力。

（4）捆绑定价。捆绑销售多个菜品，并设置一个比单独购买所有项目总和更低的价格。这种策略可以提高顾客的总体消费，因为他们感觉捆绑购买更划算。

（三）区段定价策略

区段定价是一种根据餐厅内不同位置的座位实施价格差异化的策略。这种策略允许餐厅根据座位的位置、视角和提供的独特服务来设定不同的价格水平，从而满足不同顾客群体的需求，并实现收入最大化。

（1）窗边座位定价。许多酒店餐厅拥有优美的窗外景观，如城市天际线、海滨或花园景观。这些窗边座位因其独特的视觉体验，可设定较高的最低消费标准。例如，窗边座位的定价可以比普通座位高出10%~20%。

（2）提供额外隐私的区域定价。如VIP包间或者通过屏风隔开的座位区域，通常会设定更高的价格。这些区域为顾客提供了更为私密的用餐环境，适合商务会谈或特殊的个人聚会。

（3）特殊主题区域定价。某些酒店餐厅可能设有主题座位区，如儿童区、日式榻榻米区等，每个主题区都提供与众不同的就餐体验。根据主题的独特

项目五 制定酒店价格策略

性和装饰成本设定不同的价格策略。

通过这些多元化的定价策略组合,餐饮部能够更有效地应对市场变化,满足不同顾客的需求,从而提高整体的盈利能力和顾客满意度,使酒店餐厅在竞争激烈的市场中保持领先地位。

任务评价与总结表

任务实操

设计提升酒店餐厅 RevPASH 的方案

第一步,每个小组选择一家酒店的餐厅作为研究对象。

第二步,小组成员共同研究并收集该餐厅的基本运营数据,如餐位数、营业时间、日常收入等。

第三步,分析餐厅当前的 RevPASH 水平,并提出至少 3 种提升 RevPASH 的策略(调整高峰期和低谷期价格、设置特殊餐位最低消费、优化餐厅布局以提高翻台率等)。

第四步,完成表 5-3,详细描述每种策略的实施步骤、预期效果及潜在挑战,并准备一个简短的 PPT 来向全班展示小组方案。

表 5-3 酒店餐厅 RevPASH 提升方案

酒店餐厅名称	RevPASH 现状评估	提升策略描述	实施步骤	预期效果	潜在挑战

任务四 识别定价的误区

任务导入

酒店的定价策略

某酒店是一家新开业的市中心酒店,定位面向中高端市场,旨在吸引商

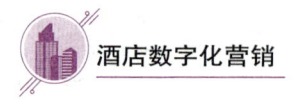

务顾客和城市游客。开业伊始，管理层决定采取一系列定价策略来提升酒店的知名度和市场份额。

定价策略。酒店实施了一项政策，即无论是平日还是周末，所有房型都有统一的价格。此外，高管还决定所有在线预订渠道的房价都相同，以简化价格管理。

促销活动。为了吸引顾客，酒店推出了特价房促销活动。活动期间，无论何种房型和预订时间，房价一律七折。

定价团队组成。价格的制定由酒店总经理、财务经理和销售经理共同决定。他们对市场调查进行了一番调研，随即设定了价格，但没有征求前台或市场营销团队的意见。

顾客反馈。顾客对于能在任何时候获取固定价格感到满意，因为他们觉得这样更公平。然而，有些顾客则表示，在大型活动和节假日时，他们原本预期价格会有所上涨。

试思考：
某酒店的定价策略存在哪些潜在的定价误区？应如何改进？

任务知识

定价其实是酒店提升收入水平的重要手段，是酒店实施全面收益管理的重要环节，酒店产品定价不是一个人或几个人就可以完成的工作，应该是整个收益管理团队的工作。在定价这个环节，很多酒店经营者还存在误区。

一、同一种产品的价格是一成不变的

酒店产品的价格是根据市场的需求、市场竞争来制定的，因此需求也是随着时间的变化而变化的，市场需求在一天中不同时间、一周中不同时期、一年中不同季节都会呈现高低起伏的变化，因此酒店产品价格也会发生不同的改变。例如，很多度假型酒店，随着市场需求和竞争对手的变化，酒店房间的价格在一天中会发生很多次的变化，在旅游的旺季，当一位客人早上浏览酒店网站的时候价格可能是 800 元，但是到了晚上就会发现可能同一个房型的价格已经提高到了 1500 元。

二、定价不需考虑细分市场

酒店定价策略应针对不同的顾客群体和销售渠道进行差异化调整。例如，应对散客和团体顾客、协议顾客和临时游客应设置不同的价格。将所有顾客一律以相同价格对待，将错失提升收益的机会。有效的市场细分可以帮助酒店识别并针对特定顾客群体提供最合适的价格，从而提高整体利润。

三、定价是酒店领导的事情，与其他人无关

酒店的定价决策应是跨部门合作的结果。以餐饮部为例，套餐的定价不仅需要厨师确保菜品质量和竞争力，还需要财务部门进行成本和利润分析，市场部负责推广，营销部确定目标顾客群。此外，还需要根据市场反馈调整价格策略。例如，如果某个促销活动的销售业绩不佳，可能需要调整价格或改进营销策略，这要求团队成员间的紧密合作和信息共享。

四、过度依赖占用率而忽视其他重要指标

酒店经常会过分关注房间的占用率，认为高占用率就意味着高收益，然而，这种方法可能忽视了 ADR（平均日租率）和 RevPAR 这些更全面的收益管理指标。例如，某度假酒店在旺季通过降价促销提升了房间占用率至接近满房，但由于平均房价下降，最终的日总收入并未显著增长，甚至影响了利润率。

五、不采用动态定价策略

许多酒店仍然使用静态定价策略，即不根据市场供需调整价格。在需求波动较大的市场环境中，静态定价可能会导致酒店无法实现收益最大化。例如，一家城市酒店在会展期间坚持使用常规价格，未能及时提高价格响应市场热度，结果错失了因高需求而增加的额外收益机会。动态定价策略允许酒店根据实时的供需情况调整价格，更好地把握市场机会，并通过灵活调整价格来提升收入和利润率。

以上误区表明，有效的酒店定价策略需要从综合的视角

专业词汇

任务评价与总结表

考虑市场动态、顾客需求和竞争环境,利用数字化技术手段驱动决策。避免这些常见误区可以帮助酒店更好地实现收益最大化。

任务实操

制定酒店收益管理策略

第一步,每个小组选择一家酒店作为研究对象。

第二步,小组成员共同研究并收集该酒店的基本经营数据,包括房间类型、价格变动历史、市场竞争情况等。

第三步,制定综合的收益管理策略,应包括动态定价策略、市场细分定价策略,并考虑跨部门合作。

第四步,完成表5-4,概述策略的具体内容、预期影响及实施该策略面临的挑战,并准备一个简短的PPT来向全班展示小组方案。

表5-4 酒店收益管理策略分析

酒店名称	收益管理策略名称	策略内容	预期影响	面临的挑战

项目训练

 练一练

扫描右侧的二维码,开始做题吧。

随堂练习

项目六
管理酒店销售渠道

项目导读

销售渠道是酒店营销数字化改革的重要组成部分，酒店营销人员不仅要会选择酒店传统销售渠道，也要对数字化时代各类线上销售渠道进行探索。本项目主要讲述了在酒店营销活动中，对销售渠道体系的认知、销售渠道的选择及销售渠道的建立三方面内容。

酒店数字化营销

学习目标

知识目标	1. 了解酒店数字化销售渠道的概念 2. 了解酒店数字化销售渠道的类型 3. 了解酒店数字化销售渠道的评估方法
能力目标	1. 能够结合酒店实际情况选择恰当的销售渠道 2. 能够熟悉线上和线下销售渠道种类 3. 能够建立合理的线上和线下销售渠道
素养目标	1. 增强酒店职业认同感，通过探索酒店数字化销售渠道，激发学生爱岗敬业的精神和社会责任感 2. 通过数字化渠道传播中华优秀传统文化，在营销活动中讲好中国故事，展现可信、可爱、可敬的中国形象 3. 践行"谦敬礼让，帮扶互助；志同道合，携手奋进；珍惜资源，关爱自然" 4. 强化数字化社会责任意识，在营销活动中遵循数据伦理规范，落实《中华人民共和国数据安全法》要求，保护用户隐私

思维导图

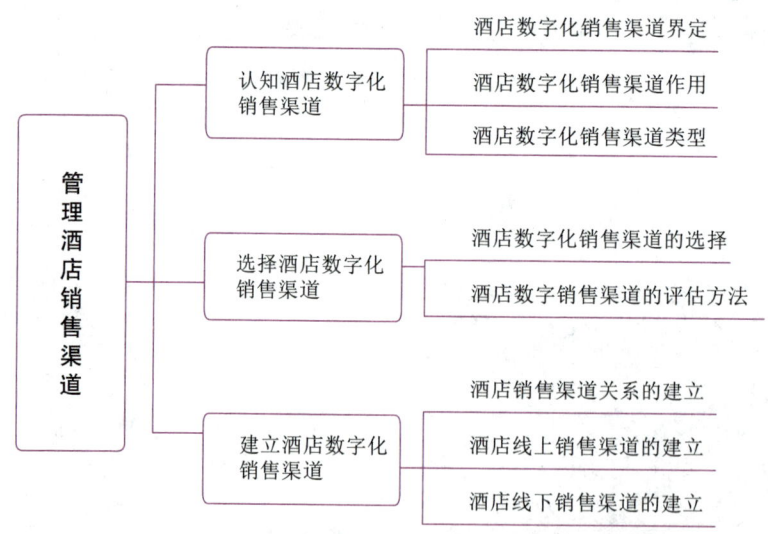

项目六 管理酒店销售渠道

 任务一　认知酒店数字化销售渠道

任务导入

2023年末至2024年初，哈尔滨冰雪旅游火爆出圈，黑龙江成为全国最热门的冰雪旅游目的地，旅游消费迎来爆发式增长。

近期，已有网友通过人民网领导留言板呼吁哈尔滨方面在夏季主打避暑和音乐节、增加冰雪大世界夏季游玩设施设备等。哈尔滨市文旅局答复称，近年来，市文旅局在积极谋划了"超长冰雪季"的同时，还精心筹划了"超长避暑季"，依托冰雪大世界园区和市内部分网红街区举办丁香节、啤酒节、音乐节、美食节、登山节等活动，不断激发市民和游客消费热情，持续推动文旅经济向好向上发展。市文旅局还抓住重大节庆活动等有利时机，通过在酒店、景区设置宣传手册的方式，实现各景区联动宣传，同时还通过省直媒体、市属媒体和抖音、微博、视频号等新媒体，立体化宣传营销，加大对本地及周边地区的文旅推广营销力度，吸睛引流，搅热文旅市场。

（资料来源：澎湃新闻2024年1月26日文章——《哈尔滨市长：着力发展四季旅游，力争"一季红"到"季季火"》，经改编）

试思考：

面对近期爆火的淄博烧烤、哈尔滨冰雪大世界等文旅现象，外地游客是怎样了解到这些目的地城市的酒店、餐厅、景区景点等旅游信息的？

任务知识

销售渠道又称营销渠道，也称为分销渠道或交易渠道，是指企业商品或服务由生产领域向消费领域运动过程中所经历的线路及其一切活动的总和。渠道建立始于企业面向市场时对不同中间载体的选择，终于消费者接受并使用产品与服务，它是连接生产与消费的一条纽带。

微课6-1
认知酒店数字化
销售渠道

酒店销售渠道是指酒店产品和服务从提供者向消费者传递过程中所经历的各种平台的总和，它既包括酒店和消费者，也包括各类中间商、代理商、批发商和各种信息传播载体（图6-1）。

· 131 ·

图 6-1　酒店销售渠道是向消费者传递酒店产品和服务的重要纽带

一、酒店数字化销售渠道界定

酒店数字化销售渠道是时代发展的产物,是近年来酒店企业盈利的关键密码。酒店数字化销售渠道是指利用数字技术和互联网平台来推广酒店产品和服务、吸引潜在顾客、提高品牌知名度的营销方式。这些渠道包括但不限于酒店官方网站、在线预订平台、社交媒体、电子邮件、搜索引擎优化(SEO)和搜索引擎营销(SEM)等。数字化营销并不是单一地通过某一种渠道进行营销,而是利用多种渠道整合营销。通过数字化销售渠道,酒店可以更加精准地触达目标受众,提升营销效果。例如,通过 SEO 优化酒店官方网站,使其在搜索引擎中排名更靠前,吸引更多潜在顾客的关注和访问;通过社交媒体平台发布有趣、有吸引力的内容,与粉丝互动,提高品牌知名度和美誉度;通过在线预订平台提供便捷的预订服务,提高顾客满意度和忠诚度等。

总之,酒店数字化销售渠道是酒店营销中不可或缺的一部分,它能够帮助酒店更好地与潜在顾客建立联系,提升酒店产品销售收入。

二、酒店数字化销售渠道作用

(一)提升酒店品牌知名度

通过数字化销售渠道,酒店可以更好地展示自身的品牌形象和特色,吸引更多的潜在顾客关注和了解酒店。利用在线广告、社交媒体营销等方式,酒店可以将品牌信息传递给更多的用户,从而提升品牌知名度。

（二）精准定位顾客群体

数字化营销工具可以帮助酒店更精确地定位目标顾客群体。通过大数据分析，酒店可以了解潜在顾客的偏好和需求，从而进行有针对性的推广活动，提高转化率和房间租售率。

（三）增强实时互动与顾客需求了解

数字化营销使酒店能够实时地与顾客进行互动，更快速地了解顾客需求和反馈。酒店可以根据这些数据分析结果作出相应的调整和优化，提高顾客满意度，从而增加销售额。

（四）提高效率，提升顾客体验

数字化销售渠道可以使许多传统的营销过程自动化，如在线预订、电子发票等，这不仅提高了酒店的工作效率，也为顾客提供了更加便捷的消费体验。

（五）增强数字化社会责任感

酒店通过数字化营销应强化"以人民为中心"的服务理念，利用大数据分析优化资源分配，在提升客户体验的同时降低社会资源浪费。

总之，酒店数字化销售渠道在树立品牌形象、增加销售、提高顾客满意度等方面都发挥着重要作用，是现代酒店业不可或缺的一部分。

三、酒店数字化销售渠道类型

传统的酒店销售渠道根据酒店产品和服务从生产者到消费者传递过程中有无中间商参与营销活动，分为直接渠道和间接渠道两种基本类型。直接渠道包括预订销售和自设网点销售；间接销售渠道包括全球分销系统、酒店预订系统及酒店代理商、旅游中间商或代理商等。

现代酒店的数字化销售渠道类型主要包括以下 5 种。

（1）直销渠道。通过酒店官方网站、酒店 App 等渠道直接面向顾客进行销售。

（2）直连渠道。酒店与各大在线旅游代理平台（OTA）进行直连，如携程、去哪儿、猫途鹰（Tripadvisor）等。

（3）商旅渠道。酒店与各大商旅公司、企业签订合作协议，为其提供定制化的酒店服务。

（4）分销渠道。通过旅行社、代理商、批发商等第三方渠道进行销售。

（5）地图渠道。通过地图类应用（如高德地图、百度地图）展示酒店信息，吸引周边用户。

这些数字化销售渠道各有优势，酒店可以根据自身情况和目标顾客群体选择适合的销售渠道，也可以综合运用多种渠道，实现多元化营销，提高销售效果（表6-1）。

表6-1 各类酒店数字化销售渠道运用的优势和劣势对比

渠道类型	呈现方式	优势	劣势
直销渠道	酒店官方网站、酒店App直销	1. 品牌形象统一。通过官方渠道，酒店可以更好地展示自身品牌形象和特色，实现品牌传播的一致性 2. 顾客数据掌握。直销渠道有助于酒店收集和分析顾客数据，实现精准营销 3. 个性化服务。酒店可以根据顾客需求提供个性化服务，提升顾客满意度	1. 流量获取难。相对于大型OTA平台，酒店官方网站和App的流量获取较为困难，需要投入大量资源进行推广 2. 技术要求高。建立和维护官方网站和App需要专业的技术团队支持，成本较高
直连渠道	各大在线旅游代理平台（OTA）直连	1. 流量共享。通过与OTA平台直连，酒店可以借助平台流量优势提升曝光率和订单量 2. 客源稳定。OTA平台通常具有稳定的客源，收入也较为稳定 3. 保持对房价和库存的控制权	1. 价格竞争激烈。在OTA平台上，酒店需要与其他竞争对手进行价格竞争，可能影响酒店利润率 2. 对OTA平台产生依赖。酒店过于依赖OTA平台可能导致自身品牌影响力减弱
商旅渠道	与商旅公司、企业合作	1. 稳定客源。商旅渠道通常能带来稳定的客源，有助于酒店提升出租率 2. 长期合作。与商旅公司、企业建立长期合作关系，有助于酒店获得稳定收入	1. 价格敏感度高。商旅顾客通常对价格较为敏感，可能影响酒店的收益 2. 需求较多。不同商旅顾客的需求可能多样化，酒店需灵活调整产品和服务
分销渠道	旅行社、代理商、批发商分销	1. 客源丰富。分销渠道可以丰富酒店的客源结构，提升整体出租率 2. 降低销售成本。通过旅行社、代理商等渠道进行销售，可以降低酒店的销售成本	1. 需分割利润。与旅行社、代理商等合作可能导致利润被分割，影响酒店收益 2. 品牌形象不一。分销渠道可能导致酒店品牌形象的不一致，影响顾客体验
地图渠道	通过地图类应用展示酒店信息	1. 精准营销。地图渠道可以实现精准营销，吸引周边顾客，提升酒店曝光率和订单转化率 2. 提升顾客体验。通过地图类应用展示酒店信息，可以方便用户查找和预订酒店	1. 竞争激烈。地图渠道上酒店众多，竞争激烈，需要酒店投入大量资源进行推广 2. 对地图平台产生依赖。酒店过于依赖地图平台可能导致自身品牌影响力减弱

综上所述，各类酒店数字化销售渠道各有优、劣势，酒店需要根据自身情况和目标顾客群体选择适合的销售渠道，并综合运用多种渠道实现多元化营销。

任务评价与总结表

任务实操

酒店数字化销售渠道认知实操

【目标】理解数字化销售渠道在酒店业务中的重要性；掌握并运用主流数字化销售渠道进行酒店产品推广；提升酒店业务效率，增加顾客黏性。

【时长】90 分钟

【内容】

表 6-2　酒店数字化销售渠道认知实操演练

实操演练一：在线预订平台操作（25 分钟）	1. 演示如何在主流在线预订平台（如携程、去哪儿等）上注册酒店信息 2. 学生动手实操，上传酒店图片、描述、价格等信息 3. 分享实操中遇到的问题，教师解答
实操演练二：社交媒体营销（25 分钟）	1. 演示如何在社交媒体平台（如微信、微博、抖音等）上创建账号并发布酒店推广内容 2. 学生动手实操，制订推广计划并发布内容 3. 分析并讨论不同社交媒体平台的特点，如何有针对性地进行推广
实操演练三：电子邮件营销（25 分钟）	1. 演示如何构建邮件列表、编辑邮件内容并进行发送 2. 学生动手实操，编写一封酒店推广邮件并发送给目标顾客 3. 分享邮件发送后的反馈，讨论如何提高邮件营销效果
总结与答疑（15 分钟）	总结数字化销售渠道在酒店业务中的重要性，解答学生在实操过程中遇到的问题，分享经验

任务二　选择酒店数字化销售渠道

任务导入

假如你是哈尔滨香格里拉酒店酒店营销部的员工，根据酒店 2023 年、

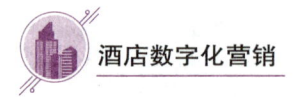

2024年春节期间的ROI（投资回报率）和顾客行为分析，预测2025年春节期间的销售渠道。那么，你将从哪些方面进行预测？

任务知识

一、酒店数字化销售渠道的选择

（一）影响酒店数字化销售渠道选择的因素

1. 市场因素

酒店需要明确自己的目标市场，包括顾客群体、消费能力、消费习惯等，从而选择适合目标市场的数字销售渠道。例如，如果目标市场是年轻人群体，那么社交媒体平台可能是一个更合适的销售渠道。

2. 自身产品因素

酒店的产品特点也会影响数字销售渠道的选择。例如，如果酒店的客房和餐饮产品比较独特和高端，那么选择高端的旅游平台或在线旅行社可能更合适。

3. 成本效益

不同的数字销售渠道有不同的成本效益，酒店需要考虑自身的预算和成本承受能力，选择最具成本效益的销售渠道。例如，通过自建网站进行在线预订可能成本较低，但效果不一定理想，而通过在线旅游平台销售可能带来更高的销售额，但佣金成本也会相应增加。

4. 品牌形象

酒店的品牌形象也会影响数字销售渠道的选择。酒店需要选择与自己品牌形象相符合的销售渠道，以增强品牌的影响力和认可度。例如，在品牌宣传中融入社会主义核心价值观（如诚信、友善等），抵制低俗营销。

5. 竞争对手因素

酒店需要了解竞争对手的数字销售渠道和销售策略，从而选择适合自己的销售渠道。如果竞争对手已经在某个数字销售渠道上建立了较强的品牌影响力和市场份额，那么酒店可能需要考虑选择其他渠道或者在该渠道上进行差异化营销。

总之，影响酒店数字销售渠道选择的因素是多方面的，酒店需要综合考虑自身情况、市场环境、顾客需求等因素，选择最适合自己的数字销售渠道。

（二）酒店数字化销售渠道的选择策略

酒店营销渠道的选择包括渠道模式的选择和渠道中间商的选择。酒店营销渠道的选择主要指以直接销售渠道为主还是以间接销售渠道为主；间接销售渠道又是指以长渠道为主还是以短渠道为主（中间环节的多少决定渠道的长短），以宽渠道为主还是以窄渠道为主（每个环节同类中间商的多少决定渠道的宽窄）。中间商的选择是在确定了销售渠道的模式后，决定挑选哪一家或哪一些中间商。

酒店销售渠道的选择策略有很多种，具体选择哪一种要根据不同酒店的市场重点而定，渠道策略一经选定也不是一成不变的。结合社会经济数智化发展趋势，酒店市场会受政治、经济、科技等因素影响不断地发生变化。所以，为适应市场，酒店管理者须具备在不同时刻选择不同销售渠道的能力。

酒店数字化销售渠道的选择策略可从以下6个方面考量。

（1）确定目标市场和顾客群体。酒店首先需要明确自己的目标市场和顾客群体，包括他们的需求、偏好和消费习惯。这将有助于酒店选择合适的数字化销售渠道，以更好地触达目标顾客。

（2）分析各种数字化销售渠道的优缺点。酒店需要对各种数字化销售渠道进行全面分析，了解它们的优缺点、覆盖范围、用户群体、成本效益等。这将有助于酒店筛选出最符合自身需求和目标的销售渠道。

（3）制定多渠道营销策略。酒店可以选择多种数字化销售渠道进行产品营销，如官方网站、社交媒体、在线旅游平台、电子邮件营销等。通过多渠道营销，酒店可以扩大品牌曝光度，吸引更多潜在顾客。

（4）优先选择与品牌形象相符的销售渠道。酒店需要选择与自身品牌形象相符的数字化销售渠道，以维护品牌形象和声誉。例如，高端酒店可以选择与高端旅游平台或在线旅行社合作，以展示其高品质的产品和服务。

（5）优化渠道组合以提高效益。酒店需要根据实际情况，不断调整和优化数字化销售渠道的组合，以提高销售效益。例如，酒店可以通过数据分析和用户反馈，了解各渠道的表现和用户偏好，从而调整资源投入和营销策略。

（6）与合作伙伴建立长期稳定的合作关系。酒店可以与数字销售渠道的合作伙伴建立长期稳定的合作关系，以实现互利共赢。例如，酒店可以与在线旅游平台签订长期合作协议，共同推广酒店产品和服务，提高市场份额。

综上所述，酒店数字化销售渠道的选择策略需要综合考虑目标市场、顾客需求、渠道优缺点、品牌形象等因素，制定多渠道营销策略，优化渠道组合，与合作伙伴建立长期稳定的合作关系，以提高销售效益和市场竞争力。

二、酒店数字销售渠道的评估方法

酒店应主要从经济效益、控制能力、适应能力3个方面对渠道方案进行综合评估,然后选择一个主要的渠道方案,同时确定其他若干个辅助性渠道方案。酒店数字化销售渠道的评估方法主要包括以下5种。

(一) ROI 分析

ROI 是一种衡量投资效益的指标,通过计算销售渠道带来的收入与投入的成本之间的比例来评估销售渠道的效益。如果 ROI 较高,说明该销售渠道的投入产出比较合理,效益较好。

(二) 流量分析

流量是评估数字化销售渠道的重要指标之一,通过分析渠道的流量来源、流量质量、流量转化率等数据,可以了解该渠道的流量情况,从而评估该渠道的效益。如果渠道流量大、质量高、转化率高,则说明该渠道的销售效果较好。

(三) 用户行为分析

通过分析用户在数字化销售渠道上的行为数据,如浏览、搜索、点击、购买等,可以了解用户的兴趣和需求,从而优化渠道的内容和功能,提高用户的满意度和转化率。

(四) 竞争对手分析

通过对竞争对手的数字化销售渠道进行分析,可以了解他们的销售策略、渠道布局、营销手段等,从而找到自己的优势和不足,制定更加精准的销售策略。

(五) 数据挖掘与分析

任务评价与总结表

通过数据挖掘与分析,可以发现数字化销售渠道的潜在价值,如用户画像、市场趋势、消费习惯等,从而为制定更加精准的销售策略提供数据支撑。同时,注意在数据收集与客户管理中遵循伦理规范,保护用户隐私,落实《中华人民共和国数据安全法》要求。

任务实操

酒店数字化销售渠道选择实操

【目标】熟悉并掌握不同类型的酒店数字化销售渠道及其特点;分析酒店

目标市场，选择数字化销售渠道组合；制定有效的销售策略，提升酒店产品营销效果。

【时长】90 分钟

【内容】

表 6-3　酒店数字化销售渠道选择实操演练

市场调研与渠道选择（30 分钟）	学生分组，每组选择一家酒店作为实训对象进行市场调研，分析其目标市场的特点、顾客需求、竞争对手情况等。根据市场调研结果，选择数字化销售渠道组合
销售策略制定（30 分钟）	根据所选销售渠道，制定具体的销售策略，包括价格、促销、广告、顾客服务等。分组讨论、相互分享数字化销售策略，接受其他小组的评价和建议。教师提供指导和建议
模拟销售实战（30 分钟）	学生分组进行营销实战演练，每组扮演不同的销售渠道（如 OTA 平台、旅行社、酒店官网等）负责人，进行销售合作谈判。教师观察学生的表现，并提供实时的反馈和指导。演练结束后，学生进行总结分享，说明在营销过程中的问题和改进方法

【实操】结合理论讲解、市场调研、策略制定和实战演练等多种形式，提高实训效果。调研需结合国家战略（如乡村振兴、文旅融合等），探索"数字+文旅"新模式。鼓励学生分组合作，培养团队协作和沟通能力，确保学生能够充分参与和互动。

【评估】根据学生在市场调研、策略制定和实战演练中的表现进行评估。

任务三　建立酒店数字化销售渠道

任务导入

线上酒店预订平台运行机制（Booking / Airbnb / 携程）

酒店房间数量有限，空置房间意味着直接损失。因此，AI 动态定价能帮助酒店在不同季节、节假日和按照实时入住情况下调整房价，确保收益最大化。

1. 季节性价格调整

利用 AI 分析历史数据，预测淡旺季，提前调整价格。例如，海滨度假酒

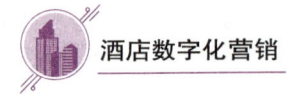

店在夏季会上调价格，而冬季会降价促销。

2. 实时供需变化

当酒店房间陆续被预订，AI会提高剩余房间价格，以提高利润。反之，如果入住率较低，AI可能会提供折扣，吸引更多客人入住。

3. 个性化定价

AI会分析用户的搜索历史、浏览行为和是否为忠诚会员，并提供不同的价格策略。例如，新用户可能会看到折扣价（吸引注册），会员可能会享受专属优惠（提高忠诚度）。

任务知识

一、酒店销售渠道关系的建立

销售渠道不仅是各种流程联结起来的公司集合，也是复杂的行为系统。在这套系统中，人与公司相互作用，完成任务。一些渠道系统由松散组织起来的企业联系组成，其他一些则由具有完善架构的组织联系组成。渠道系统不是静态的，许多新型渠道系统不断涌现，又不断演化出新的渠道系统。一般来说，建立合适的渠道关系可从以下4个方面进行。

（一）选择渠道成员

酒店在选择渠道成员时要有严格的标准，这些标准是根据酒店自身的特点、经营范围等确定的。知名度高、实力雄厚的酒店很容易找到合适的中间商；而知名度低的新的中小酒店较难找到合适的中间商。酒店选择渠道成员，与中间商合作销售，要给予中间商合理的销售利润，调动中间商销售酒店产品的积极性。酒店选择渠道成员之前应注意：能否接近酒店的目标市场；地理位置是否有利；市场覆盖率的大小；中间商对产品的销售对象和使用对象是否熟悉；中间商经营的产品大类中，是否有相互促进的产品或竞争产品；资金多少，信誉高低，营业时间的长短及经验是否丰富；从业人员的数量多少及素质高低；销售能力和售后服务能力的强弱；管理能力和信息反馈能力的强弱；等等。

（二）激励渠道成员

酒店在选择确定中间商之后，为了更好地与中间商合作，进而达到酒店的营销目标，还要采取各种有效的措施，经常激励中间商，调动中间商的积极性。如通过合作或合伙的方式激励中间商。酒店可将原本的销售佣金依据目标政策做不同比例的分割，再依中间商完成的程度给予不同比例的佣金作为奖励。不同的酒店产品选择的中间商不同，激励的方法也有所不同。酒店在与中间商的合作中，在发展自身的同时，也要支持中间商的经营工作，加强合作、扩大业务范围，增加酒店对中间商的影响力，从而提高产品的销量。

（三）评估渠道成员

酒店除选择和激励渠道成员外，还必须定期、客观地评估他们的工作绩效，看是否达到要求。比如销售完成情况、服务满意度、与酒店的营销计划配合情况等。如果某一渠道成员的绩效水平低于既定标准，则需找出主要原因，同时还应考虑可能的补救方法，及时整改。对工作绩效不达标的渠道成员需要求其在一定时期内有所改进，否则就取消合作。

（四）调整销售渠道

酒店需要随市场环境的变化而改进调整销售渠道，使销售渠道保持活力。调整销售渠道的最终目的是方便客户购买、提高销售额、增加利润。酒店销售渠道调整有3种形式可供选择。

1. 增减某一销售渠道中间商的数量

经过运营和监督管理，酒店常常会发现，在同一条销售渠道中，有的中间商营销积极性高、诚信度高、营销能力强、销售数量和销售金额大，是酒店需要的并且要继续鼓励挽留的中间商；而有的中间商营销热情低、营销能力弱、销售数量和金额较低；有的甚至违背合同约定，干扰其他渠道成员。对于经营管理不善、销售不力、难以合作的中间商，酒店可以进行淘汰，中断双方的合作关系。

在经营的过程中，酒店还会发现有的中间商虽暂时未加入酒店的某一销售渠道，但是符合酒店的要求，就会考虑把这类中间商纳入某一销售渠道。另外，有时酒店为了开拓某一新市场，需要选择一个新的中间商，经过调查分析和协商，在双方愿意合作的基础上，可以选定其作为酒店在新市场的中间商。

2. 增减部分销售渠道

在酒店市场营销中，当发现仅靠增减某一营销渠道里的中间商数量效果不佳时，就需要考虑增减整条销售渠道。但是整个裁减不符合要求的销售渠道，有可能影响产品销售，于是酒店往往在削减现有销售渠道的同时，增加新的销售渠道。有时，酒店为扩大产品销售，即使不削减现有销售渠道，也会考虑增加新的销售渠道，拓展新的市场，提高酒店产品的销量。无论是销售渠道的加宽或收窄，酒店都要根据实际需要和渠道具体状况而定，主要目的就是要发挥中间商的作用，扩大酒店的市场份额，增加酒店的营业收入。

酒店数字化营销

3. 调整整个营销系统

酒店对原有销售渠道进行全面变革,即放弃旧渠道,构建新渠道。当原有销售渠道功能基本丧失,或酒店市场发生重大变化、酒店经营战略发生重大调整时,都可能促使酒店调整整个营销系统。

按照酒店营销推广渠道中是否通过网络形式进行推广,可分为线上渠道和线下渠道。

二、酒店线上销售渠道的建立

酒店线上渠道主要指的是酒店利用互联网平台和技术,进行在线营销、销售和服务的一种渠道模式。通过线上渠道,酒店可以更加便捷地触达潜在顾客,提供在线预订、信息查询、顾客服务等功能,从而提升用户体验和酒店业务效率。

线上渠道通常包括酒店官方网站、在线旅游预订平台(OTA)、社交媒体平台、移动应用(App)、酒店小程序等。这些渠道允许酒店展示其房间类型、价格、设施、服务等信息,吸引顾客在线预订。同时,酒店还可以利用线上渠道进行品牌推广、市场营销、顾客关系管理等活动,以扩大市场份额和提高顾客满意度。

(一)酒店如何建立线上销售渠道

酒店建立线上渠道目前有两种模式:一种是自建网站;另一种是借助外部力量。对于资金和技术实力较强的酒店或酒店集团而言,通常以自建网站的模式实现线上营销。对于一些实力相对较弱的中小酒店而言,没有足够的能力建设自己的网站,又不想借助外部的网络力量进行线上营销,也可采用租用、共建等方式开发自己的线上销售平台。

1. 酒店自建网站

自建网站的酒店不仅可以通过自身平台广泛地开展广告、宣传、预订、销售、促销等方面的业务,还可以为顾客提供在线咨询、解决投诉等方面的服务,甚至还可以开展员工招募方面的工作。

2. 酒店借助外部力量

一些单体酒店受资金、技术等条件的限制,会借助一些外部力量实现网络营销。即便是一些拥有自建网站的单体酒店或者实力强大的酒店集团,为了扩大影响力,有时也会借助外部力量进行网络营销。

(1)在线预订网站是酒店最为倚重的外部网络营销力量,其实质是酒店的分销商,合作模式为酒店与分销商合作,分销商帮助酒店预订客房,酒店为此需向分销商支付佣金。

（2）即时预订网站是一种独特的开放式在线旅游及酒店预订服务网站。此类网站是酒店客房在线直销、会员在线时预订酒店的电子商务平台。

虽说在页面设计和功能设置上即时预订网站与在线预订网站分销商极为相似，用户单从表现上很难分辨出这两类网站的差异，但实际上，这两类网站的性质和经营模式截然不同。即时预订网站并不是酒店的分销商，而是酒店网络直销的技术支持者，它们会向合作酒店提供一个开放的、界面统一的互联网预订平台，并为酒店提供订房引擎。酒店可以根据自身的订房情况，在网上直接确认预订并调整相关的预订信息，这种模式变分销为直销，酒店通过网站提供的即时预订系统直接开拓自己的网上销售渠道。即时预订网站一改在线预订网站"佣金返还"的盈利模式，通过向各酒店收取年费的商业模式来运作。当前，作为酒店直销平台存在的即时预订网站代表有易休旅行网、旅之窗等。

（3）作为搜索引擎和内容发现的平台，订房及旅行产品的搜索引擎网站并不提供酒店预订服务，它们将相关信息按照用户指定的搜索条件和排列方式呈现给搜索用户，并提供直达这些信息页面的链接。用户可以通过打开搜索结果中的链接直接在相应页面进行酒店预订操作。简言之，这些搜索引擎网站主要提供机票和酒店的价格对比和查询搜索，它们根据用户的需求将酒店的最低价格和优惠直接显示给顾客，然后把用户直接引导至酒店自身的预订网站、该酒店使用的第三方预订网站或者即时预订网站。当前这类网站的代表企业是去哪儿网、搜比网。

网络的普及使酒店竞争的战场发生了转移，即从现实世界的竞争转移到虚拟世界的竞争。在这个虚拟的世界中，酒店之间的竞争更加透明、更加激烈。酒店必须借助于网络进行营销，这是信息竞争时代对酒店提出的新要求。

（二）酒店运用线上销售渠道营销的方法

1. 搜索引擎营销

搜索引擎营销是目前最主要的网站推广营销手段之一，尤其是基于自然搜索结果的搜索引擎推广。搜索引擎营销主要方法包括竞价排名、分类目录登录、搜索引擎登录、付费搜索引擎广告、关键词广告、搜索引擎优化、地址栏搜索、网站链接策略等。

2. 即时通信营销

即时通信营销又称 IM 营销，是酒店通过即时工具帮助其推广产品和品牌的一种手段，常用的情况主要有两种。第一种是网络在线交流。建立了网店

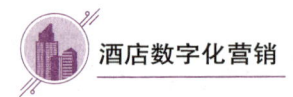

或者企业网站的酒店一般会有即时通信在线，潜在的顾客如果对产品或者服务感兴趣会主动和在线的商家联系。第二种是广告。酒店可以通过IM营销通信工具发布一些产品信息、促销信息。

3. "病毒式"营销

"病毒式"营销是一种常用的网络营销方法，常用于进行网站推广、品牌推广等。"病毒式"营销利用的是用户口碑传播原理，在互联网上，这种"口碑传播"更为方便，可以像病毒一样迅速蔓延，因此"病毒式"营销成为一种高效的信息传播方式。而且，由于这种传播是用户之间自发进行的，因此其是一种几乎不需要费用的网络营销手段。

4. BBS营销

BBS营销又称论坛营销，就是利用论坛这种网络交流平台，通过文字、图片、视频等方式传播酒店品牌、产品和服务的信息，从而让目标顾客更加深入地了解酒店的产品和服务。BBS营销就通过发布置顶帖、普通帖、连环帖、论战帖、多图帖、视频帖等，利用论坛强大的聚众能力和举办的各类活动，激发网友与酒店的互动，达到酒店品牌传播和产品销售的目的。

5. 博客营销

博客营销是通过博客网站或博客论坛接触博客作者和浏览者，利用博客作者个人的知识、兴趣和生活体验等传播酒店产品信息的营销活动。博客营销本质在于通过原创专业化内容进行知识分享争夺话语权，建立起个人品牌，树立自己"意见领袖"的身份，进而影响读者和消费者的思维和购买行为。

6. 聊天群组营销

聊天群组营销是即时通信工具的延伸，具体是利用各种即时聊天软件中的功能展开的营销，目前的群有微信群、QQ群等。聊天群组营销借用即时通信工具具有成本低、即时效果和互动效果强的特点，广为酒店采用。这种营销方式通过发布一些文字、图片等传播酒店品牌、产品和服务的信息，从而让目标顾客更加深刻地了解企业的产品和服务。

7. 网络知识性营销

网络知识性营销是利用百度的"知道""百科"或企业网站自建的疑问解答板块等平台，通过与用户之间提问与解答的方式来传播酒店企业品牌、产品和服务的信息。网络知识性营销主要是因为扩展了用户的知识层面，让用户体验企业和个人的专业技术水平和高质服务，从而对企业和个人的产生信赖和认可。

8. 网络事件营销

网络事件营销是酒店企业、组织以网络为主要传播平台，通过精心策划，实施让公众直接参与并享受乐趣的事件,并通过这样的事件达到吸引或转移公众注意力,改善、增进与公众的关系,塑造企业、组织良好形象的营销传播活动。

9. 网络口碑营销

网络口碑营销是把传统的口碑营销与网络技术有机结合起来的新营销方式,是在互联网上,通过消费者或酒店销售人员以文字、图片、视频等口碑信息与目标顾客之间而进行的互动沟通,二者就酒店的品牌、产品、服务等相关信息进行讨论,从而加深目标顾客的印象,最终达到网络营销的目的。

10. 网络直复营销

网络直复营销是指酒店通过网络,直接发展分销渠道或直接面对终端消费者销售产品的营销方式,譬如 B2C、B2B 等。网络直复营销是把传统的直销行为和网络有机结合,从而演变成了一种全新的、颠覆性的营销模式。很多中小企业因为分销成本过大和自身实力太小等,纷纷采用网络直复营销,想通过其成本小、收入高等特点达到以小博大的目的。

11. 网络视频营销

网络视频营销指的是酒店将各种视频短片以各种形式放到互联网上,达到宣传酒店品牌、产品及服务信息的目的的营销手段。网络视频广告既有感染力强、形式内容多样、创意新颖的特征,又具有互动性强、主动传播性好、传播速度快、成本低廉的优势。近些年,为做好线上销售,各知名酒店也是竞争激烈。例如,假日酒店经常利用短视频平台展示其服务和设施,通过发布有关酒店内部环境、客房、餐厅、健身房等场所的视频,向消费者展示其高品质的住宿体验;洲际酒店集团也积极参与网络视频营销,通过发布有关酒店特色、活动、品牌故事等内容的视频,吸引消费者的关注。

12. 网络图片营销

网络图片营销是酒店将设计好的、创意的图片,在各大论坛、空间、博客及即时聊天等工具上进行传播或通过搜索引擎的自动抓取,最终达到传播酒店品牌、产品、服务等信息,以实现营销的目的。

13. 网络软文营销

网络软文营销又称网络新闻营销,它是一种通过门户网站、地方或行业网站等平台传播一些具有阐述性、新闻性和宣传性的文章,包括网络新闻通稿、深度报道、案例分析等,把酒店的品牌、人物、产品、服务、活动项目等相关信息以新闻报道的方式,及时、全面、有效、经济地向社会公众广泛传播的新型营销方式。例如,阿拉伯塔酒店(又称迪拜帆船酒店)通过发布关于其独特设计、奢华体验和服务质量的软文,成功塑造了高端的品牌形象,

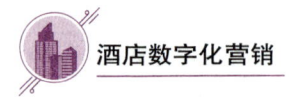

吸引了大量高端旅游市场的消费者；汉永·瑞酒店主打"轻松"的商旅体验，通过发布关于其设计理念、服务特色和顾客体验等类型的软文，成功塑造了其轻松、舒适体验的品牌形象，吸引了大量追求高品质商旅体验的消费者。

14. SNS 营销

SNS，全称 Social Networking Services，即社会性网络服务。SNS 营销是随着网络社区化而兴起的营销方式。SNS 社区在中国快速发展的时间并不长，但已经成为备受广大用户欢迎的一种网络交际模式。SNS 营销就是利用 SNS 网站的分享和共享功能，在六维理论的基础上实现的一种营销。它通过"病毒式"传播的手段，让酒店的产品、品牌、服务等信息被更多的人知道。

三、酒店线下销售渠道的建立

线下销售渠道的建立，需要酒店经营者在时间和精力上投入更多，是比较传统和固定的一种渠道形式。酒店线下渠道的建立需要从多个方面入手，综合运用多种手段，提高酒店知名度和影响力，吸引更多顾客。

（一）合作与联盟

寻找与酒店业务相关的合作伙伴，如旅行社、会议组织者、餐饮娱乐机构等，通过合作共享资源，扩大市场份额。同时，可与周边商家建立联盟，共同推广产品，实现互利共赢。例如，与乡村民宿合作，助力乡村振兴，服务"数商兴农"战略。以主要的中间商旅行社为例，在建立渠道合作关系的过程中，针对该渠道商酒店应做好以下 5 个方面工作。

1. 积极推行佣金制

在国外，旅行社被分为三类：旅游代理商（又称旅游零售商）、旅游经销商和旅游批发商。它们经销酒店产品获得的收入，主要是由酒店以佣金的形式按照销售额的一定比例提取，销售额越大，佣金越多。而在我国，旅行社主要是按其是否经营国际业务分类，且目前还没有形成规模经营的旅游批发商，大多数旅行社是直接面对顾客销售。旅行社在与酒店的利益关系上也与国际做法不同：国内旅行社一般能获得远低于门市价的批发价，很少采用佣金制，这就使酒店与旅行社利益变得对立。旅行社拼命压价，而酒店又想尽快保价，不利于双方形成融洽的合作关系。因此，与国际接轨，在国内实行佣金制已成为迫切需要，这样才能促使旅行社积极开拓市场，与酒店精诚合作，达到共赢的目的。

2. 加强信息沟通

酒店应向旅行社提供足够的、及时的信息，使之对本酒店的产品和服务，尤其是新产品有足够的了解；积极征询旅行社对产品的意见并鼓励其定期反馈需求信息，包括产品分类销售状况、顾客偏好与习惯、新的需求动向等，为升级产品和营销策略提供参考。

3. 做好接待工作

酒店提供优质的产品和服务，使顾客满意是保证与旅行社良好关系重点。在顾客住店期间为其提供优质的产品和周到的服务可以为酒店在客源市场赢得良好的口碑，也可以为酒店在与任何旅行社的合作中都赢得主动。

4. 采取激励措施

酒店可采用多种激励措施提高旅行社的积极性，如给予通过旅行社订房的顾客以更大折扣，鼓励他们通过旅行社订房；负责为旅行社司陪人员提供住宿；开展销售竞赛，对业绩好的旅行社给予额外奖励等。

5. 重视账款清算

送走旅行团不是酒店一笔业务的结束，收回账款后才能算是一个完整的过程。酒店应在扩大销售额与保证资金流转、资金安全之间找到一个平衡点，并据此制定应收账款政策。首先，酒店在选择旅行社时就应注意其规模与信誉；其次，要严格执行已制定的收账政策，加强对应收账款的考核，并利用现金折扣政策鼓励旅行社尽早付款；最后，对于已经发生的拖欠款，酒店应及时负责追回，若逾期未付，应加紧督促，必要时采取法律措施。

（二）社区营销

利用酒店周边社区资源，开展各类社区活动，如社区文化节、亲子活动等，提升酒店在社区的影响力。此外，可以与社区内的其他商家合作，共同举办活动，提高酒店知名度。

（三）地面推广活动

在酒店周边地区开展地面推广活动，如设置户外广告牌、发放宣传册、举办路演等，吸引潜在顾客关注。

（四）优化顾客体验

优化顾客体验是线下渠道建立的关键。酒店应提供高品质的服务，关注顾客需求，提升顾客满意度。同时，可以开展顾客回访、满意度调查等活动，了解顾客反馈，持续改进服务质量。

（五）建立会员制度

建立会员制度，为会员提供专属优惠和增值服务，增加顾客黏性。通过会员推荐、积分兑换等方式，扩大会员规模，提高顾客忠诚度。

专业词汇

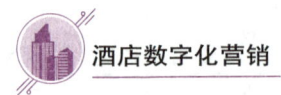

（六）建立线下预订渠道

除线上预订外，酒店还应设立线下预订渠道，如前台预订、电话预订等，方便顾客随时进行预订。

任务评价与总结表

任务实操

以小组为单位，为一家拥有 300 间客房，且提供餐饮服务的单体酒店构思一套线上与线下相结合的营销渠道方案，并考虑预算因素。

项目训练

 练一练

扫描右侧的二维码，开始做题吧。

随堂练习

项目七
认知酒店促销策略

项目导读

随着酒店业竞争的日益激烈,降价、打折等促销方式已经打动不了顾客的心,反而会降低酒店在顾客心目中的地位。如何更有效地为酒店促销,已经引起了酒店从业人员的重视和关注。通过学习本项目,学生可以掌握基本的酒店促销策略和常用的促销方法,如人员推销、广告、销售促进等,学会策划和组织简单的酒店促销活动。

酒店数字化营销

学习目标

知识目标	1. 了解酒店促销 2. 熟悉人员推销 3. 了解广告和广告媒体 4. 熟悉销售促进 5. 认知酒店公共关系
能力目标	1. 熟悉酒店各种促销策略,能够制定完整的促销方案 2. 熟悉人员推销的方式方法,掌握上门推销的技巧 3. 了解传统广告和媒体,熟悉并能灵活运用数字化媒体进行广告宣传 4. 能够制定较完善的销售促进方案 5. 认知酒店公共关系的内容和公关对象,能独立完成基本的公共关系处理
素养目标	1. 爱岗敬业,培养精益求精的工匠精神 2. 勇于创新,善于实践,培育数字化思维

思维导图

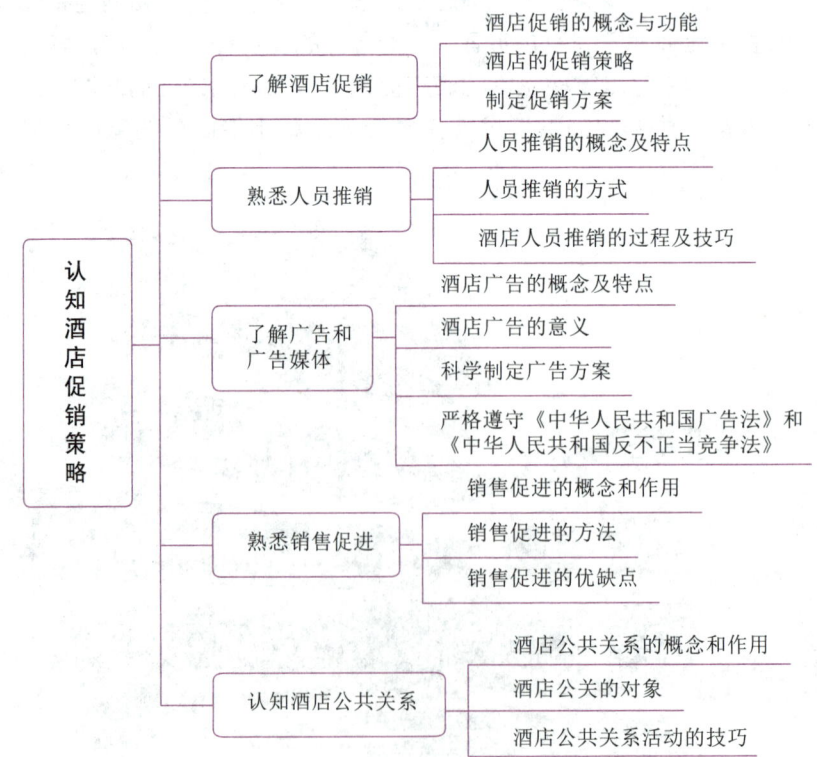

项目七 认知酒店促销策略

 ## 任务一　了解酒店促销

任务导入

在美国的一家餐厅中有一种抽签的有奖销售办法。当客人结账时,服务员会递上一顶放满小纸条的帽子,请客人抽取一张纸条,看看能抽到什么。有些顾客抽到的可能是"你今天的饮料是免费的";有些可能是"下次带一位客人来,两人只收一份钱";或者"你今天的甜点是免费的";等等。突如其来的奖励往往会使客人欣喜若狂,并且感到非常有趣。

试思考:

类似的案例在酒店运营中也很常见,其基本出发点是以让利的方式来吸引和留住顾客。你还能列举一些酒店促销的案例吗?

任务知识

一、酒店促销的概念与功能

（一）酒店促销的概念

酒店促销是酒店市场营销的重要手段之一,旨在通过各种策略和活动,吸引和刺激目标顾客群的消费欲望,进而促进酒店产品的销售。从本质上来讲,酒店促销实际上就是酒店与顾客之间信息沟通的过程。

酒店促销策略是酒店营销策略组合中重要的组成部分,其目的在于扩大酒店在公众和目标市场中的声誉和影响,促进酒店产品销售。酒店促销主要包括人员推销、销售促进、广告和公共关系4种常用手段,有效的酒店促销策略就是这4种手段的多元化整合。

（二）酒店促销的功能

良好的促销活动不仅能够帮助酒店在竞争激烈的市场中脱颖而出,还能够增强酒店的品牌形象,培养顾客忠诚度。酒店促销的功能主要体现在以下几个方面。第一,传播信息。通过酒店促销活动使顾客了解酒店产品与服务的有关信息。第二,刺激需求。通过促销活动加深消费者对相关酒店产品的

认知，激发消费者的消费欲望，促进酒店产品销售。第三，强化竞争优势。酒店促销通过强化酒店产品差异化信息的传播，加深顾客对酒店产品的差异化认知。第四，树立良好的企业形象。在增加产品销量的同时，树立酒店品牌和产品在消费者心目中的良好形象，从而为酒店的长远发展创造有利条件。

二、酒店的促销策略

酒店的促销策略是指酒店针对目标顾客群的消费习惯，通过一系列活动，帮助顾客识别酒店产品和服务所带给购买者的利益，从而引起顾客的兴趣，激发其购买欲望的措施。酒店的促销策略有很多，结合酒店产品的特点可以分为两类：一是直接促销，即将产品向市场推广，通过各种手段将产品信息传递到顾客面前，强化顾客对酒店和酒店产品的认知；二是间接促销，即强调产品沿着分销渠道垂直向下推销，以中间商为主要促销对象，再由中间商转售给最终消费者。

（一）直接促销策略

1. 折扣促销

通过降低产品或服务的价格来吸引顾客消费。在酒店行业中，常见的折扣促销策略包括季节性打折、特定时间段内预订给予折扣、会员优惠等。

2. 礼品赠送

通过给予顾客小礼品来激励消费和增加顾客黏性。酒店可以选择在特定的节日或活动期间赠送礼品，也可以通过积分或消费累积方式让顾客兑换礼品。

3. 广告促销

广告促销是指利用信息展示的方式让顾客了解酒店和酒店产品及活动，从而促进购买的一种行为。具体来说，它运用各种手段和方式，将酒店的定位和经营理念、产品特点及能带给顾客的利益等传递给顾客，增强顾客对酒店的认知，激发其消费欲望，从而达到广告目的。广告可以在报纸杂志、户内外广告牌、互联网等多种渠道进行投放，这需要充分考虑酒店目标顾客群的信息获取方式。

4. 人员促销

人员促销是酒店营销人员直接与顾客接触、洽谈、宣传介绍酒店和酒店产品，以实现销售目的的活动。这是促销策略中的重点，通过人员促销，与目标顾客建立联系，签订优惠协议及推销酒店会员卡等产品和服务，提高酒店的市场份额。

项目七　认知酒店促销策略

5. 网站优化

在网站上提供全面而直观的酒店介绍、产品图片和设施信息，并为顾客开通在线预订和在线付款功能。同时，优化网站的用户界面和导航结构，提供快速加载和响应的网站体验。

6. 社交媒体

在各大社交媒体平台上开设账号，与顾客建立联系，分享酒店的最新动态和优惠活动。还可以与 KOL（网红、博主、达人等）进行合作宣传，提高酒店知名度。

7. 电子邮件

通过电子邮件将最新的产品和优惠信息发送给顾客，吸引顾客再次预订或推荐给朋友。为了提升宣传效果，可以根据顾客的偏好和历史预订记录进行个性化的营销和推广。

8. 服务营销

酒店员工的服务态度和质量也直接影响客户的满意度和忠诚度，因此，提升酒店员工的服务水平也是促销的重要一环。

这些策略可以根据酒店的实际情况和市场环境进行灵活组合和应用，以达到最佳促销效果。同时，酒店应重视顾客体验和服务质量，不断提升客户满意度和忠诚度，从而形成良好的口碑和品牌形象。

（二）间接促销策略

1. 与 OTA 平台合作

酒店可以与携程、去哪儿、飞猪、美团等 OTA 平台合作，通过它们进行客房、餐饮和其他产品的销售。这种方式可以帮助酒店提高曝光率，吸引更多潜在客户。

2. 与旅行社合作

旅行社是酒店的重要合作伙伴之一，他们可以为酒店提供稳定的客源。酒店可以与旅行社签订合作协议，为旅行团提供优惠的住宿和餐饮服务，从而增加酒店的入住率和收入。

3. 与航空公司合作

航空公司与酒店合作是一种常见的促销方式，比如推出"机票＋酒店"的打包优惠，为乘客提供便捷的住宿服务。这种方式既可以增加酒店的知名度，也可以为酒店带来更多的客源。

4. 与会员俱乐部合作

酒店可以与一些会员俱乐部或高端会所合作，为他们的会员提供专属优惠和特权，通过这种方式吸引更多的高端客户，提高酒店的品牌形象。

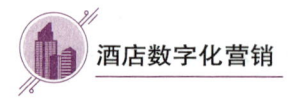

5. 通过合作伙伴进行推广

酒店可以与当地的企业、机构或社区组织建立合作关系，通过他们的渠道进行推广。例如，酒店可以与当地的会展中心合作，为参加会展的客人提供住宿优惠；或者与当地的旅游景点合作，为游客提供住宿和景点门票的打包优惠等。

6. 与会务公司合作

当前政府机关和企事业单位的会务活动多采用会务外包的形式，酒店与会务公司签订合作协议，能够给酒店带来稳定的客源，同时增加其他客源消费。

通过这些间接促销渠道，酒店可以扩大市场覆盖范围，提高品牌知名度和影响力，吸引更多潜在客户并提升销售业绩。同时，酒店也需要根据自身的定位和市场需求，选择合适的合作伙伴和促销方式，以达到最佳的营销效果。

三、制定促销方案

制定促销方案是一个系统性的过程，需要综合考虑多方面因素以确保活动成功。以下是一些关键的步骤和考虑因素。

1. 确定促销目的

明确促销活动的具体目标，比如提升酒店知名度、增加销售额、吸引新客户或留住老客户等。

2. 确定目标顾客群

了解目标顾客的需求和偏好，分析其更关注价格优惠还是增值服务，这有助于酒店制定更有针对性的促销策略。

3. 设计活动内容

根据目标顾客群的特征，设计具有吸引力的活动内容。明确活动主题，选择合适的促销方式，如限时折扣、赠品、抽奖、满减优惠、积分兑换等。确保活动内容具有独特性和创新性，与竞争对手形成差异化。

4. 选择合适的促销时机

选择合适的时机进行促销活动，比如节假日、酒店经营淡季或特殊事件时期等。

5. 选择促销渠道

根据目标顾客的行为习惯，选择合适的促销渠道。可综合利用社交媒体、酒店内外广告、电子邮件、短信营销及OTA平台等多种渠道，扩大活动覆盖面和参与度。

6. 确定促销预算

根据促销目标和活动规模，制定合理的预算方案。预算应包括广告投放、赠品采购、人员费用等各项支出，确保活动在可控成本内顺利进行。

7. 评估和调整

在活动进行过程中，密切关注活动效果，重点关注促销措施的吸引力、渠道转化率和顾客反馈，通过数据分析评估活动成效。根据评估结果及时调整促销策略，优化活动方案。

任务评价与总结表

任务实操

任意选取 3 家五星级酒店，登录其官方网站，了解该酒店网站的运用情况（表 7-1）。

表 7-1　酒店网站运用情况

酒店名称	网站页面设置	功能模块	顾客互动	备注

 任务二　熟悉人员推销

任务导入

小张是某酒店营销部的一名销售经理。根据酒店的工作安排，近期她要对负责区域内的重点客户进行拜访。由于市场竞争激烈，客户选择范围较大，为此，小张需要制定详细的人员促销策略来吸引和留住客户。对此，你有好的建议给小张吗？

任务知识

一、人员推销的概念及特点

（一）人员推销的概念

人员推销是指企业通过派出销售人员或委托推销人员向一个或一个以上潜在购买者介绍、推广、宣传产品，以促成销售，促进和扩大销售的商业活动。

人员推销是一项专业性和技术性都很强的工作，它要求推销人员具备良好的政治素质、业务素质和心理素质，以及吃苦耐劳、坚韧不拔的工作精神和毅力。人员推销不仅是销售产品的过程，也是帮助顾客购买产品的过程。为了进行有效的推销，推销人员需要了解顾客的购买需求，并将推销工作视为顾客购买决策的延伸。

人员推销的形式多样，包括面对面交流、电话沟通（图7-1）、信函或邮件联系等。对于酒店行业而言，推销人员的职责除完成销售目标外，还应及时发现顾客需求、开拓新市场，并肩负着酒店的对外宣传任务。

图7-1 电话沟通形式的人员推销

（二）人员推销的优缺点（表7-2）

表7-2 人员推销的优缺点

优点	缺点
灵活性高 面对面的互动能帮助建立友好关系，可有针对性地调整推销策略，及时解决顾客的疑虑	**单位接触成本高** 单次沟通成本显著高于其他促销方式

项目七　认知酒店促销策略

续表

优点	缺点
精准性强 可筛选高潜力顾客，提供定制化服务和产品推荐	**覆盖范围有限** 需逐一拜访客户，地理覆盖和顾客触达量受限
流程完整 涵盖从顾客开发到售后跟踪的全流程闭环管理	**依赖人员素质** 销售效果直接受限于销售人员的业务能力与素质
深化关系 可建立长期信任的关系，兼具公关属性	**顾客接受度有差异** 部分顾客对推销行为存在抵触心理
—	**时间成本高** 销售周期较长，难以快速转化
—	**有地理局限性** 受区域限制，难以覆盖更广泛的市场

二、人员推销的方式

（一）派员推销

派员推销是指酒店推销员在确定了拜访对象、了解了顾客的基本情况和可能产生的需求之后，携带酒店产品的介绍、宣传册等走访顾客，并与之当面洽谈，回答顾客的各种问题，最后在双方都能接受的条件下达成交易。这种方式需要推销员主动出击，因此要求推销员不仅要有较强的积极性，同时还要想方设法消除顾客可能存在的疑虑，与顾客建立良好的人际关系。

（二）营业推销

营业推销是指酒店推销员在顾客消费酒店产品、进店参观或洽谈业务时进行的推销。一方面，顾客的消费过程就是酒店从业人员的推销过程，因此需要树立全员营销的观念。另一方面，顾客来酒店参观或者洽谈业务时，往往是准备购买该酒店的产品和服务的，如果推销员能够做好销售服务工作，可以较少的费用做成一大笔生意。因此，推销员必须以热情、友好的态度迎接这部分潜在顾客，满足他们的各种合理要求，不失时机地向他们推销本企业的产品和服务，设法使其产生购买行为。这种推销方式因推销员面对外来顾客进行推销，顾客有急切获得有关酒店产品和服务的愿望，防御心理较弱，所以推销工作较易成功。

(三)电话推销

电话推销是指推销员通过打电话的方式对顾客进行推销或者推销员接到顾客的咨询电话时进行的推销。

与其他推销方式相比,电话推销具有时间短、成本低的优势。推销人员应充分利用电话的高效性,提升销售成功率。

知识链接 7-1
电话推销技巧

(四)会议推销

会议推销是指政府机关、行业协会、旅游企业或旅游目的地通过组织和参加各种旅游交易会、旅游展览会、旅游洽谈会或新品发布会等会展活动,向与会者介绍和宣传本企业为顾客提供的主要产品和服务。这些会议的参加人员都有可能成为本酒店的潜在顾客,通过这种方式进行推销接触的目标顾客较多,且省时省力,不但有机会吸引更多的顾客,而且有利于扩大企业的影响力。

三、酒店人员推销的过程及技巧

(一)推销前的准备

人员推销前的准备工作是否充分对于推销活动的成功至关重要。

(1)了解产品与服务。推销人员需深入研究和了解所推销的产品或服务的所有细节,包括产品特点、优势及可能的竞争对手情况;掌握产品的定价策略,以及不同产品的组合和配套方案等。

(2)筛选目标顾客。由于时间和精力有限,推销人员无法覆盖所有潜在顾客。应根据酒店的经营状况和客源结构,筛选出高潜力目标顾客,并按照优先级排序,选定需要拜访的目标顾客。

(3)分析目标顾客情况。研究目标顾客的基本情况、需求及购买行为,以及被拜访人的基本情况,做到有的放矢,以便能更精准地满足他们的需求。

(4)制定推销策略。根据目标顾客的特点和需求,制定合适的推销策略,包括开场白、产品介绍、处理异议及促成交易的技巧。同时准备好相关资料,如酒店宣传册、价目表、产品组合方案、预订单等。

(5)注重个人形象与资料准备。确保个人形象整洁、专业,穿着符合行业和公司标准。准备齐全的推销资料,如名片、合同样本等,并确保这些资料整洁有序,便于随时取用。

(6)预约与安排。在拜访前,应与顾客预约,确定会面时间和地点,确保双方有充足的时间进行深入的交流。提前规划好交通路线,避免因迟到影响在顾客心目中的印象。

(二)拜访客户

确定拜访客户的时间、方法,做好谈话提纲,确定销售的方式。拜访过程如下:首先,问好。对老客户问好后顺便提及以前交往的印象如何,有何建议;对新客户,先自我介绍,态度热情,诚恳大方,彬彬有礼,递上名片。然后,礼貌和技巧性地客套问话:"打扰您了。"或"没打扰您吧?""能占用您几分钟时间吗?"让对方有所准备,不致反感或回避访问。最后,开门见山,说明来意。对老客户,首先感谢上次预订或客人的支持,顺便递上酒店新产品或服务的介绍资料,征求改进意见;对新客户,应送上酒店详细的介绍资料,要察言观色,揣摩对方心理,赢得对方的好感,引起对方的兴趣,介绍酒店产品和服务,包括优惠及折扣,争取客人对预订的明确答复,随之抓紧时间签约,向客人道谢。推销员在洽谈时不可操之过急,不能让对方产生一种你来推销的印象。特别是针对潜在的客户,必要时可以聊聊双方关心的问题或感兴趣的话题,密切双方的关系,拉近距离。

推销员在销售时说话不能迟疑不决或是吞吞吐吐,否则会影响对方对你的信任度。销售时不要采取强迫的推销方式,要让潜在的客人愿意自己购买,而不是被动地购买。

客人对酒店产品或服务有抱怨、投诉时,要虚心接受,表示歉意,并表示下次一定让客人满意。不要辩解,不要解释,即使你没有错,或错在客人。处理得当就缓解了矛盾,平息了对方的怨气,争取了再次预订的机会。

(三)拜访后的工作

拜访活动结束后,立即填好记录卡,对预订的情况立刻向有关部门如前台部、客房部、餐饮部、宴会部等通报,做好接待安排计划,对贵宾要填贵宾卡,拟订接待规格。对客人的多种要求,要尽量满足。对客人的投诉,要记录在案,并尽快处理,将书面材料送达相关部门或领导。

(四)销售技巧

推销员要明白自己不是在向顾客销售房间或餐厅,而是在向顾客提供一段愉快的消费经历。对于报价,根据不同的顾客,可采取不同的报价策略,更应凸显顾客能获得什么,而不是酒店能获得什么。例如,报价时可以先报基本房价,再加服务费、税额,不要只报总价,给人以价格太高或价格不合理的感觉;也可采用"三明治"报价法,即每项服务逐一报价,而不是先报总价。

对于不同的客房要说明其优点和缺点,不要掩盖缺点,更不要欺骗客人。但缺点要一带而过,详细地说明其优点和特点。例如,套房要强调豪华舒适,便于社交或商务活动,有气派;靠近走道或电梯的客房强调进出方便;无窗的客房强调安静和安全等。

推销附加服务。客人白天入住时,推销员可以向其介绍康乐中心的服务项目、美容厅、桑拿浴及餐饮服务;客人夜间入住时,推销员可以介绍房间送餐服务、娱乐服务项目、餐饮特色项目等。

争取到每位客人。要尽量向客人提供信息,便于客人选择。详细介绍酒店的产品和服务,陪同客人参观房间、营业场所和各种服务设施,让客人身临其境,深刻地感受才便于选择。对摇摆不定、缺乏主见的客人要耐心介绍,实事求是地提供信息,帮助对方决策;对于有主见的客人,介绍完毕后让他自己考虑并作出决定。

任务评价与总结表

向客人销售时,要察言观色,要看销售对象,根据客人的需求来介绍。生动地描述酒店产品的优点,以及能够给予客人的方便和利益,还有附加的心理方面的满足感,会取得较好的效果。

在销售中,要避免讲"我不知道,让我查一查",那样会让客人感到你业务不熟。要尽快记住客人的名字,称呼其名字,使其感到亲切。同时也要努力让顾客记住你的名字。

任务实操

观看威尔·史密斯主演的电影《当幸福来敲门》,并从人员推销的角度写一篇不少于500字的观后感。

任务三 了解广告和广告媒体

任务导入

某酒店是一家位于历史文化名城中的五星级酒店,拥有古色古香风格的建筑、宽敞舒适的客房、设施一流的宴会厅和精致美味的餐饮,致力于为顾客提供独一无二的奢华体验。为了提升酒店的知名度和美誉度,该酒店准备进行主题为"悦享奢华,梦回古韵——某酒店独家体验"的广告宣传活动。请问你有什么好的建议吗?

> 任务知识

一、酒店广告的概念及特点

酒店广告是指酒店企业通过付费形式，利用大众传播媒介（如电视、广播、报纸、杂志、户外广告、数字化媒体等）向目标市场的公众传递酒店或产品信息，塑造品牌形象，影响顾客购买行为，从而促进销售的促销方式。

作为酒店促销组合中的重要手段，广告的作用具有长期性和潜移默化的特点。与其他促销方式相比，酒店广告具有以下鲜明的特点。

1. 覆盖面广

广告能够突破时间和空间的限制，将酒店产品或服务的信息传递给广泛的目标受众。即使在没有推销人员直接接触的情况下，广告也能深入生活的各个角落，触达潜在顾客。

2. 高度公开性

广告是一种高度公开的信息沟通方式，这种公开性能够增强顾客对酒店产品或服务的信任感，减少购买时的疑虑。

3. 属于间接传播方式

广告这种方式通过各种不同的中间媒介传播酒店及其产品的各种信息，酒店和目标受众并不直接接触。

4. 较强的表现力和吸引力

广告充分运用了声音、色彩、影像等生动的艺术手法，在视觉和听觉上给目标受众带来强烈冲击，从而增强信息的吸引力和感染力。

5. 广告效果的滞后性

广告的效果并不是立竿见影的，它往往需要一定时间的积累才能显现。从一定意义上讲，广告不具备即时性的特点。

需要注意的是，传统广告形式常见于酒店品牌或酒店管理集团，单体酒店由于预算限制，较少采用。

随着数字化技术的发展，酒店广告传播的渠道更加多样化，以下是一些主要的数字化广告形式。

（1）社交媒体传播。社交媒体是数字化促销的重要平台。酒店可以通过微博、微信、抖音、快手等社交平台发布最新动态、优惠活动和客户评价，与顾客实时互动。此外，与旅游博主、网红合作，利用其影响力扩大品牌曝光度，也是一种有效的策略。

（2）搜索引擎优化（SEO）。SEO 也是提升酒店在线可见度的重要手段。通过优化酒店网站的关键词、内容和结构，可以提高在搜索引擎中的排名，从而增加网站流量和潜在客户。

（3）与 OTA 平台合作。酒店可以通过与携程、去哪儿、美团、猫途鹰、飞猪等 OTA 平台合作，增加产品销量和信息曝光度。

（4）提升网站和 App 用户体验。通过优化酒店网站和 App 的设计，确保页面简洁、操作便捷，并提供多语言支持，以满足不同消费者的需求。同时，利用大数据技术分析用户行为，个性化推送优惠信息和服务，进一步提升营销效果。

二、酒店广告的意义

在酒店产品日益标准化的今天，相似性作为标准化的衍生物，已经使其个性几乎消失。如何凸显酒店的特色，如何使消费者选择适合自己的酒店，如何使酒店与消费者在"第一次亲密接触"之前能够有良好的沟通，从而使酒店的需求曲线上移，就是酒店广告所要完成的任务。

（一）广告对消费者的意义

广告是帮助消费者获得信息，减少风险的有效途径。由于接受服务的感受滞后于认知，消费者的购买行为充满了对产品功能和心理上、经济上的风险。避免风险的途径有 3 种，分别是：降低对产品或服务的要求；经常购买同类产品或服务；获得广泛的信息。3 种途径中，只有第 3 种是不以牺牲消费者的利益为代价的。因此，广告中关于酒店及其产品、服务和品牌的信息有助于消费者做最优的选择和决策。

广告是消费者学习消费经验的途径。经验无疑是消费者最好的决策因素。经验曲线告诉我们：单位产品的价格随消费数量的增加而减少。即经验的获得可以提高产品的性能价格比。但是经验的积累却需要付出巨大的时间和精力，甚至以不愉快的记忆为代价。对事先没有经验可借鉴的消费者而言，广告可以提供给他们经验使他们获得帮助。

（二）广告对酒店的意义

酒店广告是通过购买某种传播媒介的时间、空间或版面来向目标消费者或公众进行宣传或促销的一种手段。酒店广告对酒店的意义体现在以下几个方面。为酒店或酒店集团及产品树立形象，刺激潜在的消费者产生购买动机和行为。在影响购买决策方面，消费者的知觉具有十分强大的威力。但是人们的知觉并不一定基于真实。广告则是企业校正和引导消费者知觉的一个有力工具。

三、科学制定广告方案

（一）明确广告目标

广告目标是指在一个特定时期内，对于某个特定的目标受众所要完成的特定传播任务和所要达到的沟通程度。广告目标可分为通知、说服和提醒。

微课 7-1
科学制定广告方案

（1）通知型广告主要用于产品的开拓阶段，其目的在于引导初级需求，如开业广告；也可以用来产生即时反响，例如通知市场有关酒店新增添产品和服务的信息、价格的变化；还可以纠正消费者错误的印象；树立酒店的企业形象；缩短消费者和酒店之间的距离等。通知型广告以短期效应为目标，多用于促销。

（2）说服型广告在竞争阶段十分重要。目的是向一个特定的细分市场宣传酒店的优势或某一项产品，以中期效应为目标。这类广告既可以为酒店塑造形象或突出格调，也可以用来对整修过的酒店进行重新定位。它通过表现酒店的特色和优势，说明能比竞争对手提供更多物有所值的产品与服务。

（3）提醒型广告在产品的成熟期十分重要，目的是保持顾客对该产品的记忆，从而使消费者在需要的时候，关于这个酒店的信息便能在脑海中出现；或者，即使在淡季，也能促使消费者记住它，以保持最高的知名度。

通常，企业要确定广告目标，需要经过详细的市场调查，包括市场机会分析、消费者心理和行为分析、产品和服务分析等。

（二）做好广告预算

确定了广告目标后，酒店可以着手制定广告预算。常用的酒店广告预算的方法有以下 3 种。

（1）量力支出法。酒店根据自己的实际情况，确定达成每笔预期的销售所能承受的支出；估计销售数量，再将二者相乘即形成预算。

（2）按需支出法。选择目标市场，估计它所拥有的潜在消费者数量；预计广告可能带来的货币收益；确定能影响市场的媒体；估计需要传递的信息次数；根据实现沟通目标所需要的金额估算计划成本，形成预算。

（3）按比例支出法。从酒店预期的年度总收入中拨出一定比例的资金用于广告，形成预算。这笔钱分为两部分：形象或定位广告、促销支持及直接的广告活动。这种方式中用到的资金比例可以依据行业的平均数来决定。大型酒店从总收入中拨出用于广告的经费比例较高，因为可以由许多家酒店分担，如洲际酒店、喜来登酒店、希尔顿酒店集团、凯悦酒店集团都是如此。单个酒店做出大笔的广告预算是不合理的，尽管他们可能更需要多宣传以增进公众了解。为解决这一问题，许多单个酒店组成一个营销群体，联合做广告。

（三）传递真实可靠、打动人心的信息

广告需要突出的竞争优势，可以是别人没有的价格、产品或服务，也可以是酒店所特有的氛围，以此满足消费者希望获得的理性的、感性的、社会的、自我满足的回报。例如，告知消费者："您将入住的是一家四星级标准的商务酒店（理性的）；您将感受到家的温暖（感性的）；我们为您提供最好的绿色服务（社会的）；作为正在为事业而拼搏的人，您值得拥有（自我满足）。""广告信息优先于广告设计"，反映的就是这个道理。

广告信息既应具有愿望性，即说明人们所期待的或感兴趣的事；又应具有独占性，即说明该品牌有别于其他品牌的特色；此外，广告所传递出的信息还应是真实、可信的。

（四）选择适当的媒介

广告只有在被消费者看到、听到并对其心理产生影响时才能发挥作用。在选择媒介时最应关注的就是广告如何尽可能地被人们看见和听见。

酒店业常用的广告媒介有印刷媒体、广播、电视、互联网、户外和交通运输场所招贴画、灯箱、展览会等。选用什么样的媒体最恰当、最有效率是由信息的意图、要传递的信息类型和要传达的市场所决定的。

知识链接 7-2
常用广告媒介的特点

事实上，没有哪种媒介与某家酒店的广告目标细分市场丝丝入扣，因而酒店通常会使用多种媒介整合，以均衡覆盖各消费群体。酒店在选择广告媒介时首先要明确目标市场获取信息的渠道和方式，如此才能做到有的放矢。

（五）合理评价广告效果

虽然广告与销售量之间的关系非常紧密，密集的广告通常会带来销售量的提升，但仍然需要对广告的效果进行衡量。优良的广告策略和管理离不开对广告效果的衡量。这既可以作为对即将进行的广告效果的预测，又可以作为对已进行的广告的总结，还可以作为对今后营销计划的借鉴。以下是几种常用的衡量方法。

知识链接 7-3
常见的互联网广告形式及特点

（1）反馈测量法。如果一则广告的设计是要让受众提出索要信息的要求，或是提供了咨询或预订电话，酒店就可能精确地对照成本对反馈结果进行量化。在实际操作中，酒店多通过发放折扣券来吸引顾客消费，以此来衡量广告

拓展阅读 7-1
可口可乐的广告营销理念

是否到位。

（2）沟通效果的市场调查测量法。对于重要的广告活动，可以分别在活动前后对目标客户进行访谈式抽样调查，以此来评估记忆程度和态度的变化。例如，可以就近调查来酒店入住或用餐的客人是如何知道本酒店的。如果是受广告内容的影响，则请他们复述广告的主要内容。

（3）沟通效果的预先测试。如果广告活动的规模较大，值得花钱预先对沟通效果进行测试，通常可以先在目标受众中对3~4个替代性的广告创意进行抽样调查，以评价它们所引起的反应。

拓展阅读 7-2
《中华人民共和国
广告法》

四、严格遵守《中华人民共和国广告法》和《中华人民共和国反不正当竞争法》

在广告活动中要杜绝虚假宣传，不得使用虚假或者引人误解的内容，如使用过度修图的房间、设施或菜品照片等。广告宣传遵循当地的公序良俗规范，严格遵守《中华人民共和国广告法》与《中华人民共和国反不正当竞争法》，不得损害其他企业的利益。

拓展阅读 7-3
《中华人民共和国反
不正当竞争法》

任务评价与总结表

任务实操

选取至少两家酒店，分析其广告相关内容（表 7-3）。

表 7-3　酒店广告内容分析

企业名称	广告目的	广告主题	具体措施	广告目标	广告媒介选择

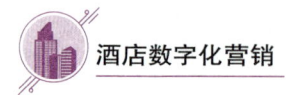

任务四 熟悉销售促进

任务导入

某酒店目标顾客群以五六十岁的政务、商务客人为主，经过对目标顾客群的认真分析后，准备举办以"过年菜——回味童年的味道"为主题的美食节活动，并采取了一系列的促销措施。

试思考：

如果你是餐饮部经理，你将如何开展此次活动？

任务知识

一、销售促进的概念和作用

销售促进又称"营业推广"，是指企业运用各种短期诱因激励消费者（或中间商）购买产品和服务的促销活动。销售促进旨在刺激消费者购买产品或服务，从而增加销售额，进而提升企业知名度。常见的销售促进形式包括折扣、赠品、抽奖、优惠券等。尽管销售促进在长期效果上可能不如广告显著，但在短期内往往能更直接地推动销售增长。销售促进的作用主要体现在以下6个方面。

（1）快速增加销售量。销售促进通过提供折扣、赠品、优惠券等激励措施，能够迅速吸引消费者的注意，激发其购买欲望，从而实现短期内销售量的快速增长。

（2）吸引新顾客。销售促进活动能够吸引那些原本对产品或服务不熟悉的潜在顾客，让他们有机会尝试并了解酒店的产品或服务，从而转化为新顾客。

（3）增加顾客的复购率。通过提供优质服务、会员优惠、积分兑换等手段，销售促进能够增强顾客的忠诚度，促进重复购买和口碑传播。例如，某些酒店推出"入住累计一定次数后可享优惠"的活动，有效提升了顾客的复购率。

项目七 认知酒店促销策略

（4）应对竞争对手。在激烈的市场竞争中，销售促进是一种有效的竞争手段，能够帮助酒店应对竞争对手的挑战，维持或提升市场份额。

（5）收集市场信息。通过销售促进活动，酒店可以收集到大量的市场信息，如消费者的购买偏好、需求变化，以及竞争对手的营销策略等，为酒店的市场决策提供有力支持。

（6）加强渠道合作。销售促进不仅针对消费者，还可以针对中间商和销售人员。通过提供渠道折扣、销售奖励等措施，酒店能够激励合作伙伴和销售人员更积极地推广产品。

二、销售促进的方法

销售促进活动通常针对三类对象展开，即顾客、中间商和推销人员。

（1）对顾客。可以采用新产品优惠、会员积分、降价销售、折扣或优惠、隐性降价、附赠产品、免费礼品、竞赛、常客通行证方案、抽奖等措施。

案例 7-1

对顾客销售促进的典型案例

1. 限时促销。在特定时间内提供优惠条件，如限时折扣、秒杀活动等。例如，酒店可以在晚上 10 点后将客房以 5 折销售。需注意为避免顾客产生"等待更低折扣"的心理，此类促销应仅限于入住率较低的房型，并根据实际情况设定截止日期。截止日期和入住率的标准由酒店根据实际情况决定。

2. 折扣或优惠。通过给予顾客折扣、满减等方式吸引顾客购买产品或服务。具体如下：

①特价房。例如，标准间 98 元，双人间 128 元。特价房应该是酒店根据之前一段时间的客房销售情况，对某些总体入住率较低的房型进行低价销售的一种方式。此种方式不限时段，起始终止时间由酒店自由确定。

②超级团购价。例如，买 10 送 1，凡当日一次性同时入住 11 间客房，可减免 1 间价格最低的客房房费。适用于团队客户。

③延时促销。例如，连续入住 4 晚，可免费 1 晚。适用于同房型续住，续住不同房型房费多退少补。

④提前预购价。例如，提前 2 个月预订某房型并即时确认，可享受 5 折优惠。此种促销手段要求提前预订的时间相隔较长，适用于淡季促销，

且限定某些房型，对付款或确认入住也有要求。

⑤常客升级体验价。例如，在3个月内住宿达到6次，第7次入住时可免费升级房型。此种促销方式旨在提高顾客忠诚度，建议以入住的次数而不是入住天数为标准。而升级的程度，也可根据酒店根据当日酒店客房入住情况灵活处理。

3. 热点事件促销。结合社会热点事件开展促销活动，吸引顾客参与，提高销售量。这种方法可以激发顾客的参与热情，增加顾客与品牌的互动，提高品牌知名度。例如，高考期间考生凭准考证入住酒店可享受8折优惠。此类促销需抓住热点时效性，如高考、明星演唱会、体育赛事等，故只能短期使用。

4. 合作促销。与其他企业合作推出促销活动。合作促销可以扩大销售范围，提高品牌知名度，同时也可以降低促销成本。例如，入住酒店的顾客凡持招商银行信用卡结账可享9折优惠。合作促销可长期使用，适合强强联合、资源共享。

5. 限量促销。通过限制供应数量创造稀缺性，激发顾客购买欲望。例如，每日限量10间标准间为"百元特价房"，且只能预订1晚，先确认购买先得。此类促销短期内广告效应显著，但需控制房间数量以保证酒店收益。

（2）对中间商。可以采取提供额外佣金和超额奖励，组织抽奖、竞赛活动，赠送免费礼品，举办社交聚会或招待会等促销方式。

（3）对推销人员。提供提成、奖金等激励，赠送礼品或旅行奖励，组织抽奖活动，等等。

三、销售促进的优缺点（表7-4）

表7-4 销售促进的优缺点的内容

优点	缺点
短期效果显著 通过折扣、赠品等刺激顾客即时购买，实现批量销售	**长期效果有限** 活动结束后销量易回落，长期单独使用可能影响品牌形象
形式多样 可通过多样化促销形式以匹配不同市场需求	**顾客忠诚度不足** 能吸引竞争对手顾客，但难以建立持久关系。顾客易随竞争对手的促销活动转移

项目七　认知酒店促销策略

续表

优点	缺点
针对性强 针对特定产品、客群或渠道设计促销方案	—
反馈及时 短期激励措施（如限时赠券）能快速验证市场反应	—
品牌吸引力提升 创意促销活动能增强产品竞争力与顾客购买意愿	—
具备需求调节能力 能灵活应对市场波动，尤其在淡季可有效提升客流量	—

任务实操

选取两家酒店，分析其销售促进案例（表 7-5）。

任务评价与总结表

表 7-5　酒店销售促进案例分析

企业名称	促销目的（背景）	具体措施	备注

任务五　认知酒店公共关系

任务导入

某酒店坐落于一大型小区的沿街位置，因餐厅其排烟系统问题，多次被小区居民投诉，甚至一度发展到小区居民堵门影响酒店正常经营的程度。

试思考：

面对这种情况，如果你是酒店经理该怎么办？

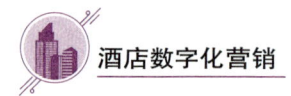

任务知识

一、酒店公共关系的概念和作用

(一) 酒店公共关系的概念

酒店公共关系是指酒店为与其内外部公众建立并维护良好关系而开展的一系列系统性活动。这些活动旨在改善酒店与公众的关系，增进公众对酒店的认识、理解与支持，树立酒店良好形象，从而促进酒店产品与服务的销售。

从传播学视角来看，酒店公共关系是一种战略性传播活动。酒店通过系统性的协调、沟通与传播等手段，营造良好的社会关系环境。

从管理学维度来看，酒店公共关系是一项重要的管理职能。酒店通过运用公关调查、公关咨询、公关宣传、公关交际、公关服务及各种公关专题活动等，与相关公众建立双向沟通机制，以增进公众对酒店的了解和信任，从而赢得公众的广泛支持。

(二) 公共关系对酒店的作用

（1）良好的公共关系有助于酒店及时了解酒店形象的舆论和信息。在经营活动中，酒店与公众之间经常会发生矛盾。这些矛盾如认识上的差异、利益上的冲突、信息沟通上的障碍等，对酒店的经营管理会产生不利影响。酒店公共关系工作就是要认识矛盾，分析矛盾，找出解决矛盾的方法。

（2）良好的公共关系有助于传播酒店品牌的良好形象。通过公关、宣传，让公众了解酒店，对酒店的产品、服务、经营理念、价值观等产生认同，对酒店产生深刻印象，为酒店发展奠定扎实的基础。公共关系还是提高酒店品牌知名度的重要手段。

（3）良好的公共关系能使酒店产生巨大的竞争力和吸引力，从而更有资本塑造酒店形象。酒店竞争取胜的手段之一就是通过公共关系增加酒店的吸引力，获得更多的经济收入，树立更好的形象，由此形成良性循环。

（4）良好的公共关系有助于化解酒店危机，维护酒店和酒店品牌的社会声誉和良好形象，在这种情况下采取的公共关系措施称为危机公关。

二、酒店公关的对象

酒店公共关系的主要对象是"公众"，它包括内部公众和外部公众两方面。因此，内部关系和外部关系构成了酒店公共关系的主要内容。内部关系主要是指内部成员关系，它是酒店搞好一切工作的基础；外部关系包括宾客关系、媒介关系、政府关系、社区关系、名流关系等。这些关系的处理直接影响酒店的发展。因此，现代酒店的管理者必须通过扎实有效的公关工作，为酒店发展营造积极和谐的内外部环境。

（一）酒店的内部公关活动

一家酒店的存在价值和整体形象在取得社会的认可之前，首先需要得到内部成员的认可。因此，良好的员工关系是酒店公关工作的起点。酒店内部公关工作首先要增强内聚力，将全体成员凝聚成一个有机的整体。要实现这一目标，需将酒店成员视为传播沟通的首要对象，尊重他们分享信息的权利，争取他们的理解与支持，营造信任与和谐的内部氛围。

酒店内部公关，即对全体员工进行公关管理，也就是"全员公关"，这是一种培养员工公关意识的方法与艺术。它要求酒店全体员工时刻树立代表酒店形象的观念。正如"饭店从上到下树立正确的公共关系思想，是饭店取得经营成功的基础。"酒店公关的成功，不仅依赖专职公关部门和人员的不懈努力，更离不开酒店各个部门和全体员工的协同配合，需要对酒店从上至下的全体人员实施全员公关管理。

所谓"全员公关"，就是通过全员的公关教育与培训，增强全员的公关意识，提高全员公关行为的自觉性，加强整体的公关配合与协调，全面推动全员参与公关，营造浓厚的组织公关氛围与文化。酒店可以在内部普及公关教育，让从企业高管到一线员工都认识到，酒店的形象、信誉等无形资产比有形资金、设备更为珍贵。良好的酒店形象能使酒店的实物资产增值；恶劣的酒店形象则会使酒店的有形资产贬值。创造和维护良好的酒店形象和声誉是每位员工的责任。

（二）酒店的外部公关活动

1. 面向顾客公众的公关活动

顾客是酒店生存和发展的基础。在如此激烈的市场竞争中，酒店要实现发展，就必须在提供高质量产品和服务的过程中，妥善处理与顾客的关系。虽然酒店与顾客的沟通并不单纯地等同于企业经营中的销售关系或买卖关系，但良好的顾客关系却是酒店实现经营目标、取得更好销售成果的重要保障。因此，顾客公众是酒店外部公共关系对象中利益关系最直接、联系最密切的群体。在维系酒店与顾客的关系时，必须通过有效的信息交流和情感沟通，才能使双方关系更加持久、稳固。

随着科学技术的发展，数字化技术在酒店运营和管理中的应用越来越广泛，在顾客公众关系（Customer Public Relations，CPR）维护中发挥着越来越重要的作用。

（1）数据收集与分析。数字化技术能够收集和分析大量关于顾客数据，如购买历史、浏览行为、社交媒体互动等。这些数据为酒店深入了解顾客偏好、需求和行为提供了依据，酒店可据此制定更精准的市场策略和个性化服务。

（2）多渠道互动。数字化技术使酒店能够通过社交媒体、电子邮件、移动应用等多种渠道与顾客互动。这些渠道不仅方便了双方沟通，还创造了更多互动机会，有助于酒店更好地了解顾客需求和反馈，同时还联通了顾客间基于酒店的沟通渠道。

（3）实时反馈和监控。数字化技术允许酒店实时收集和分析顾客的反馈和评论。这有助于酒店及时发现问题、解决问题，持续改进服务质量。此外，酒店还可以通过社交媒体等工具监控品牌声誉，及时应对负面舆论。

（4）客户关系管理。数字化技术可以支持酒店建立更加完善的客户关系管理（Customer Relationship Management，CRM）系统。通过CRM系统，酒店可以更加全面地了解顾客信息，通过分析顾客数据制定个性化营销策略，提供更加精准的个性化的服务。例如，根据顾客偏好和历史记录，推荐相关产品或服务，或者提供定制化的住宿体验。

通过利用数字化技术收集和分析数据、实现多渠道互动及强化针对性的客户关系管理等，酒店可以更好地了解顾客需求、提升服务质量，增强顾客满意度和忠诚度，推动业务持续增长。

2. 针对媒介公众的公关活动

媒介公众也是酒店外部公众群体中的重要组成部分。媒介又称为新闻界，指新闻传播机构及其工作人员，如报纸、电视、广播、杂志等媒介机构及其编辑、记者等媒体人员。媒介公众是酒店公关工作对象中最敏感、最重要的公众关系。

媒介公众对于酒店而言具有双重意义：一方面，新闻媒介是酒店与公众实现最广泛、最有效沟通的必然渠道，具有工具性的特点；另一方面，新闻媒介也是酒店需要特别重视的特殊公众对象，具有对象性的特点。这种媒介与公众合而为一的双重角色，体现了媒介关系是酒店外部公关工作中传播性最强、最敏感、公关操作意义最大的一类公众关系。

媒介公众决定着各种社会信息的取舍、流量和流向，决定着公众舆论的中心议题，能够赋予被传播者特殊的、重要的社会地位。若与酒店相关的事件或报道能成为媒体关注的热点，那么必然也会引起社会公众的广泛关注，成为舆论的中心。同时来自媒介的报道与评价也会引导公众的评价与态度，对于酒店知名度与美誉度的塑造都有着非常积极的现实意义。因此，酒店务必要与媒介公众建立良好的关系，以此构建与公众进行沟通的传播平台，进而形成良好的公众舆论环境。

酒店要处理好与媒体公众的关系，可以从以下 4 个方面着手。

（1）熟悉新闻媒体。酒店公关人员应了解并熟悉媒体组织的特点。不同的媒体组织有不同的业务性质和影响范围，对于这些，酒店公关人员都应非常清楚。对于媒体组织内部的结构、各部门的职责和负责人，也应该掌握得越清楚越好。这样，当酒店需要通过新闻媒体进行公关传播时，就能有的放矢，更有针对性。

（2）保持媒体渠道的畅通。酒店应该与媒体建立经常性的联络渠道，由专人负责随时可以沟通联络。酒店的公关部门应建立与媒体之间经常性的联系渠道，并安排专人负责此项工作。

（3）要正视新闻媒体的批评报道。新闻媒体对于企业的报道会有正面的赞扬，也不可避免会有负面的批评，在面对批评时，酒店应首先承认错误并表示感谢，然后要马上查清真相及原因，并立即采取补救措施，最后再请媒体做正面的宣传报道，以及时挽回不良影响。对于内容失实的批评报道，酒店也应保持冷静，要诚恳地向媒体提供真实的情况，以澄清事实真相，再请媒体做出相应的纠正。

（4）掌握正确的交往原则。酒店与媒体公众进行交往时要以诚相待，提供真实的新闻信息，不文过饰非。同时了解新闻媒体的职业行为准则，切忌以经济手段来影响新闻媒体的独立性和客观性，更不能将自己的观点强加于对方进行不合理的报道，这会背离公共关系真实性的活动原则，最终会破坏双方真诚、持久的合作关系。

3. 面向政府公众的公关活动

政府掌握着制定政策、执行法律、管理社会的权力职能，具有强大的宏观调控力量，代表公众的意志来协调各种社会关系。酒店的政策、行为和服务如果能够得到政府官方的认可和支持，无疑将对社会各个方面产生重大影响，甚至使组织的各种渠道畅通无阻。为此，应该把握一切有利时机，扩大酒店在政府部门中的信誉和影响，使政府了解酒店的成就和对社会的贡献。酒店可以利用周年庆等机会，邀请、安排政府主管部门领导及党政要人出席酒店的重要活动，通过种种现场活动，提高政府部门对酒店的好感和重视程度。

政策、法律、管理条例是一个组织决策与活动的依据和基本规范，酒店的一切行为都必须保持在政策法令许可的范围之内。通过良好的政府关系，酒店能够及时了解到有关政策的变动，能够较方便地争取到政策性的优惠或支持。为此，应该主动建立和加强酒店与政府有关部门之间的双向沟通。一方面，酒店的公关部门应该详尽地分析并研究政府的方针、政策、法令，提供给本酒店领导及各部门参考，使组织的一切活动都保持在政策法令许可的范围内，并随时按照政策法令的变动来修正本组织的政策和活动。另一方面，酒店的公关部门应随时将实际工作部门的具体情况上传至政府有关部门，并根据本地区、本行业、本部门的特殊情况，主动地提出新的政策设想和方案，并通过适当的渠道进行说服性工作，协助发现并纠正政策执行中出现的偏差或失误。

此外，处理政府关系，还需要熟悉政府机构的内部层次、工作范围和办事程序，并与各主管部门的具体工作人员保持良好关系，以免因办事未循正规的程序或越出固定的工作范围而走弯路，减少人为原因造成的"公文旅行"或"踢皮球"现象，提高行政沟通的效率。

4. 面向社区公众的公关活动

社区是酒店扎根的土壤，没有良好的社区关系，酒店就会失去立足之地。社区公众是由特定的活动空间所确定的，区域性、空间性很强。酒店的活动直接受到社区公众的制约，社区关系直接影响着酒店其他各方面的关系，如员工家属关系、本地宾客关系、地方的政府关系和媒介关系等。因此，酒店需要将社区作为自身发展的一个组成部分，将社区公众视作"准自家人"。

社区公众涉及当地社会政治、经济、文化、教育等各个方面和阶层，类型繁多，涉及面广，对酒店存在各种不同的感受、要求和评价；由于处在同一社区，对酒店的某一种评价和看法又极容易相互传播，形成区域性的影响，从而形成组织的某一种公众形象。很显然，酒店社区关系的好坏，直接影响着组织的社会公众形象。酒店要提高自身在社区中的地位，就要树立一个"合格公民"的形象，主动承担必要的社会责任和义务，像爱护自己的家业一样爱护社区，在社区的物质文明和精神文明建设方面发挥中坚作用，为社区造福，为社区公众多作贡献。

5. 面向名流公众的公关活动

与社会名流建立良好关系，能充分利用他们的见识、专长为酒店的经营管理提供有益的意见咨询。社会名流往往见多识广，或是某一方面的权威，酒店的管理人员能够在与他们交往的过程中获得广泛的社会信息或宝贵的专业信息，无形中为企业增添了一笔知识财富、信息财富。

与社会名流建立良好关系，能通过他们良好的社会关系网络为酒店广结善缘。有些社会名流虽然不可能为酒店直接提供所需的专业信息或管理咨询，但由于他们与社会各界有广泛的联系，或对某一方面的关系有特别重大影响，酒店能通过他们与有关公众对象疏通关系，扩大社会交往范围。

与社会名流建立良好关系，一方面，能借助他们较高的社会地位，或某方面的权威性，或他们对社会的特殊贡献、突出成就等，而使酒店具有较高的知名度；另一方面，一般公众往往存在"崇尚英雄""崇拜明星"的社会心理，酒店与社会名流建立良好关系，就能将酒店的名字与社会名流的名望联系在一起，利用公众崇拜名流的心理，提高酒店在公众心目中的地位。

知识链接 7-4
危机公关的 5S 原则

三、酒店公共关系活动的技巧

拓展阅读 7-4
农夫山泉包装图危机
公关案例分析与评价

（一）巧借媒体造势艺术

借助媒体进行造势，是酒店企业开展公关工作的绝好艺术。酒店一定要充分利用媒体的资源优势，为企业打造良好的品牌和声誉。例如，2008年北京奥运会赛事期间，对于这项举世关注的国际赛事，各国媒体蜂拥而至，媒体的力量不可忽视。在这一背景下，酒店企业可以巧妙地借助媒体对奥运赛事报道的契机来宣传酒店，是酒店公关的一种巧妙手法。

（二）发挥名人效应的宣传艺术

利用名人影响公众，是酒店公关工作的一大创新技巧。利用名人进行公关，注意以下工作必须做到位：一是收集名人（尤其是已经预订住宿的名人）信息资料并加以整理；二是对名人进行超常服务以获得他（她）对酒店的最佳印象；三是通过名人住店吸引新闻媒体大力渲染传播，以影响公众。

（三）利用普通顾客的口碑宣传艺术

酒店通过对普通顾客实施贴心加超常的服务，获得顾客的良好口碑，也能全面地提升酒店的美誉度和知名度。对顾客的贴心加超常服务，能迅速提升顾客对酒店的忠诚度，同时通过他的经历、他的好评，也获得他的社交圈朋友对酒店的认可与赞誉。北京长城饭店的一个案例很具有典型性。一次，有一位服务员在打扫房间时，发现客人床头摊放着一本书，服务员没有挪动书的位置，也未顺手将书合上，而是细

思政园地

专业词汇

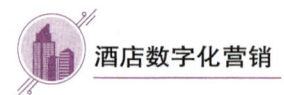

心地在书摊开处夹进了一张小纸条,以起到书签的作用。事后,客人对服务员精细的服务大加称赞,并将此事告诉了同来的几十名同事及她所认识的所有朋友。注重细节艺术,让长城饭店受益匪浅。

对普通顾客的服务切实做到"满意+惊喜",从细微处做起,力求无可挑剔,利用顾客的口碑,巧妙地将酒店品牌植入人心。

总之,讲究公关艺术的酒店,其良好的品牌形象定能通过酒店员工自上而下的团结协作、媒体的报道、名人的效应及普通客人的口碑等多角度、多层次地得到广大公众的认可,从而在竞争中立于不败之地。

任务评价与总结表

任务实操

请你通过查询酒店网站或 OTA 平台(携程、去哪儿等)上的顾客点评和酒店回复的内容,了解酒店与顾客在 OTA 平台上的互动情况(表 7-6)。

表 7-6 酒店与顾客在 OTA 平台上的互动情况

酒店名称	媒介	顾客点评	酒店回复	你的评价

项目训练

 练一练

扫描右侧的二维码,开始做题吧。

随堂练习

项目八
实施酒店数字化营销推广

项目导读

　　本项目聚焦酒店营销推广的数字化方式，旨在帮助学生掌握新媒体平台（微信、微博、抖音等）在酒店营销中的应用。本项目包含五个学习任务：一是了解酒店产品推广短视频的特点与制作；二是学习酒店微信公众号的运营方法及小程序营销的特点；三是了解酒店App的营销技巧；四是熟悉酒店与OTA平台合作的营销策略；五是探索其他新媒体营销方式，如H5动画、AI等。通过学习本项目，学生将清楚地了解酒店数字化营销方式并掌握相关技能。

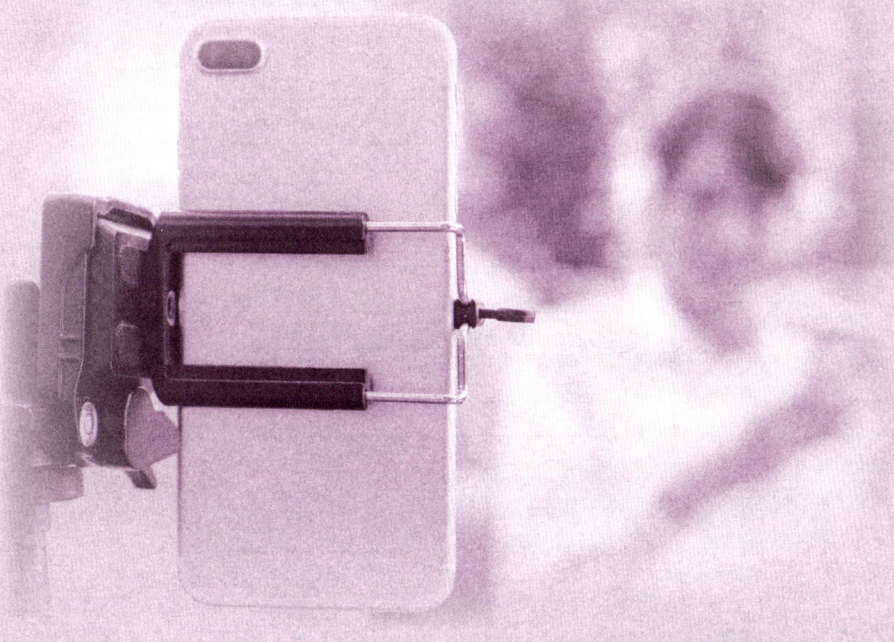

酒店数字化营销

学习目标

知识目标	1. 了解酒店短视频创作思路 2. 了解酒店品牌微信公众号运营方法 3. 了解酒店 App 营销思路 4. 熟悉酒店借助 OTA 平台进行销售的优化方法 5. 熟悉当下流行的其他几种酒店新媒体营销方式
能力目标	1. 能够完成酒店推广短视频制作 2. 能够进行酒店产品公众号选题、内容策划及排版 3. 能够策划酒店 App 跨界营销的实施方案 4. 能够对酒店 OTA 平台的运作转化模式进行优化 5. 能够深度理解新型的酒店新媒体营销方式
素养目标	1. 充分理解思政元素在酒店数字化推广方式中的价值引领作用 2. 重视酒店品牌蕴藏的中华优秀传统文化在新技术变革中被赋予的新生命力

思维导图

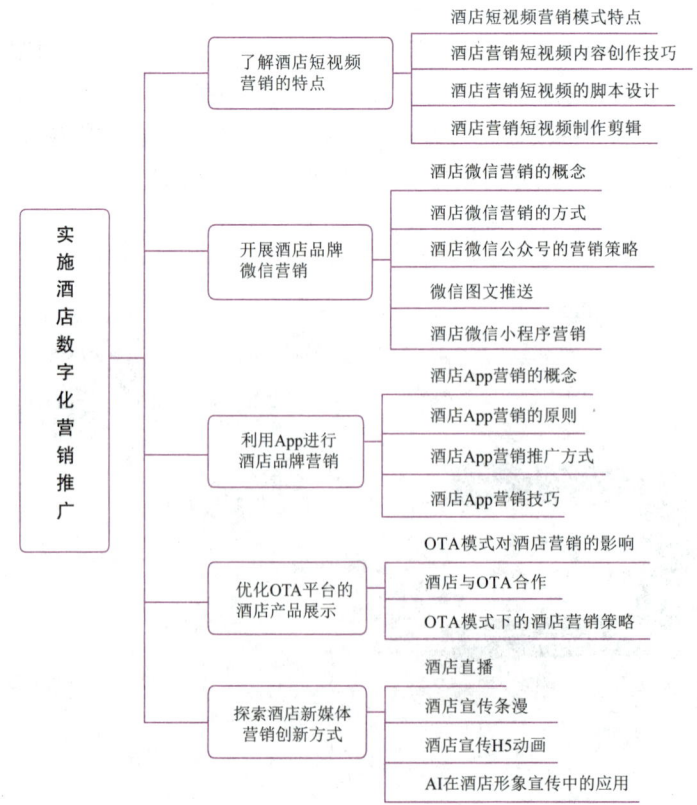

项目八　实施酒店数字化营销推广

 任务一　了解酒店短视频营销的特点

任务导入

抖音爆款酒店如何打造

拉萨平措康桑观景酒店利用短视频平台，将自家酒店打造成抖音爆款，收获了不少流量。拉萨平措康桑观景酒店位于布达拉宫东侧，在精心设计的特色观景房里足不出户就能欣赏到布达拉宫的美景，这一得天独厚的地理位置就是酒店的天然爆点。伴随着酒店自动窗帘缓缓拉开，壮观的布达拉宫随即映入眼帘，这样的场景视频立马在抖音上火了，短短一个月便让拉萨平措康桑酒店成为网红酒店，众多进藏游客慕名而来，酒店的 RevPAR 领跑拉萨市场，甚至超过多家国际五星级酒店。

平措康桑之所以能在抖音上拥有如此高的曝光量，主要因其独特的观景位置，利用这一爆点来打造场景化美好体验，能引发旅游消费者争先前往打卡，从而增加酒店的收益。酒店行业要利用短视频平台提升酒店人气与转化率，善于挖掘自己酒店的拍摄亮点。

（资料来源：酒店哥文章《OTA 运营案例——酒店如何用抖音做好短视频营销》，经改编）

试思考：

从本案例中酒店短视频创作的角度出发，你还能想到哪些可以依托酒店绝佳观景地理位置优势的短视频创作思路？

任务知识

一、酒店短视频营销模式特点

（一）酒店行业短视频营销逻辑

随着短视频平台的发展，视频成为受大多数旅游消费者欢迎的营销方式之一，那么酒店如何运用抖音等工具实现高效营销呢？本任务先从潜在旅游消费者的心理出发，分析酒店行业短视频营销的逻辑关系。

首先，用户在观看了优质的酒店短视频内容之后，会产生"种草"欲望，也就是对该酒店产生入住体验的强烈愿望。

其次，用户所喜欢的 KOL 也会强化其被"种草"想法。用户在"种草"之后会点赞收藏、留言评论或者转发分享该酒店视频，这种互动行为又会进一步加深其他用户想要购买的欲望。其中一部分用户会直接点击视频左下方的链接，跳转到产品主页查看更多详情，最终联系酒店下单。

最后，评论区的互动留言也会产生影响，增加用户对于酒店的好感，从而促使用户点击地址进入酒店的主页。用户可以更加深入地了解到酒店详情，包括官方相册、用户评价及联系方式。

（二）酒店行业短视频营销优势

1. 形式新颖，能够吸引顾客

相对于图文，短视频的表现形式可以更加生动地展示酒店特色，短时间内可以让用户身临其境，充分了解酒店，并且留下深刻印象。

2. 成本低，能获取跨区域曝光度

一些酒店不管服务还是体验各方面表现都非常好，但是很少有人知道，如果要增加曝光，就会增加相应的运营成本，但是通过短视频，可以以低成本最大限度让品牌曝光，为酒店增加流量。

3. 精准推送，网速传播较快

短视频平台有巨大的流量，而且有精准的推荐机制，所以会让酒店品牌曝光量增大，传播也会很快，但前提是需要有高质量、吸引力的视频，才会引发互动，那么视频获得再次推荐的机会就会明显增加。

对于有特色的酒店、民宿来说，抖音短视频是持续引流的一个不错的选择方式，得益于抖音的算法推荐机制，只要酒店特色足够鲜明，切入的细分市场精准，那么就可以持续获得引流。

（三）酒店行业短视频营销模式

由于新媒体的不断发展和旅游者获取住宿信息的渠道方式发生重要改变，短视频这种直观性强、观感效果好、易于传播的互联网传播方式成为酒店行业宣传的一种重要媒介。不同的酒店类型特点各异，从传统酒店业销售模式转型做短视频营销要充分挖掘视频内容的创作点与创新点。

二、酒店营销短视频内容创作技巧

（一）酒店行业短视频内容特征

在酒店业不同类别的客房风格中，酒店民宿是从短视频获利最早的一批用

户，尤其是在抖音平台，我们可以从平台上分析流量高的优质酒店短视频的创作特点，得出酒店行业根据自身的特点，创作短视频内容的特征有以下6个方面。

1. 空间场景多，风格独特

这类酒店一般风格比较突出，根据年轻人喜好打造多种类型，如动漫主题、浪漫主题、特色泳池等，同时还有一些民宿类酒店，本身具有很强的主题特色。这些房间或场所都具备足够的亮点和热度，非常适合拍照或拍视频。尤其抓住年轻人遇新奇就会发抖音的心理特点，触发了体验传播效应的临界点，往往能为酒店带来不经意的大量曝光。

2. 打造具有情怀的酒店故事

这类一般是连锁酒店，通过情怀、各种有趣的故事来吸引消费者前来打卡，不断在抖音平台曝光。故事可以是记录酒店行政主厨从早晨选菜到用心烘焙的过程，也可以是参加研学旅行的孩子们在夜幕降临时，一起在酒店房间共读的温馨场景。

3. 体验式消费服务的酒店

如度假型酒店、亲子酒店，客人在体验酒店硬件与服务的时候，就是碰撞出灵感的时候。例如，度假型酒店可以制作丰富生态休闲项目的体验视频内容，亲子酒店可以通过亲子互动视频内容表现出小朋友的快乐。

4. 具备"细节亮点"的酒店

装修风格已经确定的酒店可以从"小"出发。引入一些有趣好玩、自带流量的黑科技（如叫醒服务的智能机器人），或者主动提供差异化服务，服务越是有创意，消费者越能产生情感上的共鸣，分享获得朋友圈和抖音的点赞，口碑传播渠道无形中已经建成。

5. 拥有良好会员体系及口碑IP价值的酒店

如亚朵酒店和喆啡酒店，拥有独特的文化承载及会员体系，可以通过制作"分享感动你我的旅居故事"系列短视频的方式与用户进行互动，打造专属视频板块的IP，反映生活正能量。

6. 文化主题氛围的酒店

为更好地传承和弘扬中华优秀传统文化，坚定文化自信，许多酒店通过短视频将传统文化魅力用视觉化的方式呈现，以便更广泛地传播。

> **案例 8-1**
>
> **山东大厦·清照酒店被评为"国家五叶级文化主题饭店"**
>
> 山东大厦·清照酒店重视各区域文化元素的应用和展现，将各区域的

> 文化元素符号、文化寓意、典故与李清照文化和服务经营深度融合，使客人在享受服务的同时收获更多文化情景体验。酒店以清照文化、龙山文化、泉水文化为主题设计建造，丰富的文化符号和厚重的设计理念，让自身散发出无穷的文化魅力。

（二）酒店行业热门短视频内容打造技巧

酒店行业在初期做抖音的时候，不知道应该发什么样的内容，发了以后也得不到良好的反馈，就很难再运营下去。这其实是一个普遍存在的现象，要结合酒店自身的特色，发掘可以打造的热点内容进行创作。下面介绍一些酒店行业热门短视频内容的打造技巧。

（1）让用户愿意看完。吸引用户的点有很多。比如抖音中常见的幽默诙谐、浪漫情结、温情亲子等话题。需要抓住用户的情绪，利用酒店自身优势的资源进行情境性短视频创作。

（2）创作要巧妙。在进行营销短视频剧本创作时就应该巧妙地将酒店产品带入视频当中。因此，视频的策划，要合理地把用户吸引到酒店良好的服务产品中。例如，如果是类似探店的视频，拍摄的主角最好是客户，因为客户拍摄更容易给大家带来参与感和体验感。"素人拍摄"和"当下感"能够带给用户较为强烈的入住真实感和好感度。

（3）找到合适的 KOL 合作，让专业的人做专业的事。每个领域都有 KOL，酒店行业也不例外。寻找 KOL 的过程中，有三要原则：第一，要持续优质，KOL 要有持续生产优质视频内容的能力；第二，要定位相符，KOL 的账号定位要与你的酒店民宿定位相符；第三，要人群匹配，KOL 的粉丝人群是你想要的潜在消费人群。

（4）多参加话题挑战，紧跟热门。访问抖音的内容有 3 个入口，第一个是推荐，第二个是关注，第三个就是热门挑战。例如，美团酒店在抖音举办"三心二亿撩到你"挑战赛，用时 7 天，创造出了惊人的成绩，成为品牌在抖音营销的成功范例。美团酒店挑战赛运用了超有趣味、低难度的挑战形式，并设置了互动性高又能体现品牌亮点的吸睛话题。在此基础上，还定制了酷炫 BGM、萌萌互动贴纸，结合达人助力与硬广支持，引发抖音比心大狂欢，7 天达成了总播放量超 33 亿、视频作品数近 115 万的效果，显著提升了美团酒店品牌知名度，有效传递"一年订出 2 亿间"的品牌信息，同时促进了用户对品牌保持持续访问和关注。

挑战赛邀请抖音用户秀出"三心二亿"手势舞，可爱有趣的舞蹈富有表现力，且易于模仿、便于创作，大大激发了用户参与挑战的积极性。

项目八　实施酒店数字化营销推广

（5）视频必须要原创，不低于 10 秒，视频清晰、不要带水印，不要乱加贴纸，违规信息一定不要有。

总而言之，抖音营销所能带来的流量虽大，长期运营还需优质的酒店产品。在飞速发展的互联网时代，酒店除了利用创作优质的短视频内容去营销自身，更重要的还是要做好自己的服务与产品，如此才能真正达到入住的转化。

三、酒店营销短视频的脚本设计

（一）酒店行业短视频脚本设计方法

酒店营销短视频脚本是为宣传酒店形象口碑，结合酒店自身的资源，围绕一个主题（如"行政主厨的一天""酒店的亲子服务"）策划短视频所要呈现的镜头内容设计。这些镜头内容按照一定的逻辑关系组织起来，起到宣传酒店、提升销售量的作用。具体设计方法如下所述。

在编写短视频拍摄脚本前，需要确定好酒店营销短视频整体内容思路和流程。主要包括以下 6 个方面。

1. 拍摄定位

在拍摄前期，我们就要定位内容的表达形式，比如：你要做酒店营销短视频，是住宿环境展示、员工才能还是小剧情。

2. 拍摄主题

主题是赋予内容定义的。比如：小剧情，拍摄在酒店发生的一个温情故事，这就是具体的拍摄主题。

3. 拍摄时间

拍摄时间确定下来有两个目的，一是提前和摄影师约定时间，不然会影响拍摄进度；二是确定好拍摄时间，可以做成可落地的拍摄方案，不会产生拖拉的问题。

4. 拍摄地点

拍摄地点非常重要。要拍的是酒店内哪些场景及周边场景。比如展示酒店的服务亮点，剧情所涉及的酒店拍摄场所有哪些。这些都是需要提前确定好的。

5. 拍摄参照

有时我们想要的拍摄效果和最终出来的效果是存在差异的，我们可以找到同类的酒店样品进行参照，哪些场景和镜头的表达是想要的，进而才能根据需求进行内容制作。

6. 背景音乐（BGM）

背景音乐是短视频拍摄必要的构成部分，配合场景选择合适的音乐非常关键。如拍摄酒店举办的婚庆活动，要选择温馨柔美的音乐；拍摄酒店住宿场景快节奏展示则要选择节奏鼓点清晰的节奏音乐。这方面需要多多积累，学习不同风格的酒店营销短视频是怎么选择 BGM 的。

（二）脚本制作方法

制作酒店营销的视频内容脚本，要对每一个镜头进行细致的设计，脚本内容主要涉及镜头景别、内容、台词、时长、运镜等。

1. 镜头景别

就是拍摄时要运用到全景、中景、近景、特写当中的哪一种来表达酒店营销的内容。譬如创作初夏时节，出游的儿女陪伴父母在酒店周边晨练美好场景的短视频内容时，展示陪伴老人漫步在酒店周围青翠环境之中的全景，就是把人物的整体放在画面里面，用来呈现人物和酒店周边宜人环境的关系。

近景是拍摄人物在静享酒店幽雅环境时的表情、神态等，侧面宣传酒店的画面表现。

特写就是譬如拍摄酒店的员工人文关怀，在三八节组织的插花活动中对员工插花时脸部洋溢着的笑容的细节进行展示，更显著地体现酒店带给员工的归属感，就是特写。

2. 内容

内容就是把你想要表达的酒店产品或者酒店形象通过适当的场景方式进行呈现。具体来讲就是拆分剧本，把内容拆分在每一个镜头里面。

3. 台词

台词是为了镜头表达准备的，起到的是画龙点睛的作用，更加丰富酒店营销短视频的内容。60 秒的短视频，文字不宜超过 180 个字。

4. 时长

时长指的是单个镜头的时长，提前标注清楚。比如：在《唯璞的一天》的宣传片脚本中，第 3 个对唯璞酒店形象 LOGO 的视频内容展示，规定为 5 秒钟。

5. 运镜

运镜指的是镜头的运动方式。从近到远、平移推进、旋转推进都是可以的。这样可以使酒店宣传短视频的景别循序渐进地变化，从而加深消费者的视觉印象。

本任务以"不花民宿"为主题拍摄剪辑的短视频为例，民宿位于山东省聊城市风景宜人的古运河聊城，坐落在碧波荡漾的东昌湖湖畔。根据宜人的民宿人居环境，设计短视频脚本如

拓展视频 8-1
短视频策划、拍摄及剪辑

表 8-1 所示。

表 8-1 不花民宿推广短视频拍摄脚本

镜号	画面	景别	时长	字幕
01	东昌湖	远景	5s	
02~05	民宿周边环境的展示	全景	20s	
06	清晨,女主漫步在石板路上	全景	5s	
07	停留驻足在民宿入口,闻一朵花香	特写	3s	
08	进入民宿内厅	全景	6s	
09	民宿门牌名称	特写	2s	
10	房间内部的布局	全景	6s	
11	推开通往露台的木门,展示民宿院内景色	全景	7s	
12	午后酒吧橘色的灯光	全景	3s	
13	喝茶	特写	3s	
14	阅读一本书	特写	7s	
15	民俗民谣	特写	4s	
16	制扇	特写	10s	
17	画画,发呆	特写	5s	
18	傍晚时分,在院落看云卷云舒	特写	12s	
19	民宿招牌的展示	全景	8s	

四、酒店营销短视频制作剪辑

根据前文以不花民宿为主题拍摄的短视频脚本设计,进行拍摄。拍摄时注意横屏拍摄,设置相机参数为 60fps,1080p(视频画面高清分辨率)。后期对所拍摄的分镜头进行调整、组接,这里选用的是手机短视频剪辑最常用的一款 App——剪映。

(1)启动剪映 App,点击首页开始创作按钮,按照编写的脚本把拍摄的镜头按顺序依次选取,选择完成后确认,进入剪辑工作界面,完成初剪(图 8-1)。

(2)剪辑界面右上角可以选择视频的编辑模式,在这里选择的是高清

1080p，也就是我们常看到的 16∶9 的画面大小。帧速率数值越大，画面播放的流畅度越高。这里选择 30fps 即可。一般电影都在 25fps 以上。

（3）浏览每个镜头画面，可以用拇指和食指配合滑动（相向或者相反）来放大缩小素材的显示比例。如果镜头中有需要去掉的部分，可以点击左下角剪辑功能图标，使用分割工具来分割素材，再进行删除（图 8-2）。

（4）还可以根据每个镜头的需要来调整播放速度。视频速度往往反映情绪或者节奏的变化（图 8-3）。

①常规变速：整体去调整每个镜头的快慢。
②曲线变速：每个镜头的快慢变化自定义调整。

拓展视频 8-2
短视频后期剪辑

图 8-1　导入视频素材　　　图 8-2　裁剪素材　　　图 8-3　调整播放速度

（5）返回视频编辑的首页面，在最下面的功能区选择文字工具 T，可以添加字幕。此案例中片头加了一段黑场视频。字幕作用的视频长度可以手动拖动调整。

（6）为开场标题字幕添加动画效果，这里选择向右擦除效果，设置动画变化的时长（图 8-4、图 8-5）。

项目八　实施酒店数字化营销推广

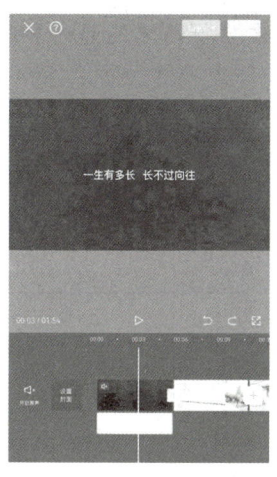

图8-4　加入字幕

图8-5　为字幕添加动画效果

（7）播放预览效果，导出视频，默认的视频格式为常用的mp4。

拓展视频8-3
不花民宿宣传短视频

任务评价与总结表

视野拓展 8-1

微短剧成为文旅酒店行业短视频内容的新形态

微短剧，也可以通俗地理解为系列化、故事性强的短视频。"微短剧＋文旅酒店"对于文旅酒店市场营销是一种新的尝试，对于微短剧则是一次前景无限的创作机遇。它既是应运而生，也是众望所归。

"跟着微短剧去旅行"创作计划的提出，为酒店做抖音营销短视频提供了一个全新的创作方向。基于"微短剧＋文旅酒店"的创作新形态尝试，可以拍摄一系列以酒店场景、酒店人文要素等为故事背景的短剧故事，营造跟着微短剧去酒店"打卡"的新风尚。

微短剧"精品化""差异化"需要推动酒店品牌微短剧题材、体裁创新，积极探索与文化和旅游等产业跨界深度融合。相比常规的影视作品，微短剧的制作周期更短、成本更低、进入门槛更低，中小体量的酒店企业也能够入局。比起短视频，它的故事承载力和创作空间又更加广阔，更能满足有深度、有质量、有内容的文旅酒店传播需要。"微短剧＋文旅酒店"的创作模式市场潜力十足。

此外，在酒店微短剧的内容创作上，要深耕酒店品牌、挖掘忠实用户

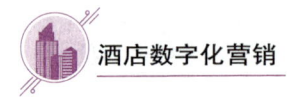

画像；剧情上和风格上要符合目标受众的品位和喜好，才能起到更好的传播效果。

任务实操

表8-2 酒店推广短视频制作实训

实训目的	学生能够分组完成酒店推广短视频的制作
实训准备	分工、确定短片创作方向及风格、策划脚本文案、制订拍摄计划
实训要求	参照脚本，拍摄素材
	整理素材，在剪映中剪辑成片
	搭配合适的BGM及旁白录制
	制作一定的特效为视频增色
实训效果	要求素材高清、画面稳定、镜头衔接流畅

任务二　开展酒店品牌微信营销

任务导入

洲际酒店如何利用微信公众号实现产品销售

洲际酒店集团于2021年暑期初在其微信公众号发布了两篇创意推文。

第一篇是《限定盲盒折扣上架｜8·8折游夏日》，在这篇推文设计中，洲际酒店集团把拆盲盒"潮流"创意性地运用到夏日旅游目的地所属的洲际酒店集团旗下的酒店住宿优惠营销活动中（主推家庭亲子游）。在正文部分，每一款盲盒都设计了旅游目的地的标志性地标，方便和用户进行互动交流，借势亲子游主推洲际集团旗下的折扣酒店住宿服务。尤其以每一款盲盒的名称主推旅游目的地的限定风格主题，通过互动点击，把洲际酒店旗下周边产品的价格优惠非常自然地展示给旅游消费者。每一款盲盒点击打开，可以查看对应的夏季旅游主推城市，以及酒店住宿优惠的图片小程序链接。这一功能的实现，运用到了热门的 SVG 交互技术。

第二篇推文是《夏日欢乐游，陪孩子进入 TA 的梦境》，其设计思路也是以亲子游为主线，回归孩子的童真，结合国漫热播电影取景地或者故事的起源地来进行酒店营销内容的推广。主要运用了交互长图文的 SVG 控件技术。顶图设计以《大鱼海棠》电影中福建土楼的原型为动画触发，策划了以"亲子游 + 热点动漫"相结合的侧重情感营销重点的营销文案，点击可实现与旅游消费者的互动。长图的设计部分，以电影展映的方式呈现，很有代入感。

试思考：

从本案例洲际酒店利用微信公众号推文的方式对酒店产品进行营销中，你能得到什么启发？

任务知识

一、酒店微信营销的概念

微信是使用者基数非常庞大的一款社交 App，酒店行业利用微信平台营销自己的品牌、产品，维护客户关系等，以提高酒店预订量，提升效益，加强流量转化。

二、酒店微信营销的方式

酒店微信营销的方式分为两大方面，一方面为建设酒店自身的微信公众号平台，确定公众号运营的内容方向；另一方面是建设轻量级的微信小程序，作为产品直销平台，减小运营成本。

如【任务导入】的洲际酒店集团案例所示，可以将创新元素融入酒店营销内容设计，尤其是结合现代的流行趋势，如年轻人喜欢的盲盒等。此外，酒店数字化营销要转变传统思维，尤其是在公众号内容的选题及呈现方式上，更要注重交互性的设计，激发潜在旅游消费者的兴趣与好感。其次，要充分挖掘酒店数字化营销内容的多元性与创新性，打造酒店品牌微信公众号的调性（风格），以旅游消费者认可或者感兴趣的内容为出发点进行创作，提升软文营销的策划能力与图文编排能力。在图文编辑的过程中，设计了同一组类型风格的带有小程序链接入口的酒店宣传图片，方便实行转化付费。对 SVG 交互控件的使用要合理，要对酒店营销内容进行全面统筹设计排版。

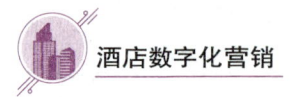

三、酒店微信公众号的营销策略

从洲际酒店集团利用微信公众平台进行酒店数字营销的成功案例可总结出以下3项微信公众号营销图文内容创作的策略。

（1）酒店微信公众号平台要具有社交平台人性化特征，即从粉丝需求出发，为粉丝推送可以满足其自身需求的信息。酒店要增强公众号界面设计的审美情趣，并且使公众号平台的信息内容与平台特征相符合。

（2）酒店微信公众号平台要设计不同模块，以便为客户提供相应的服务，酒店只有为客户提供更贴心、更全面的服务才能提高在客户心中的地位。

（3）酒店微信公众平台不仅要为客户提供酒店活动、产品预订等信息，还要与自身特色、周边景区特色及粉丝或客户个性需求相结合，丰富推送信息的内容，使公众号平台信息更加有趣，更容易吸引客户注意力。酒店最好结合社会关注度较高的话题推送产品信息，以便吸引客户。酒店设计微信公众号平台界面时要突出自身特征，结合有特色、有趣味性及有代表性的内容，使客户能够准确辨别出该酒店的微信公众号。

微信公众号是酒店推广产品信息、提高产品知名度的重要工具，酒店要充分利用这一功能，并且要对公众号平台的功能形成准确的认识，成立一支专业化微信公众号营销团队，增加酒店平台与客户的交流，从而改善酒店营销效果。

四、微信图文推送

（一）酒店行业微信图文设计思路

随着新媒体技术的不断发展，酒店业也在打造自己的一套专属的新媒体运营矩阵（微博、微信、抖音），而微信的用户数量巨大，酒店业应转换数字化运营思路，利用微信公众号平台去策划创意性的营销内容，挖掘用户住宿的需求与痛点，创造用户感兴趣的展示方式。

酒店业在设计公众号文章时，想要做到更有成效的传播效果，不应再以传统的图文直接展示，而是需要精心策划酒店营销的亮点，在图文设计中考虑到与用户的交互设计，注重用户体验，在潜移默化中去做酒店产品的推介，这也可理解为软文营销的一种最新方式。在酒店公众号内容运营的推文设计中可以加入SVG交互技术，即交互图文的呈现方式，而交互效果通过合理使用第三方图文编辑器秀米SVG控件即可实现。

（二）酒店行业微信图文设计方法

在这部分内容中，以黄果树匠庐·阅山精品民宿的创意推文为例进行酒店微信图文设计方法的讲解。

1. 公众号推文封面图设计

酒店行业公众号文章封面是除了标题之外，消费者在点开文章前首先看到的信息，封面图做得吸引力越强，消费者打开的概率也会相应增加。那么，封面图的尺寸要怎么设置，才符合微信的规范呢？微信推文封面大图尺寸为900像素×383像素，二级封面是200像素×200像素。如果图片像素过低，在微信上预览的时候显示出来的图片就会模糊，从而影响酒店产品推文的点击率。

首先确定封面图的设计风格，匠庐·阅山精品民宿给人的感觉更多是远离城市喧嚣，回归人生平静，享受大自然的清新和美好，所以封面设计色调偏柔和，可以选用一些酒店环境与大自然相融合的画面来吸引消费者。可使用一款简单的在线平面设计软件"Canva可画"来制作。

（1）在"Canva可画"首页登录，点击创建设计，自定义画布大小，900像素×383像素。封面背景图要选择高清、横版的，并且能突出民宿特色的图片。先使用画图工具进行图片大小调整（图8-6）。

图8-6　画图工具调整素材至合适大小

（2）在可画编辑区左侧选择上传，将刚才编辑好的民宿背景图上传，然后拖动到画布中，并拖拽图片4个角调整大小。选择左侧素材区，在背景图中绘制一个无边框、填充色为橙色的矩形框，并适当调整不透明度。使用文字工具在矩形框中输入封面文案，使用文字模板创建标题文案（图8-7）。

图 8-7 "可画"在线美化图片素材

2. 公众号正文创意部分设计

设计思路为宣传民宿精致的居住环境,每一帧画面都可以作为手机壁纸使用。通过照片打印机的交互设计,打印出专属于你的壁纸,提高用户的交互参与兴趣和转化率。

(1)精选民宿竖版素材。在美图秀秀中导入,加入文字部分(图 8-8)。

图 8-8 用"美图秀秀"美化标题方案

(2)打开秀米网页版(https://xiumi.us/)登录,创建一个新图文(图 8-9)。

图文排版

原创模板素材,精选风格排版,独一无二的排版方式,设计出只属于你的图文。

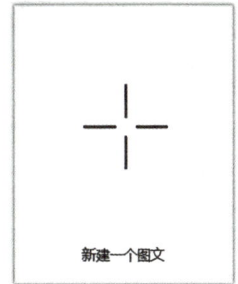

图 8-9 "秀米"公众号图文创建向导

(3)在左侧列表"我的图库"中上传素材图片。直接把素材拖入其中即可(图 8-10)。

图 8-10 在"秀米"编辑器中导入素材

(4)选择左侧列表图文模板—SVG—点击打印。在右侧内容编辑区便会出现此交互控件的样例。单击上方预览可以查看具体效果实现。

(5)在右侧编辑区单击背景区域,更换背景图。通过宽高设计照片打印机的大小(图 8-11)。

图 8-11　更换 SVG 打印机效果交互控件背景图

（6）把打印出口的打印单单击更换成所制作的民宿壁纸。调整宽度（图 8-12）。

（7）把文字部分进行修改，最下面的说明解释删除，预览效果。单击下方，触发交互，打印出民宿风景壁纸（图 8-13）。

图 8-12　更换 SVG 打印机效果交互控件的触发结果层

图 8-13　预览交互效果

3. 公众号正文图文排版技巧

民宿推文涉及的正文部分内容也有很多排版技巧，运用这些技巧更能提升消费者的阅读兴趣和良好的视觉体验，从而提高转化率。

（1）擅于选择适合民宿推文的图文模板组件（图 8-14、图 8-15、图 8-16）。

这里我们选择图文组件。选中编辑区要替换的主图，从"我的图库"中找到替换的素材，点击即可完成替换。

文字编辑区的内容可以进行更改，字体样式默认是行距 1.6 倍，字体黑色，右对齐。可以根据需要，调整字体颜色，一般整篇推文颜色不宜超过 3 种。字体大小默认一般为 16 号。对于组件中比较喜欢的颜色，还可以把它加入调色板中。

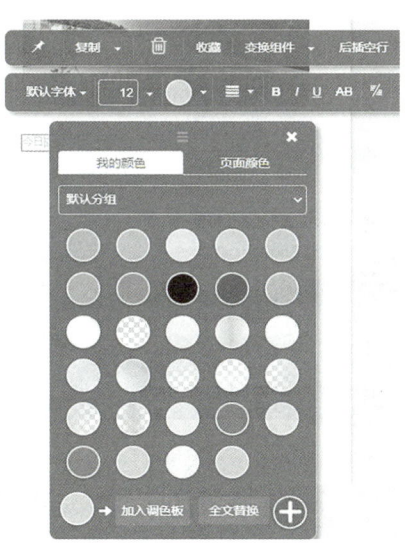

图 8-14 全文字体颜色设置

图 8-15 文字属性设置工具栏

调整文字属性的参数说明见表 8-3。

表 8-3　调整文字属性的参数说明

16	字号：调整字体大小，推文字体不宜太大，也不宜太小
○	字体颜色：一般正文内容默认黑色，强调性的文字可以选择比较亮的色彩，但是要与民宿风格相符合
三	段落的对齐方式：居中、右对齐、左对齐。根据民宿内容的多少选择合适的版式
B I U	字体样式：加粗、倾斜、下划线效果，可以对民宿推文中起到注释内容作用的部分添加此类样式
文字分段	文字分段：在进行民宿推文正文内容的排版时，为了更良好的阅读体验，一般都选择 3~4 行就另起一段，避免文字压迫感
间距	间距：可选项有行间距、字间距、段落间距、左右边距。默认情况下，行间距为 1.6 倍，其他设置都为 0

图 8-16　图文排版效果比例

此外，还可以调整文字的透明度、旋转效果、倒影样式，做出效果更丰富的民宿推文版式，给消费者一个更深刻的印象（图8-17）。

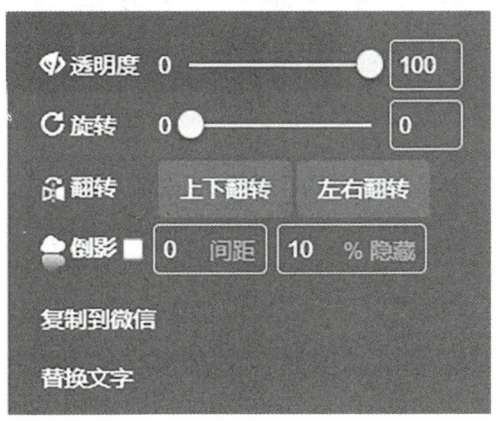

图8-17　更多文字装饰美化效果设置

（2）民宿地址可以采用卡片式地图的方式代替文字描述，视觉传达效果会更好。可以选择位置、修改标题、更改封面。点击该卡片式地图，可以直接链接民宿位置的腾讯导航（图8-18）。

图8-18　卡片式地图展示

（3）民宿环境展示图片可以采用轮播的方式，动态效果会更好。在编辑区选取SVG下面的图片轮播动画效果的横向轮播。打开布局模式，进行深度排版，在图集设置中，更换民宿图片。为了排版美观，轮播的图片素材统一调成相同的宽和高。还可以设置对齐方式、滚动类型、是否循环播放等参数（图8-19）。

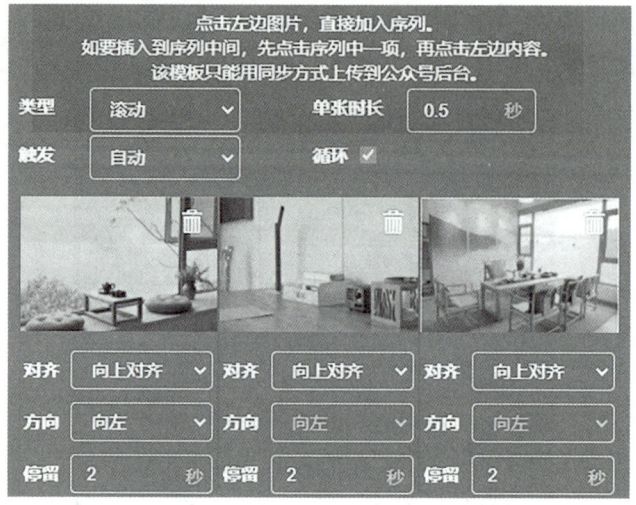

图 8-19　图片轮播动画效果设置

多图排版的更多样式示例如下。

在秀米编辑器中,对于多图片的排版还可以采用以下几种方法。

选择"布局—左右滑动",选择左侧列表中模板,在编辑区进行图片的替换即可。需要注意的是,这些图片要进行高度、宽度的预处理,使它们大小完全一样。如图所示,拖动左右滑块可以查看更多(图 8-20)。

图 8-20　左右滑动查看图片效果

选择"图片—多图"中的九宫格法,依次在编辑区替换所要展示的酒店环境展示图,并替换文字部分(图 8-21)。

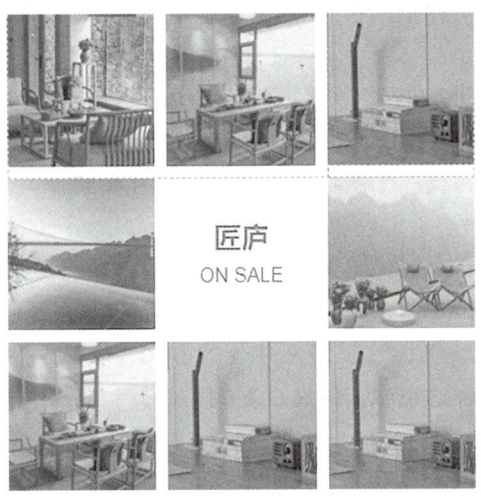

图 8-21　九宫格图片展示效果

五、酒店微信小程序营销

在互联网时代,酒店也开始逐渐地与线上市场相对接,很多大型的酒店已经具备了自己的官网或者是自己的 App,而对于一些中小型的酒店而言,减少运营成本,即可以通过酒店微信小程序来做自己的品牌。主要是在小程序建设中,要充分考虑用户的需求,来规划小程序不同的功能模块。

酒店微信小程序能满足以客户体验为中心,促进客户管理的质量提升,通过加强酒店预订管理、入住管理等流程,提升酒店的客户管理效率和质量;而且酒店微信小程序软件还可以加强酒店员工的运营管理,完善酒店管理体系,提高酒店员工的工作效率,从而降低酒店运营成本,提升酒店服务质量。

(一)酒店微信小程序服务中利于营销的关键点

1. 位置定位推荐服务

酒店在微信小程序中引入位置定位入口,根据自动获取旅游消费者的地理位置,主动推送附近酒店。例如,在打开小猪民宿小程序首页登录时,会自动申请获取你的位置信息并就近给你推荐民宿,非常方便快捷。

2. 更多个性化服务

为了提升用户使用酒店 App 的黏性,就要提供更多满足消费者用户的个性化服务,比如线上叫醒服务预约、节假日出行优惠折扣等。以小猪民宿小程序为例,小猪是中国知名的特色住宿预订平台,它在小程序平台推出了十一旅游季的抵用券秒杀,很短时间内就一抢而空。

3. 线上商城

通过酒店微信小程序可以接入线上商城的功能,客户除了入住的需求,还可以通过线上渠道推广酒店地域性特色产品。锦江之星的线上商城西宁美食街店就提供了青海特产手撕牦牛干和青稞酒礼盒装。

4. 用户分享日志

通过酒店行业的微信小程序日志分享模式,获得更多的流量口碑,吸引更多旅游消费者打卡住宿。以小猪民宿平台上分享的一篇日志《束河民宿,体验美好慢生活》为例,它以图文并茂的方式,表达了住宿者的体验与入住感受。让消费者去表达心声,传递良好的口碑。

5. 优化搜索关键词

从旅游消费者的心理出发,提供多维度的关键词搜索,从而获得最佳匹配的住宿需求。例如,在小程序首页,济南地区的民宿搜索关键词可以按景点附近地标或者其他关键词进行分类。

(二)酒店微信小程序界面设计与功能

第一,打开酒店微信小程序,首页设计是否美观,色彩搭配是否和谐,内容是否多样,信息是否丰富,这些视觉设计是非常重要的,吸引用户留下来是转化的第一步。

第二,人们预订酒店,是未来式消费,对于像携程这样综合性线上旅游平台,小程序中会有收藏和浏览记录,方便用户做对比,这是非常实用的功能。所以,这就启发酒店行业在做微信小程序时要从客户实际需求出发去完善小程序的功能模块。

第三,在 App 页面 Banner 位置放置活动详情页,简单易行,提升用户的参与度和参与兴趣。比如,可以在跨界活动 App 做酒店促销。以国民级热门的手游为切入点,让游戏玩家看到专门给自己的优惠,这对于酒店成交转化是非常有利的,还可以转化平时的非目标用户。如果一般经济实力的酒店没有足够体量资格和大型知名网游合作,也可以考虑跟本地的其他商家跨界合作,尤其是和日常消费交际比较多的商业领域进行合作,比如生鲜店铺、超市、服装店等。

第四,App 积分兑换酒店体系外物品。App 设置酒店的积分兑换模式,可以兑换一些对用户而言非常实用的东西,如话费、爱奇艺月度会员卡、本地商城消费券等。这些不在酒店体系内,却可以活跃更多用户参与兑换,从而提升 App 黏性使用度。

项目八 实施酒店数字化营销推广

第五,增设 App"随手拍"功能。随手拍类似于抖音,酒店住客可以随时随地发表真实入住体验与评价,从而极大地增强酒店质量的真实性,提高浏览用户的潜意识信任度,对于转化非常有利。所以,酒店微信小程序应该对评论功能模块的展示方式进行研究,引导住客认真带图评价,优质评价可以送积分、小礼物。

(三)酒店微信小程序营销实战

酒店微信小程序首页顶部 Banner 需采用能增强对潜在消费者吸引力的设计。方案如下。

(1)Banner 用轮播图形式宣传各种活动。类型覆盖面要广,可以覆盖不同消费人群。比如求职者、考生、新人、老会员、出差人群等。酒店微信小程序还可以根据时节、人群特点、周边地理位置,推出不同活动。

(2)制定合适的网络活动吸引潜在消费者。比如,每年六七月正是"高考+中考"的日子,考点周边的酒店就可以推出考生房,提供安静的环境供考生复习,再推出配套的营养早餐、考点接送服务。如果周围有商圈,或者靠近地铁口,可以为求职者、应届生等人提供专门的房间,方便他们求职面试。还可以给附近企业提供会议室预订功能,或者是举办大型聚会提前约定场地享受折扣的促销活动。

任务评价与总结表

任务实操

表 8-4 酒店微信公众号运营实训

实训目的	学生能够完成酒店产品推广的推文策划、排版及交互性的设计体现
实训准备	以小组为单位,分工确定酒店产品的推广文案、内容架构、剧情需要、配图等其他媒体元素的准备、交互部分的应用
实训要求	酒店产品推广内容的策划需精准
	熟练使用秀米进行精美排版
	配图清晰、符合主题、构图恰当
	熟练使用 SVG 交互控件
实训效果	要求酒店产品推广的推文内容严谨、视觉美观、和客户有一定的互动设计

任务三　利用 App 进行酒店品牌营销

任务导入

锦江酒店 App 跨界合作电影《愤怒的小鸟 2》

作为锦江国际集团全球酒店共享服务平台，锦江 WeHotel 一直在品牌营销方面积极探索和创新实践，旗下锦江酒店 App 率先与热映电影《愤怒的小鸟 2》进行 IP 跨界合作，并联合锦江国际旗下酒店品牌，共同开启从广州到上海、途经汕头、厦门、霞浦、温州、杭州等热门城市，长达 2000 公里的"硬核酒店之旅"。

锦江酒店 App 联合康铂酒店品牌，共同打造电影《愤怒的小鸟 2》主题房，以吸引会员预订入住。身处主题房内，仿佛置身于电影之中，易怒的红鸟、话痨的超速黄鸟、捣蛋的绿猪王将一起陪你入睡。

此外，锦江酒店 App 还携手锦江国际旗下康铂、锦江之星、白玉兰、锦江都城、凯里亚德、非繁·轻简等多个酒店品牌，共同发起订房送电影票活动，并推出了注册锦江小蓝卡，抽电影《愤怒的小鸟 2》周边好礼及电影票；下单指定海外酒店享早鸟价，离店再送 100 元电影票，以及铂物馆（锦江 Wehotel 旗下优选旅行生活商城）购物满 69 元可获 40 元电影通兑票等一系列好玩又有趣的营销活动，并借助强大的会员群体，实现客户价值和品牌价值的双提升。

近年来，不少酒店开始搭上"跨界"的快车实现破圈营销，利用新型的合作模式打通品牌与品牌之间的通路，突破酒店业的边界，一改传统酒店单兵作战、单向营销的陈旧模式，将品牌形象变得更为立体和鲜活。当前，一方面，酒店从业人员纷纷开始关注大众平台带来的潜在价值；另一方面，私域流量也成了酒店业的新宠，希望能在控制好获客成本的情况下，获得更多渠道的突破。

（资料来源：美通社. 锦江酒店 App 跨界合作电影《愤怒的小 2》）

试思考：

从本案例酒店利用 App 平台活动与热门电影相结合打造特色鲜明的主题房中，你能得到什么启发？

任务知识

一、酒店 App 营销的概念

"由于忠诚客户和我们待在一起的时间很多，我们能够理解他们的需求，更好地满足他们的期待。"在互联网时代，酒店也开始逐渐与线上市场相对接，很多大型的酒店已经具备了自己的原生 App，通过它实现在线预订等全方位的服务功能，从而实现产品推广、客户关系维护、销售盈利等。

二、酒店 App 营销的原则

（一）清晰的营销策略

在开发酒店 App 功能模块时，要善于利用多个营销接触点来提升自身酒店品牌 App 的知名度。这些营销推广方式包括：通过 App 预订可获得积分奖励、Facebook 特定用户、Google 搜索链接、所有邮件中都附加下载 App 的链接及酒店设施（如 Wi-Fi 登录、房卡皮夹等）的展示等。

（二）确保 App 的质量

这是通过执行客户的要求而完成的。例如，在支付方面，客户反馈需要简化支付流程，那么酒店 App 可以发布已经优化的新功能，如只需两次点击就能完成支付。客户还能选择最喜欢的支付方式，如提供信用卡支付选项。

（三）强大的企业战略

这里主要是指酒店企业进行产品销售的互联网思维，对目标客户的互联网行为与消费习惯等进行精准研究，从而做出 App 的需求分析与酒店服务功能模块的开发与建设，酒店企业根据内部组织结构分级进行 App 的测试，做出长远的互联网营销策略。

三、酒店 App 营销推广方式

酒店如何利用自身 App 来做品牌与产品推广呢？首先从 App 功能性设置的角度进行阐述。

（一）App 首页顶图设计

可以利用好酒店 App 首页设计精美的 Banner 图，设置动态图，或者趣味的时节插画风格，吸引客户进入优惠活动页面，进一步提升消费转化的概率。

（二）App 更注重会员福利与积分制度

通过丰富的积分和兑换方式吸引客户预订。这部分的展示，更适合设计一些积分兑换的商品展示图，以及一些数字直观性的描述，譬如"积分最高抵现 50%"等。

（三）App 信息全面

提供美食、旅游、出行方式等多方面相关信息，以全方位、有价值的信息资讯服务用户，提高用户的使用率。连锁酒店 App 可以专门打造其自身品牌的美食专区，同时和旅游目的地相结合，进而推出酒店网络广告 Banner。

拓展阅读 8-1
酒店 App 与热门电影 IP 跨界营销

四、酒店 App 营销技巧

酒店 App 除设计自身符合消费者用户心理需求的功能模块外，还应联合其他营销方式，如可以结合热门电影 IP，进行跨界整合营销。

任务评价与总结表

任务实操

表 8-5　酒店 App 跨界营销活动设计实训

实训目的	学生能够完成酒店 App 活动内容的设计
实训准备	确定活动的借势跨界品牌热点
实训要求	对酒店 App 跨界活动进行策划
	根据流行趋势设计主题房的风格
	能够根据热点，推出酒店其他的单品或者产品组合
实训效果	要求酒店 App 跨界营销活动设计合理、充分利用热点、定位清晰精准

项目八　实施酒店数字化营销推广

任务四　优化 OTA 平台的酒店产品展示

任务导入

麓途美宿携手携程，打造优质酒店服务新标杆

2024 年初，麓途美宿与携程正式宣布达成合作，成为携程官方服务商。此次合作将进一步凸显麓途美宿在酒店行业的优势和特色，为广大消费者带来更加优质的住宿体验。

麓途美宿作为国内酒店运营管理的领军者，一直致力于提供高品质的酒店服务和管理解决方案。其专业的服务团队、严格的质量控制体系及独特的经营理念，使其在市场竞争中脱颖而出。

通过与携程的合作，麓途美宿将进一步拓展市场份额，提升品牌影响力。同时，借助携程在技术、营销和数据等方面的力量，麓途美宿将能够更好地满足消费者的需求，提供更加便捷、个性化的服务。

试思考：

从本案例中得出酒店可以借助 OTA 平台进行酒店产品的分流转化，那么你所了解的国内 OTA 平台有哪些？

任务知识

一、OTA 模式对酒店营销的影响

在互联网时代，以携程、去哪儿、同程等为首的 OTA 平台是酒店开展营销的最常规方式。作为平台方，OTA 平台有流量、有用户、有资源，从长远发展的角度来看，OTA 平台和酒店业主间是相互依存、相互依赖的合作关系。

OTA，中文译为"在线旅行社"，即在线酒店、旅游、票务等预订系统平台统称。酒店 OTA 指的是通过互联网提供在线酒店预订服务的平台，是旅游行业的一种新兴商业模式。酒店 OTA 平台可以帮助消费者快速、便捷地找到心仪的酒店并进行预订，同时也为酒店提供了更广泛的市场和更多的客户资源。

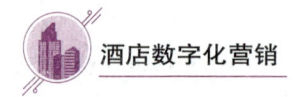

酒店OTA平台的特点如下。

（1）丰富的酒店资源。酒店OTA平台会与全球各地的酒店建立合作关系，提供丰富的酒店资源供消费者选择。

（2）快捷的预订流程。酒店OTA平台提供在线预订服务，消费者可以在平台上轻松预订心仪的酒店，无须等待或排队。

（3）价格透明。酒店OTA平台会将酒店的价格、房型、设施等信息公开透明，消费者可以根据自己的需求选择适合自己的酒店。

（4）安全可靠。酒店OTA平台会对酒店进行审核，确保酒店的质量和服务水平符合要求，保证消费者的安全和权益。

随着互联网的普及和旅游行业的不断发展，酒店OTA平台已经成为旅游行业的主流商业模式之一。酒店OTA平台的发展趋势如下。

（1）智能化。酒店OTA平台将会更加智能化，通过大数据、人工智能等技术，为消费者提供更加个性化的服务。

（2）多元化。酒店OTA平台将会发展出更多元化的业务，包括机票、火车票、旅游度假等业务，为消费者提供更加全面的服务。

（3）品牌化。酒店OTA平台将会更加注重品牌建设，通过品牌建设来提升消费者的信任度和忠诚度。

目前的线上酒店行业平台主要划分为3个阵营：携程系、美团系、飞猪系。此外，还有Booking、途牛、驴妈妈等OTA平台和渠道也在不断进入市场。随着多方渠道不断进入市场，平台用户群体也在不断变化，所以每个OTA平台用户都有着不同的特点。

例如，"携程系"平台涉及机票、酒店、度假、企业商旅、景点门票、餐饮等旅游产业的多个领域，以打造旅游一站式服务模式为网络营销目标。这类平台资金雄厚，在酒店行业优惠力度也相当大，酒店70%属于直签，除此之外，平台可利用大数据专攻酒店大数据业务。因此，在整个住宿行业，尤其是对酒店行业来说，上线携程平台目前依旧是最优选择。

"美团系"的酒店OTA平台利用平台强大的流量入口，以及移动端众多忠实的用户，在流量市场的争夺中也具有较大优势。

作为"阿里系"的代表OTA平台——飞猪，与传统OTA的模式相比，其最大的特色在于沿用了阿里巴巴的平台模式，让商家直接面对消费者，并且更注重境外市场的开拓。

而针对后来兴起的民宿行业来说，更多的是瞄准年轻化的旅游市场，致力于推出小而精致，又颇具艺术、人文特色的住宿产品。

不同的平台有不同的特点，要结合自身的酒店特色，有所侧重，最终的

项目八 实施酒店数字化营销推广

收效成果才会更好。

二、酒店与 OTA 合作

（一）与携程旅行网合作

携程旅行网创立于 1999 年，作为中国领先的综合性旅行服务公司，携程成功整合了高科技产业与传统旅游业，向超过 2.5 亿会员提供集无线应用、酒店预订、机票预订、旅游度假、商旅管理及旅游资讯在内的全方位旅行服务。

1. 携程的产品特色

携程的产品线覆盖了"吃、住、行、游、娱、购"六大方面。当消费者通过携程预订酒店时，携程将通过攻略、团购等方式，主动向其推荐该酒店的特色。

伴随着旅游消费升级，除"机+酒""景+酒"套餐之外，消费者对目的地用车、当地娱乐项目等需求日益上升，借助"酒+X"合作模式，携程拥有业内最丰富的产品线。

2. 携程的优势

携程已同全球 234 个国家和地区的 34.4 万多家酒店建立长期合作关系，通过全方位的合作，具有多种住宿业态和酒店业务。

3. 携程的加盟流程

携程的加盟流程非常简单，点击"携程官网"的"酒店加盟"，按要求填写相应信息即可。

（二）与同程艺龙合作

2017 年 12 月 29 日，同程旅游集团旗下的同程网络与艺龙旅行网正式宣布合并为一家新公司，"同程艺龙"新公司将整合双方的交通、酒店等优势资源，打造更为领先的旅行服务平台。

同程网络业务涵盖同程机票、酒店、火车票、汽车票等多项业务。合并后的新公司已有近两亿的消费会员。

合并后的 OTA 定位于领先的在线旅行服务平台，同程网络拥有微信钱包中机票、火车票的入口，艺龙拥有微信钱包的酒店入口，为海量微信用户打造更优质的产品和服务体验。

同程网络和艺龙旅行网在出行交通及酒店预订上各有所长。合并后的同程艺龙优势互补，可以为游客提供高质量的一站式旅游服务。同程艺龙以用户口碑为核心打造成为在线旅游生态平台，致力于为客户提供更满意的产品与服务。

(三)与去哪儿网合作

去哪儿网是中国领先的在线旅游平台,通过其自有技术平台有效匹配旅游业的供需,满足旅游服务供应商和中国旅行者的需求。

1. 去哪儿网的"共享会员"模式

去哪儿网与酒店集团互通会员制积分、权益共享,这种创新模式主要与酒店集团会员进行身份互认、积分交换,在平台上直接享受酒店官网才能享受到的权益。如此一来,消费者能拥有更多优质的服务,同时平台和酒店集团共同打造一种新型互利的生态圈。

2. 去哪儿网的"酒店旗舰店"

去哪儿网和酒店构建的新生态圈,推出了"酒店旗舰店"发展方式,不仅包括免费早餐、提供睡眠系统等,还将线下电商、社交等各方面进行拓展。酒店集团可以利用去哪儿网的大流量平台,进行差异化的创新服务推广等。

3. 去哪儿网的免费营销平台酒店百宝箱

酒店通过加入去哪儿网平台的酒店百宝箱,可以随时更新酒店的基本信息和展示图片、积极回应消费者点评、及时掌握市场动态、实时监控竞争对手指数,最终达到吸引消费者关注,提升酒店互联网流量的目的。

提升被互联网搜索到的酒店概率,及时更新 OTA 平台信息是酒店业主首先要考虑的。通过去哪儿网酒店百宝箱,酒店可以免费将自己的宣传单发放给去哪儿网用户,从而完成从线下到线上的转变。

此外,去哪儿网通过收集超过数百万条的消费者点评内容并且把这些内容按照不同的语义进行计算和打分。酒店业主可以通过百宝箱搜索本酒店在任意历史时段的消费者点评信息,进行适当的理性回应。酒店业主更可以通过关注竞争对手酒店,获得消费者对对手酒店的点评信息,发现竞争对手的产品、价格和服务的优势和弱点,从而合理地制定相对应的策略并进行提升。去哪儿网酒店百宝箱帮助中国酒店建立自己独立的网络营销平台,直接面对互联网用户,开展在线营销。

4. 去哪儿网合作打造 VR 酒店

当 VR+ 酒店的模式完全展开之后,用户在去哪儿网平台上预订酒店前,在家中即可"身临其境"般全方位、多角度地了解所需酒店的信息,从大堂一直到客房内部布置等,都可以通过 VR 实景图像展示在眼前,让用户在家即可未住先知,再也不用依赖于其他用户的点评,从而快速精准地挑选出自己满意的酒店。VR+ 酒店的新思维、新技术将把用户从订酒店转变到订房间上来,提供更好、更加个性化的体验。

三、OTA 模式下的酒店营销策略

（一）OTA 用户选择酒店的底层逻辑

用户在 OTA 平台订购酒店时，打开 OTA 平台进入酒店板块，首先看到的是酒店的自然排序，一般是 OTA 平台通过目前的定位推荐的酒店排序。非自然排序就是如果用户有更精确的要求，OTA 平台就会根据关键词（价格、好评、距离远近、有无早餐等）筛选出来的酒店排序。

无论是自然排序还是非自然排序，都跟酒店评分有很大关系。酒店评分越高，排名就越靠前，被用户选择的机会也就越大。想要酒店评分高、排名靠前，酒店 OTA 运营必不可少。

（二）OTA 模式下的酒店营销策略

信息内容的碎片化和海量化，让信息内容的到达率和接收率下降。为了留住用户，吸引更多的流量，各大 OTA 平台都开始给优质内容生产者以扶持，鼓励他们生产更多的优质内容，内容营销成了很多 OTA 平台的重要发展方向。OTA 的优化重点主要放在服务上面，而 OTA 的浏览量、转化率、曝光量的优化设计，也是紧紧围绕"服务"进行的。

1. 增加酒店的浏览量，顾客浏览酒店信息的时长

完善酒店基础信息，包括停车场、行李寄存、帮拿行李、叫醒服务等，基础信息展示越多，越有利于消费者根据自身需求进行选购。

此外，还包括酒店名称、酒店图片、位置信息、房型、价格等。协助客人做好线上客房预订、退订工作等；或者是在合适的市场需求条件下，适时更改房价、房间数等；及时回复客人评论等。

价格优化也是增加浏览量的常用方式之一。不同的价格带是流量的重要入口，通过巧妙地设置价格，尽量多覆盖不同价格带，获得更多流量。

2. 酒店 OTA 运营需要运用技巧

房型介绍的文字表达需要技巧，比如：酒店的大床房，在 OTA 上的房间名称就可以做一些巧妙的设计。

酒店可以通过好评引流、差评转化、美化酒店照片的方式吸引消费者。

顾客在搜索酒店的时候，往往会考虑酒店商圈和交通信息，酒店可以优化搜索引导，借助围绕所有的热点商圈和重要交通枢纽来为酒店引流。

3. 酒店信息完整度

信息内容越完整，既有利于排名上升，也有利于用户全方位地了解酒店。

信息内容包括房型信息、基本信息（名字信息、区域位置信息、地址信

息、客房数量信息）、设施信息、图片信息（外观房型信息）等。

4. 优化图片

第一，选择图片高像素、高清晰度，突出酒店特色。第二，采用最新的照片。第三，适当精选一些周边旅游资源的照片。

5. 库存数量

库存表示酒店可以正常售卖的房间的数量。避免发生缺单漏单，降低消费用户好感度。

6. 订单信息及时性

任何平台都会有相关的制衡规则，运营平台要做好线上消息回复的及时性，以及订单的确认性。

7. 点评详情

点评主要包括点评数量、点评分数及点评质量3个部分。点评数量越多、分数越高、优质点评越多，越有利于排名的上升。

8. 活动参与

积极参与平台推出的各种活动。活动参与度越高，越有利于排名提升。各个OTA平台会不定期推出各种促销、营销活动。

任务评价与总结表

任务实操

表8-6 酒店OTA平台营销技能实训

实训目的	学生能够策划酒店在OTA平台布局的基本与优化策略
实训准备	选择合适的OTA平台
实训要求	能够根据酒店自身情况进行合理的OTA平台活动配置
	对酒店名字SEO优化
	房价的制定尽可能满足平台各个价格区间的需要
实训效果	酒店入驻OTA平台后通过优化获取更多的预订

项目八 实施酒店数字化营销推广

 任务五　探索酒店新媒体营销创新方式

任务导入

洲际集团如何借势打造新媒体作品为品牌发声

　　2024 龙年春节之际，洲际酒店集团迎来在华开业 700 家酒店里程碑。为庆祝这一里程碑时刻、恭贺龙年新春，洲际酒店集团开展了"九洲寻龙际　悦享中国年"的主题营销活动。线上，洲际酒店集团携手《中国奇谭》之《林林》的导演杨木共同带来品牌动画视频《九洲寻龙际》，通过创作 12 条特色各异的品牌龙，呈现不同的品牌精神和表达龙年祝福，实现集团品牌矩阵拜年；并同步开启线上 H5 互动，展开"庆在华开业 700 家，瓜分 700 万积分巨龙宝藏"寻礼活动。线下，洲际酒店集团则在上海徐家汇美罗城球幕双屏开启互动投放，官宣在华开业 700 家里程碑，龙耀魔都，新春打卡送祝福。龙作为精神图腾，对每个中国人都有着特殊意义，每个龙的传人都在漫漫人生旅途中，默默寻找着自己心中的龙。而洲际酒店集团正是旅行家们在九洲寻龙路上的亲密伙伴，将龙的精神传递给每一位旅行者。洲际集团借助 2024 春节节日热点，推出动画视频和活动 H5，创新性地实现酒店品牌传播和产品转化。

　　试思考：
　　你平时还了解哪些酒店通过打造新媒体作品进行营销的方式？

任务知识

一、酒店直播

　　直播营销的产品要注重客人的情绪价值。比如，冬季大家在抖音直播间看到有酒店产品直播并取得良好销售转化的，往往是做应季组合产品的直播，如"滑雪+酒店"套餐、"温泉+酒店"套餐等。根据直播主体或平台的不同，酒店直播主要分为以下 3 类。

（一）酒店集团直播

由酒店自发在 OTA 平台（携程、美团）、社交平台（小红书、抖音）进行直播。酒店可能会以集团为主体持续性地做一些直播宣传，或是在品牌活动（周年庆）、大的营销节点做品牌自播。

酒店集团直播的流程如下。

（1）酒店直播间产品的特殊价格审批，考虑单独上线产品套餐和产品库存。

（2）产品搭建及后续维护。

（3）设计直播话术、准备抽奖奖品等，同时也需要准备消费者可能问到的一些问题。

（4）带动直播间气氛。在酒店内部和同事们交流本次直播的时间及内容，欢迎他们进入直播间进行讨论分享。

（5）直播当天，酒店工作人员以走播形式介绍酒店的整体情况。

（6）酒店售后，监控核销工作，提供相应权益，促进核销。

（二）平台直播

OTA 平台可能定期或是在一些营销节点会组织直播活动，在形成一定的策划后邀请不同酒店品牌提交产品加入此次活动中。

平台直播流程的流程如下。

（1）OTA 平台直播业务部门和不同的酒店沟通此次直播活动策划，邀请不同酒店参加。

（2）酒店有参与意向后，向 OTA 平台提交直播产品表，并在酒店内部申请特殊价格审批，进行产品搭建。

（3）OTA 平台收集不同酒店所提报的产品，进行直播选品，其间和酒店沟通产品细节等，最终敲定直播产品。

（4）OTA 主播熟悉直播产品，进行直播前准备（确认产品上架顺序，互动福利等）。

（5）直播前进行系统测试。

（6）当天进行 OTA 直播。

（7）"OTA+酒店"负责售后，监控产品核销情况，其间酒店应提供相应权益，促进核销。

（三）达人直播

达人直播多为两种形式，一种是酒店产品入驻达人直播间，达人多品直播，其中会有简单产品介绍；另一种是酒店直播专场，包含达人走播的形式，由达人进入酒店进行直播，全程可能会涉及分享酒店大堂环境、酒店房型、餐厅菜品、周边设施等。

达人走播流程如下。

（1）酒店和达人对接，洽谈合作。

（2）酒店就直播产品套餐、直播细节和达人沟通确认(如产品介绍顺序、直播中的优惠券领取)，确认后酒店内部进行产品特殊价格审批。

（3）达人提前入住酒店踩点，了解酒店设施、服务，结合地理位置等信息规划走播路线和推广输出内容。

（4）直播前酒店和达人进行直播设备测试。

（5）达人走播，直播团队和酒店运营团队配合。

（6）酒店负责售后，监控核销工作。

酒店直播的注意事项包括以下8项。

（1）直播的主题可以紧跟当下热点，标题一定要醒目，这样才能吸引客人进入直播间。

（2）预热海报的设计一定要主题明确，直播的时间、平台、内容、亮点和特色的逻辑要清晰。

（3）可以挑选一些比较爱表达的同事来录制一个15~20秒的宣传片，最好是有一些让人印象深刻的手势和话语，切记宣传片不宜过长。

（4）选对平台，对于客房类的直播，一般携程、飞猪和视频号的直播销量会好一些；抖音比较适合餐饮类的直播。对于不同的酒店品牌，需要根据实际直播效果，找到适合自身的平台。

（5）如果酒店是度假型酒店，且淡旺季非常明显，那么在淡季就要多做直播，不需要太追求收益，主要是加深客户对于酒店品牌的记忆。

（6）对于日历房的推广，携程、美团、飞猪、微信投放就可以，一般日历房也不常出现在直播间里，在各个平台做Banner推广就足够。

（7）对于房券产品来说，还可以带餐饮及SPA等其他服务。所以直播间的产品设计尤为关键，如"房型+晚餐""房型+下午茶""房型+SPA"等都是比较受客人关注的，同时价格上也有较大优惠。为了促进核销率，很多酒店会采取在一段时间内核销的客人可为其免费升级或赠送早餐的方式来吸引客人尽快使用。

（8）对于餐饮单品来说，自助餐券、早餐月卡、咖啡月卡，以及SPA及健身月卡、年卡等更受白领关注。

二、酒店宣传条漫

条漫是一种漫画表达形式,它源于传统的四格漫画,有所不同的是其画格的排列方式,通常是单格(也包含两个或更多格子的画面并排出现),按照从上至下的顺序排列。这些画格组成了一个连贯的故事画面,通常是通过纵向阅读的方式来展示多格的长条形漫画。条漫的内容风格与四格漫画相似,常常结合文字和图像阅读。

条漫的一个显著特点是它的互动性,读者可以在阅读过程中通过滑动屏幕逐个查看单幅画面,这种方式有助于读者更好地理解和吸收信息。

条漫作为一种新兴的漫画形式,随着移动互联网的发展而普及,近年来在漫画市场上非常流行。条漫通常依附于移动终端,并且适合在网络上传播分享。

酒店在做一些品牌宣传或产品活动时,就可以把内容策划打造成长图漫画,体现出剧情类效果,能帮助提升客人的阅读体验和对酒店品牌的认可。

三、酒店宣传 H5 动画

H5 动画是随着移动互联网的发展而兴起的一种新的动画表现形式,指的是能够在移动端进行播放的 Web 页面动画。H5 动画也是酒店活动或者产品推广的一种新方式,而且深受消费者喜爱。

拓展阅读 8-2　广州香格里拉大酒店十周年纪念活动长条漫

案例 8-2

2022 年中秋佳节,洲际酒店集团发布了一条 H5 活动动画,通过其一贯的品质及其他礼遇,引流非住店客人到店用餐,同时吸引会员到店用餐及招募新会员。

此条 H5 动画采用了一镜到底的表现手法,画面精美。洲际酒店集团用古风长漫,将旗下品牌酒店与传统神话故事及中秋传统习俗串联,绘制了一条与嫦娥一起"赏九州月色,品诗情画意"的云游之路。随着 H5 画面推进,客人仿佛在繁华古都之间穿梭徜徉,感受中秋氛围。与此同时,IHG 餐饮礼遇信息也自然融入于 H5 画面及互动之中,为客人构建礼遇福利的场景,以增强体验感(图 8-22)。

图 8-22 洲际酒店产品中秋节推广活动 H5 页面

点评：在策划酒店产品或者优惠活动时，也可以将其设计到一个动画剧情中。在场景搭建的时候，要善于将活动策划与节日、热点事件相结合，借助热点烘托氛围，在带给客人更多互动体验的同时，自然而然地将产品推广出去。

制作酒店宣传 H5 动画可以选用秀米平台进行操作。

（1）确定动画主题。以山东大厦·清照酒店 2024 年推出的年夜饭产品为宣传主题。

（2）确定动画风格。清照酒店是具有浓烈古风文化属性的酒店，动画呈现风格选择时下流行的国潮风。

（3）策划动画内容，确定动画脚本（表 8-7）。

拓展视频 8-4 "洲际酒店中秋和你一起云游"动画

表 8-7 清照酒店 2024 年夜饭宣传 H5 动画脚本

页面	内容
P1	李清照诗词缓缓出现

续表

页面	内容
P2	阖家团圆一起吃年夜饭的场景,引出清照大酒店年夜饭"拆福袋(盲盒)"活动
P3	选取不同的盲盒,点击打开不同的年夜饭套餐内容
P4~P6	年夜饭套餐菜单展示
P7	订购电话等转化信息

(4)设计页面效果。以"年夜饭套餐菜单"为例(图8-23)。

图8-23 清照酒店2024新春年夜饭菜单设计

(5)实现动画过程。

①打开秀米官方网站,选择"新建一个H5"(图8-24)。

项目八 实施酒店数字化营销推广

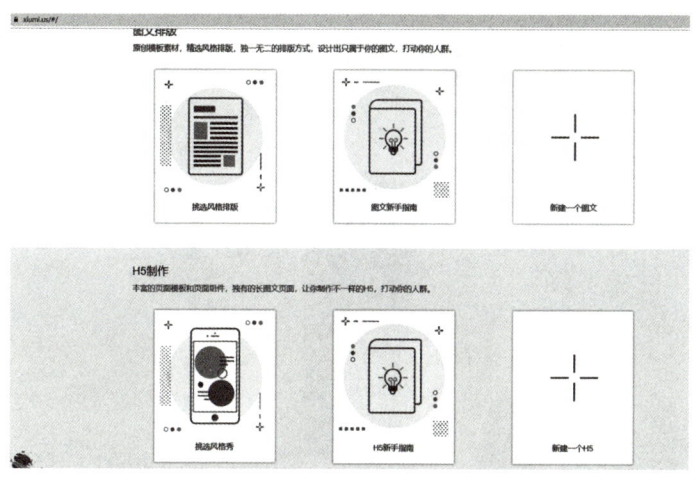

图 8-24 创建一个新的 H5 动画

②按照脚本内容，搭建第一个画面。以第一个画面为例，将场景搭建需要的素材依次拖放到工作区，点击素材可以为其添加动画效果和出现时间（图 8-25）。

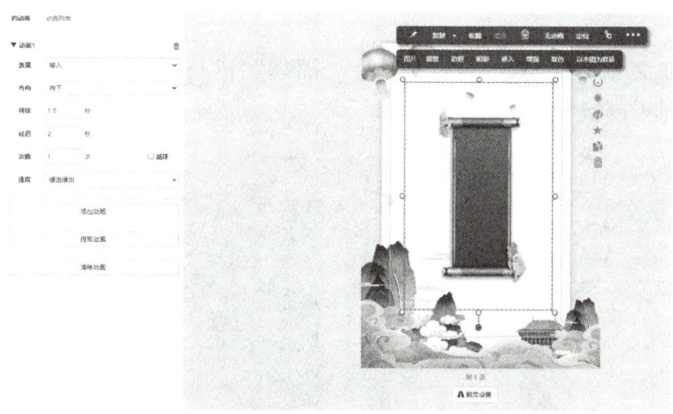

图 8-25 动画页面场景搭建及动画效果设置

其中"延迟"指的是该素材的动画在当前页面出现的时间。其他页面也用相同的方法创建。

文案部分用右侧列表的 T 工具添加（图 8-26）。

· 217 ·

图 8-26　在动画页面添加文案

③添加交互功能（图 8-27）。给"福袋"素材添加动作，选择"页面跳转"可看到年夜饭套餐详情。

图 8-27　动画页面交互功能设置

四、AI 在酒店形象宣传中的应用

随着 AI 的普及，越来越多的酒店也纷纷将该技术应用到营销推广活动策划中。

拓展视频 8-5　清照酒店 2024 年夜饭推广 H5 动画效果

案例 8-3

洲际酒店集团用 AI 绘制品牌兔形象，推出"新春抓悦兔"互动活动

新年之际，洲际酒店集团推出"新春抓悦兔"互动活动，集结 11 只兔子组团为客户带来兔年开端惊喜与感动，祈愿美好回归、故事继续。洲际酒店集团深度挖掘"兔"生肖背后的多重意义，融合旗下 11 个酒店品牌特色，以组团祝福方式，用 AI 绘制出 11 只个性迥异、风格鲜明的品牌兔。每一只兔子都妙用谐音梗，围绕大众对工作、生活、未来、理想、职业等方面的期待与希望，赋予每只兔子专属的好运与使命，暖心陪伴客户的新年之路。承载于"新春抓悦兔"互动活动，洲际酒店集团派送出电子红包封面、60 多家酒店免费房券、100 万积分等"超给力"福利。洲际酒店集团将品牌内核化为 AI 萌兔，希望能够用心陪消费者一整年。

点评： AI 是近几年特别火的一项技术。酒店品牌可紧跟技术发展趋势，结合自身品牌特色，通过 AI 技术创作出体现品牌调性、差异化、风格化的新媒体作品，从而在技术不断更新迭代的时代立足。

拓展视频 8-6　洲际酒店集团新年好运"兔"击

案例 8-4

中旅酒店首次实现 AI 数字人直播

随着数字技术发展带来的新场景应用，中旅酒店在酒店产品内容视频输出的方式上，大胆尝试虚拟人技术，依托大数据与智能算法，首次推出 AI 数字人直播的创新营销模式。据统计，AI 数字人首次亮相后累计直播 53 小时，销售金额突破 106 万元，累计曝光近 70 万次。由此可见，生成式人工智能为中旅酒店在直播带货的方式上带来了全新的变革，从而开启了新的营销模式，带给用户全新的互动体验。

AI 数字人以中旅酒店市场营销部的真人员工形象进行数字化取样，通过高科技算法对 AI 人物面部表情等细节进行智慧化处理，定制感强。直播前，AI 数字人需开展深度学习，不仅要能模拟真实酒店产品销售人员的话术，适应不同的场景；而且能够精准提供酒店的相关信息和推广活动，有趣的是还能够与观众互动、分享信息、展示产品和解答疑问。

AI 数字人还有一个明显优势，就是能 24 小时不间断进行直播，持续提升品牌的曝光度，在直播中提供热卖房型产品和促销优惠，从而有效提高直播成交的转化率，同时极大地节省人工成本和运营费用。中旅酒店将在各酒店推广这一创新形式，逐级打造酒店专属的特色 AI 数字达人，让 AI 直播内容更加多元化、特色化，进一步用科技手段提升酒店的品牌形象，占据更广阔的商业市场。

案例 8-5

AIGC 辅助酒店品牌 IP 形象设计

第一步，与 DeepSeek 进行需求沟通（图 8-28）。

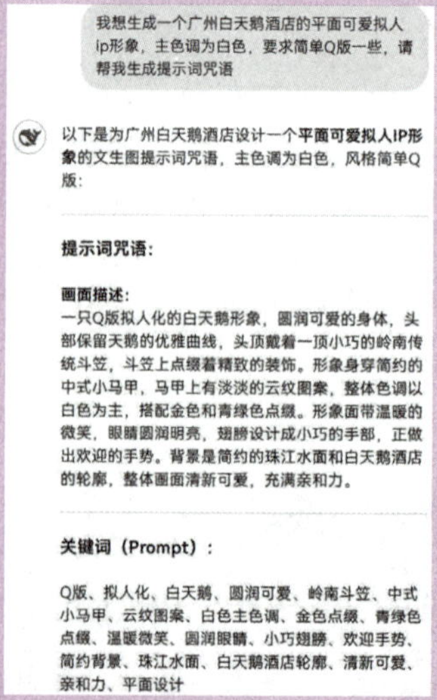

图 8-28　与 DeepSeek 进行需求沟通

第二步，在"即梦 AI" App 中选择"想象"→"图片生成"→输入关键词"Q 版拟人化白天鹅，圆润可爱，头戴岭南斗笠，身穿中式小马

项目八 实施酒店数字化营销推广

甲,白色主色调,金色和青绿色点缀,温暖微笑,圆润眼睛,小巧的翅膀做欢迎手势,背景为珠江水面和白天鹅酒店轮廓,清新可爱,平面设计风格"→模型选择"图片2.1",生图比例1∶1。

第三步,对于生成的IP形象不断生成调整,选择最终喜欢的那款(图8-29)。

图8-29 在"即梦AI"App中生成IP形象

任务实操

表8-8 酒店产品新媒体营销技能实训

实训目的	学生能够制作简单的酒店宣传H5动画
实训准备	确定酒店宣传主题,策划动画脚本
实训要求	能够根据酒店宣传目的,撰写合适的动画脚本
	画面精美,内容有逻辑性
	使用秀米H5制作动画
实训效果	用H5动画形式起到宣传酒店产品或品牌的作用

专业词汇

任务评价与总结表

· 221 ·

酒店数字化营销

项目训练

 练一练

扫描右侧的二维码,开始做题吧。

随堂练习

项目九
策划酒店数字化活动

项目导读

本项目主要从酒店活动策划的数字化方式进行阐述,包括数字化活动策划的作用、具体工作和活动策划技巧等内容。本项目是酒店营销数字化内容的着力点,酒店营销从业人员在传统活动策划的基础上,要掌握数字化传播和促销的相关知识。

 酒店数字化营销

学习目标

知识目标	1. 了解酒店数字化活动策划的概念和分类 2. 了解酒店数字化活动策划的作用 3. 熟悉酒店数字化活动策划的内容
能力目标	1. 能够识别常见的数字化活动策划 2. 能够辨别不同数字化活动策划的异同 3. 能够进行酒店数字化活动策划
素养目标	1. 重视数字化活动策划中的思政元素引领作用 2. 增强学生的市场认知和文化认知

思维导图

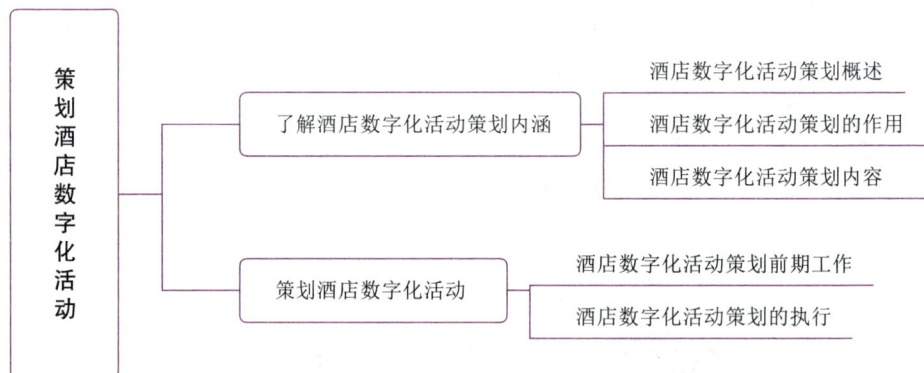

项目九 策划酒店数字化活动

 **任务一　了解酒店数字化活动策划内涵**

任务导入

通过对酒店数字化营销基本理论的学习，策划人小张初步熟悉了酒店数字化营销工具的使用，也已经比较熟悉酒店营销相关知识，但现在面临着如何在酒店活动策划中运用互联网技术的问题，尤其是如何运用新媒体技术进行活动策划。另外，数字化产品策划和传统的产品策划区别在哪里，酒店为什么要推行数字化活动策划？请你帮助小张梳理一下酒店数字化活动策划的内容。

任务知识

一、酒店数字化活动策划概述

（一）酒店数字化活动策划的概念

活动是指为达到某种目的而从事的行动。策划是一种策略、筹划、谋划或者计划、打算，是个人、企业、组织结构为了达到一定的目的，在充分调查市场环境及相关联环境的基础之上，遵循一定的方法或者规则，对未来即将发生的事情进行系统、周密、科学的预测并制定可行的方案。酒店营销中的活动策划是指酒店企业为达到某种营销目的，将合适的产品用合适的方法，在合适的时间、合适的地点卖给合适的顾客的一种营销行为。

酒店活动策划是一个包含了多个阶段的工作活动过程，包括时间流程、后续工作和其他方面等诸多内容。随着新媒体时代的来临，活动策划方式也迎来了一场变革，越来越多的酒店活动从线下转到线上。网络在让组织活动变得更加简单和容易的同时，也使数字化媒体运营者能通过活动更快、更好地接触到潜在客户，进一步收集数据，扩大目标消费者规模。酒店数字化活动策划，就是在酒店策划中，通过环境分析，遵循酒店营销战略，综合考虑产品价格渠道和促销等各种营销策略，在酒店活动策划中采用或部分采用数字化营销手段而进行的活动；重点研究的是酒店策划中数字化工具和数字化技术手段的运用。

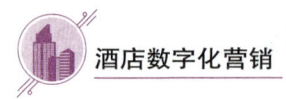

（二）常见的酒店数字化活动策划

酒店在日常经营中，经常需要进行各种策划活动。酒店营销活动的主体是酒店，内容主要为酒店的整体形象和酒店的产品（服务）。酒店常见的策划活动通常有其特定的营销目的，常见的营销目的有提高产品市场占有率、追求利益最大化或对抗竞争。根据酒店举办活动的营销目的进行划分，可以细分为以下几类。

1. 营销主导型数字化活动策划

酒店营销主导型活动策划指酒店在开展活动时主要营销目的是以盈利销售为主、品牌宣传为辅而展开的主题策划，这是酒店活动策划的主体部分。常见的营销目的有增加消费额（单次消费额增加和诱导重复消费）、顾客忠诚计划、对抗竞争等。如酒店常见的节假日促销活动、酒店开业促销活动、店庆促销活动、酒店美食节活动等。这些活动策划毋庸置疑也在提高酒店的品牌知名度，但酒店的初衷往往是以活动为引爆点，吸引目标消费者消费。

2. 传播主导型数字化活动策划

传播主导型活动策划指酒店活动以品牌宣传为主、盈利销售为辅的策划。常见的营销目的是打开知名度、传播酒店的新产品等，这类活动注重媒体形象的传播。

3. 混合型数字化活动策划

混合型数字化活动策划兼备以上两个类型的特点，既做营销又搞传播，属于"鱼和熊掌兼得"型，如酒店的创意美食节活动等。

二、酒店数字化活动策划的作用

数字化和网络化正在改变一切，既包括我们熟悉的出行方式、沟通方式和支付方式等，也包括数字化的活动策划。网络不仅让人的生活变得愈加便捷，也为酒店企业数字化活动提供了许多便利，大概可以表现在以下几个方面。

1. 数字化活动策划打破了传统线下策划的营销模式，使目标消费群迅速扩大

2025年1月，中国互联网络信息中心（CNNIC）发布第55次《中国互联网络发展状况统计报告》，数据显示，截至2024年12月，我国网民规模达11.08亿人，我国手机网民规模达11.05亿人，我国社交网络用户规模达11.01亿人，我国网络视频用户规模达10.70亿人，2.49亿人表示自己使用过AI产品。从上述信息可以看到，互联网普及率非常高，这也意味着线上活动已经成为消费者的主流信息获取和交易模式。数字化语境下的便捷服务，使活动

项目九　策划酒店数字化活动

策划的信息流向、获客方式、交易方式变得更加贴近目标消费者的消费习惯，从而使目标消费人群迅速扩大。

2. 数字化活动策划改变了活动策划的人员组织，使执行变得更加简单直接

随着数字化技术的推行，许多基本、单一的工作可以用机器或者人工智能取代，如微博中的投票功能、电商交易平台的智能客户服务等。这些本身应由员工完成的事项被程序和AI取代后，活动策划中人员变得简化，结构更加简单，成本大幅下降。

3. 数字化活动策划降低了活动的举办成本，提升了活动策划的效率

数字化活动策划中程序简化或AI代替基础工作，使得同一项工作参与人数减少；互联网社交媒体平台或私域流量平台入驻成本较低，宣传方式多样，使得宣传成本降低；网络提供了大量参考数据，且网上场地费用可以排除，使得环节成本降低，效率得以提升。数字化为酒店企业的活动策划提供了快捷的营销平台和交流途径（评价与沟通），快速的支付方式和信息传递速度，高效的宣传和引流模式，这些使得数字化活动策划与传统线下活动策划相比，具备更低的门槛、更少的环境制约（场地、天气、时间等），从而使得效率更高。

三、酒店数字化活动策划内容

（一）酒店数字化活动策划的主体

酒店数字化活动策划的主体是酒店市场部门，策划者是策划活动任务的承担者和策划工作的实际操作者。策划者既可以是专业策划公司的策划专员，也可以是酒店或酒店内部人员、酒店营销策划企划等部门的策划人员。在实际操作中，酒店作为一家实体企业，策划的整体方案往往由酒店的策划企划部门或营销部门制定，而策划文案和数字化传播则可由专业公司承担，也可由酒店自身承担，这一般取决于数字化传播媒介的选择。

（二）酒店数字化活动策划的核心

在数字化活动策划中，活动主题、创意和文案的使用是活动策划的核心。在开始策划前，首先必须确定策划的主题，策划主题和策划活动必须吻合。确定主题后，特色鲜明、直击消费者内心的创意和文案，可以让目标顾客由知晓到关注，并激发其消费欲望，最终达成购买意向和传播意向，实现酒店企业的营销目标，提升酒店的企业形象，并带来预期的活动收益。

其中，创意、信息的传播媒介和工具的使用则是另外一个核心要素，高效而迅捷的数字化传播工具对酒店相关活动信息的传递、消费者对自身需要信息的接受并引发共鸣，都起着至关重要的作用。

（三）酒店数字化活动策划的载体

面对独特的活动策划创意，鲜明的活动策划主题，酒店营销策划主体必须将其以独特新颖的外化形式呈现出来。借助最恰当、最独特的表现载体，更高效地实现酒店活动策划的目标。传统的活动策划主要采取地推广告、传单、传统的媒体广告、户外广告、现场展示等载体进行信息传播，数字化活动策划在传统的载体之外，加入了微博、微信、微视频等新媒体。借助大V推广、网红推广、热门话题推广、超级话题推广等形式进行传播，以达到信息传播的广度、深度和精准度。

任务评价与总结表

任务实操

请通过查找的方式，找出不同平台（至少4个）的酒店数字化活动策划，说明其属于哪一种类型的酒店数字化活动策划，并完成表9-1。

表9-1　酒店数字化活动策划情况调研

平台名称	策划类型	关键文字

任务二　策划酒店数字化活动

任务导入

通过学习，策划人小张熟悉了酒店数字化活动策划的内涵，但是到底如何开展数字化活动策划，小张依然缺乏理性的认识。请寻找一份比较典型的酒店数字化活动策划方案，帮助小张完成酒店数字化活动策划分析。

项目九　策划酒店数字化活动

任务知识

一、酒店数字化活动策划前期工作

（一）活动策划时间的确定

酒店数字化活动策划，需要考虑策划与时间的关系。一方面，策划活动总是需要一定的时长，这既包括策划方案的制定时长，也包括策划活动执行的时长。另一方面，策划活动选择的时间总是会借助一定的时间节点，使得策划活动具备较强的时间针对性。

微课 9-1
酒店数字化活动策划前期工作

在酒店策划实践中，利用节假日进行活动策划是常规的选择。我国节假日包括法定节假日和非法定节假日。法定节假日有 7 个，既有传统意义上的春节、清明节、端午节和中秋节，又有非传统意义的元旦、劳动节和国庆节。在这些节日里，消费者一般会有较多的消费行为（来源于消费时间增长，消费欲望增加，消费资金筹划），对于酒店来说，可以借助这一时间点，进行相应的主题活动策划。

而非法定节假日就更多了，如七夕节、重阳节、上巳节和父亲节、母亲节、情人节等，这些也对部分消费者具有较强的吸引力，可以利用这些节日进行活动策划，吸引新顾客或增加顾客的黏性。

当然，除节假日外，酒店还可以利用各种纪念日（如店庆日）、热点（社会热点、生活热点、娱乐热点等）进行活动策划。

（二）活动策划目标确定

酒店活动策划的营销目标是酒店企业进行酒店活动策划前予以确定的，通常情况下，酒店活动策划营销目标应该与目标市场需求一致。对于酒店而言，不同的营销目标与活动策划方案的质量及措施密切相关。营销目标常和价格、产品相联系，常见的活动营销目标有以下几个。

1. 增加销售额目标

酒店企业有时为了充分利用酒店设施设备，或在面对直接竞争时为了能争取到更多的消费者和消费额，就要为消费者提供更多附加利益或优惠，以刺激消费者的购买欲。如常见的促销活动。

2. 开发新顾客目标

在竞争激烈、需求变化快的市场中，酒店企业无论是否已经拥有了很高的市场份额，只要还有接待能力，就要不断开拓新市场，挖掘市场潜力，扩大接待规模，这对于酒店企业保持持续发展的势头非常重要。如常见的新客

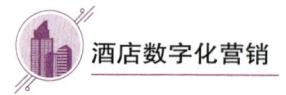

优惠政策。

3. 留住老顾客目标

酒店企业产品在市场上拥有了一定的美誉度后，市场对产品就形成了偏爱，这种偏爱往往带有很强的感情色彩，一经形成，顾客对这个产品的购买就具有某种惯性，不会轻易改变这种消费习惯。企业通过营销手段提高市场美誉度，增加顾客对品牌产品的信任和黏性，达到长期利益最大化。

4. 顾客忠诚目标

美国经济学家赖克尔德和萨塞曾经对许多行业进行了长时间的观察分析。他们发现顾客忠诚度在决定利润方面比市场份额更加重要。当顾客忠诚度上升 5 个百分点时，利润上升的幅度将达到 25%~85%。与此同时，企业为老顾客提供服务的成本却是逐年下降的。更为重要的是，忠诚的顾客能向其他消费者推荐企业的产品和服务，并愿意为其所接受的产品和服务支付较高的价格。可以说，忠诚顾客是企业竞争力的重要决定因素，更是企业长期利润的根本源泉。

5. 争取中间商的支持

酒店常常针对销售本酒店产品的中间商或代理商推出特殊产品和服务，力求得到中间商或代理商对酒店的支持。酒店一般通过优惠计划奖励中间商或代理商，在树立企业形象和提高销售业绩活动中寻求中间商的帮助和支持。

另外，值得注意的是，营销目标最好能用量化指标标注，比如在这次活动中酒店企业想提升哪个方面的数据指标，如拉升、促活、留存、转化、裂变其中一个或几个方面；活动期间 App 活跃用户达到 10 万人，营业额达 299 万元；阅读量 1000+，点赞量 5000+，留言量 3000+ 等（表 9-2）。

表 9-2　营销目标与常用的策划方式

营销目标	策划方式
宣传品牌形象	一般通过介绍、晚会或冠名方式进行
提升形象	一般是公益活动、慈善活动
获得利益	产品促销为主要方式
宣传品牌＋获得利益	综合性的方式

（三）活动策划目标市场的确定

在活动之前，企业往往得细分酒店目标消费者群的类型，勾画消费者群的画像，为后续传播媒介的选择提供条件。此项工作可以通过市场调查的方式获得相关信息，也可以根据酒店目标市场和定位的选择进行圈定。

（四）活动策划费用预算的确定

对于活动运营者而言，活动经费预算是重要的一个环节。经费保障是一个活动成功的关键要素之一。数字化活动策划，预算经费应该至少包括两方面，一方面是线下和线上的宣传推广费用，如活动前期和活动中酒店利用私域流量，依靠微信公众号、微博、抖音等平台进行宣传，也可以利用公域流量，如 OTA 机构等，让活动得到更大程度的曝光，这些宣传推广无论是制作还是利用，都是活动预算的一部分。另一方面就是传统活动期间的材料费用、制作费用、场地租金、人员费用等。活动的各项费用在根据实际情况进行具体、周密的计算后，用清晰明了的形式列出，既可以作为执行标准，也可以作为活动进行中的控制标准。

二、酒店数字化活动策划的执行

（一）活动策划方案的制定

1. 创意的来源

酒店活动策划主要是要达到酒店组织活动策划所制定的目标，而创意是达到目标的重要元素之一。创意不是单凭某人的思考就可以简单获得的，而往往需要经过系统组织、整理，最后形成可以实现的构想和方案。一般来说，创意来自以下 3 个方面。

首先，来自组织内部。组织是由各种各样的人群组成的，好的创意可能已经存在于酒店工作人员特别是市场销售人员和一线人员的脑海里，他们拥有对顾客熟悉和对酒店产品了解的优势，只不过他们的创意没有被重视，或者还只是一个点子，并没有上升到创意成熟的阶段。因此，需要策划人员（策划主体负责人）对内部人员进行征询和调查，获得其创意。

其次，来自借鉴和经验。对于一些活动策划，可能在操作和实践中已经有比较成功的先例（社会上很多关于成功策划案例的书籍）。这可能是合作伙伴和竞争对手的创意，也可能是其他行业的创意，策划人员可以进行创意借鉴和创意移植，从而产生新的创意。

最后，来自策划人员的灵感。灵感思维是创造性思维的重要形式，是在偶然机遇的外部作用下，靠显意识和潜意识交互作用而出现的"顿悟"。当然，这种灵感离不开策划人员的知识积累、信息掌握和积极思考。

2. 方案的确定

在酒店活动策划过程中，可能会形成多个策划创意，得到几个策划方案，但是实际操作却只能是一个，因此要选定和确立一个方案。一个可行的方案，应具备以下 4 个条件。

（1）方案应具有可操作性。方案本身要符合酒店的实际情况，除包括酒店的人力、物力、时间和财力外，还要有此方案实施时所必须具备的外部条件。

（2）方案应得到领导的信任与支持。活动策划方案能否顺利推行、执行到底，与酒店管理层特别是高级管理层的信任和支持程度有很大的关系。因为任何活动策划，除一定的资金外，还需要酒店相关部门的合作、协助、配合和支持，如果管理层意志不坚定，对策划方案的信心产生动摇，支持与信任的程度降低，就可能会使策划方案的效果难以全面发挥。

（3）方案应得到其他部门的支持与配合。方案的实施除有领导的支持外，还需要其他部门的全力配合。作为酒店活动策划来说，与活动策划相关的部门众多，基本上酒店的所有部门都需要加入活动的执行。因此，在策划方案制定之初，就必须与其他部门沟通协商，最好请各个部门的管理层直接参与策划。这种经过大家共同制定的策划方案，是大家所参与认可的方案，可以得到各部门的支持和配合。

（4）活动策划文件要素齐全。活动策划书是活动策划思想与实施方法的文字化、书面化成果。策划书一般包含一些基本内容，有的学者将其概括为"5W3H"。

① What（什么）——策划的目标、内容。
② Who（谁）——策划相关人员。
③ Where（何处）——策划场所。
④ When（何时）——策划的日程计划。
⑤ Why（为什么）——策划的原因。
⑥ How（怎样）——策划的方法。
⑦ How（怎样）——策划的表现形式。
⑧ How（怎样）——策划的预算。

案例 9-1

汕头中海度假村第 21 届中秋潮俗烧塔赏月活动

一、项目介绍

汕头中海度假村中秋潮俗烧塔赏月晚会活动已连续举办 20 年，吸引了潮州、揭阳及粤东周边各县市、珠三角、台湾、香港等地游客前来参加，深得众多游客的喜爱。这里是中秋赏月的好去处。

潮俗中秋活动已连续举办了 20 届，每年度假村都会组织大型的中秋赏月活动,节目有歌舞表演、潮俗烧塔、焰火表演、狂欢迪斯科等,场面热烈,深受游客喜爱(图9-1)。

中海度假村一年一度的中秋活动已成为汕头传统中秋节目之一,吸引各地游客慕名而来。活动期间客流量可达几万人次,均为中、高端消费群体。汕头电视台《美食地图》栏目"中秋特别节目"曾选择景区的中秋活动前期准备工作作为宣传预告片,制作了时长近3分钟的专题片,向市民、游客推荐中秋好去处。广东卫视DV栏目到现场做潮汕中秋民俗活动专题报道,同时汕头电视台《潮汕风》之"城市纪录片"作为潮汕中秋民俗活动也在当晚前来拍摄取景。

图9-1 潮州中秋民俗——烧塔赏月

中秋节是中海度假村品牌节日的经营高潮之一,巨大的人流量和优质的客源为企业产品提供了非常大的广告空间。此时市场潜力巨大,是品牌宣传推广和创造经济效益的良机。

二、活动主题
汕头中海度假村第21届中秋潮俗烧塔赏月活动。

三、活动时间
9月13日(中秋节活动)。

四、活动地点
中海黄金海岸水上乐园。

五、活动关键词讨论
票务销售形式;假期3天活动安排;活动热点/营销事件;赏月晚会场地设置;点塔环节的形式;车辆停车规划问题。

六、活动内容及演出时间
喜猜灯谜　9月13日—15日(全天)

赏月晚会　9月13日20：30—22：30
夜光风筝　9月13日20：30—22：30
潮俗烧塔　9月13日22：30—00：00

七、晚会费用预算（××月×日晚）

共计×××万元，其中：

晚会执行　×××万元

营造制作　×××万元

宣传推广　×××万元

八、活动营收预估

中秋当天收入×××万元（如遇天气情况不佳等问题，将可能会出现收入低于预估值），其中客房收入×××万元；中餐厅收入×××万元；农场收入×××万元；沙滩收入×××万元。

九、活动筹备分工（表9-3）

表9-3　中秋活动筹备分工

序号	负责事项	工作事项	完成时间节点	负责部门	负责人	分管领导	配合部门	主要工作	物料清单	备注
1	活动探讨	有关活动开展讨论	8月3日	营销策划部	×××	×××	海滨部	讨论中秋活动执行事宜，如舞台设置位置、活动举行形式		通知海滨部主管级以上人员参会
2	活动策划、讨论	有关活动开展讨论	8月5日	营销策划部	×××	×××		1.总结去年活动优点，今年可以继续借鉴执行的；总结去年活动存在的不足，今年执行中需要避免的地方 2.本届活动内容、形式讨论、策划 3.招商方式讨论（有关项目定位、招商定价托）		营销策划部全员参加
3	汇报	初定方案汇报总经理	8月6日	营销策划部	×××	×××		将活动执行的初步方案汇报给总经理		
4	活动	招商书	8月10日	营销策划部	×××	×××		营销全员、各部门经理，针对中秋活动招商	活动招商书电子版	
5	晚会执行合作商	物色适合执行活动的3家商家进行招投标	8月15日前	营销策划部	×××	×××		活动执行的具体细节（包含活动举行场地、活动举行形式、演出节目安排、灯光编排、烟花表演编排、烧塔要求等细节）		实地沟通
6	演出内容洽谈	大舞台晚会节目洽谈	8月15日前	营销策划部	×××	×××				微信、电话沟通
7		中秋小舞台节目洽谈	8月15日前	营销策划部	×××	×××	海滨部			实地沟通
8	中秋方案	中秋方案签定	8月20日前	营销策划部	×××	×××				
9	晚会执行合作商招投标	晚会执行合作商招投标	8月25日前	营销策划部	×××	×××		晚会执行合作商招投标		

项目九　策划酒店数字化活动

续表

序号	负责事项	工作事项	完成时间节点	负责部门	负责人	分管领导	配合部门	主要工作	物料清单	备注
…	…	…	…	…	…	…	…	…	…	…

十、活动执行计划（表 9-4）

表 9-4　中秋活动执行时间

项目	27日	28日	29日	30日	31日	1日	2日	3日	4日	5日	6日	7日	8日	9日	10日	11日	12日	13日	14日	15日
烧塔搭建																				
赏月晚会舞台搭建																				
晚会演出节目确定																				
茶座围挡																				

（表中9月标注于 1日—15日 上方）

十一、活动推广排期

（略）。

十二、活动及人员安排

（略）。

（二）数字化工具的选择

作为酒店企业，在选择数字化工具时，应考虑以下因素。

1. 目标消费群体的媒介接触习惯

每一种数字化媒介都具有一定的受众特征，不同年龄、性别、职业、文化修养、社会地位、经济状况的消费者，对媒介及媒介所发布内容的接受能力和接受习惯也不相同。因此，在选择传播媒介时，必须充分考虑不同消费群的特点，才能保证沟通的有效性（表 9-5）。

拓展阅读 9-1
中海度假村自媒体渠道介绍

表 9-5　不同类型新媒体的内容特点、月活跃用户数、用户标签（截至 2022 年）

平台类型	平台名称	内容特点	月活（万）	用户标签
资讯型平台	腾讯新闻	母婴、汽车、摄影摄像	17 430	年轻已婚女性相对更多，更会玩，更生活化
	今日头条	通讯、生活、系统工具	9637	以低收入的年轻群体为主，喜欢与人沟通

续表

平台类型	平台名称	内容特点	月活（万）	用户标签
资讯型平台	网易新闻	智能硬件、体育美食	5249	白领相对更多，追求生活品质
	搜狐新闻	商务办公、地图导航	3983	成熟商务男士为主，工作努力，生活开心
视频平台	腾讯视频	各平台内容差异不明显	34 604	35岁以上、初中学历以下用户分布特征显著
	爱奇艺		27 807	35岁以下用户、学生用户分布特征显著
	优酷土豆		21 434	24岁以下年轻用户、高学历用户、高线级城市用户分布特征显著
	乐视视频		9019	—
短视频平台	快手	娱乐性、草根性	5160	年轻用户分布广泛，在低线级城市有较高覆盖，用户学历普遍显著
	美拍	明星类、搞笑类	1727	用户以女性为主，大专及以上学历用户过半
	秒拍	娱乐性、感染力强	446	用户工作稳定，且一线城市、高学历用户占比较高
	小咖秀	娱乐性、表演性	415	一线城市分布广泛，中高等收入用户居多
音频平台	喜马拉雅FM	小说、财经、人文、情感、相声、脱口秀	2635	20~39岁用户占比高，集中在一、二线城市，尤其是北上广深
	蜻蜓FM		1536	85后是最核心主力，制造业和科教文体行业用户多，集中在一、二线城市，尤其是沿海城市
	荔枝FM电台		1414	用户群体较为小众、文艺
	懒人听说		1096	00后、90后、85后多，呈年轻化趋势；用户集中在一、二线城市，尤其是华东和华北地区
直播平台	映客	娱乐性	3524	30岁以下用户占比高达73.1%；用户主要是自由职业者、学生和工人/服务人员
	YY		2473	

续表

平台类型	平台名称	内容特点	月活（万）	用户标签
直播平台	斗鱼 TV	游戏类	947	以有工作的已婚男性为主，消费能力强
	虎牙 TV		758	
开放式社交	微博	社会类、明星类	31 217	大学以上高等学历的用户占比高达76%；中等学历用户占比16%，低等学历用户占比8%
	陌陌	兴趣类、同城类	6258	年轻男性居多
	知乎	知识性	704	垂直，文化层次较高
	豆瓣	文艺性、小清新	359	
封闭式社交	微信	兴趣类、价值类	74 923	男性居多，企业员工居多

2. 产品特点和覆盖范围

选择传播媒介应当根据产品性质与特征而定，因为各类传播媒介在展示、解释、可信程度、注意力与吸引力等各方面具有不同的特点。从可信度而言，头部公域流量平台大于其他平台；从覆盖范围来看，基于酒店产品的地域性因素，某些小众流量来源可能对目标市场的覆盖程度更好，如小红书、微信朋友圈等；从展示效果来看，直播＞视频＞图片＞文字（图 9-2）。

图 9-2　选择直播方式展示酒店产品的效果最佳

3. 成本与效率

活动策划的预算直接决定了传播媒介的选择成本。与传统媒体不同的是，数字化媒体在成本方面存在极大的差别，同时也缺乏一定的清晰度。从流量来源来说，私域流量费用较低，其包含两种类型，一种是归属于私域流量的酒店抖音号、小红书、微信公众号及朋友圈等可以任意时间、任意频次，直接触达用户的渠道。这种私域流量渠道通常不用付费，但往往受制于流量的规模和质量，其流量以老客户为主，质量较高，但获取比较困难，规模扩张难度较大，覆盖面不广，且要对推送的频率加以注意。另外一种私域流量是目前比较火的大V和KOL，通常需要支付相应的费用，效果从业界反馈来看不错，推广效率较高，但是要加强甄别和选择。

相对于私域流量而言，一些公域流量则呈现和私域流量不同的特征。对于平台中的酒店企业而言，只能以付费或活动等方式，在满足平台规则的原则下获取流量，留存率较差；个人没有支配权，只能跟随平台的发展规律顺势而为，且流量始终属于平台；这种形式所带来的弊端是每次流量的使用需支付高昂的费用。当然，优点仅为流量获取方式相对简单，花钱购买，付费即可，平台会根据你付费的级别来定制推送计划。公域流量覆盖面较大，但精准性一般。公域流量也叫平台流量，它不属于单一个体，而是被集体所共有的流量。我们常见的平台流量五大板块：电商平台（淘宝、京东、网易考拉等）；内容聚合型平台（腾讯新闻、网易新闻、今日头条等）；社区平台（百度贴吧、微博、知乎、简书等）；视频内容型平台（腾讯视频、爱奇艺、抖音等）；搜索平台（百度搜索、谷歌搜索、360搜索等）。

（三）数字化内容转化

选择好数字化媒介之后，接下来的事情就是对策划内容，如主题、创意、文案的数字化转换，即以数字化工具为载体的内容重构。如何将活动目标和活动创意呈现给用户，需要进行优质的活动页面设计。一般而言，推送的内容能否在目标人群中传播并引起共鸣，主要取决于内容质量。内容的数字化转换可以由酒店策划人员和技术支持人员完成，也可以由第三方公司完成。无论哪种转换模式，一般来说，都要达到以下几个要求。

1. 形式要求

（1）活动指引清晰。一个活动策划，总是有不同的活动流程，开发运营者只有清晰地把这些活动流程展现给用户，才能让用户顺畅地体验活动。而要想把活动流程清晰地展现给用户，确保活动页面活动指引的清晰度，就需要在活动页面设计上下功夫，让用户在体验活动的过程中能轻松地按照活动页面的指示参与活动。这就要求在页面颜色、图标形式和布局、文案内容安排3个方面保持统一，活动页面的颜色不要太繁杂，这样可以避免在顾客浏览时造成干扰。

（2）页面构成完整。一个完整的设计，往往是由鲜明的主题、风格、排版、颜色构成的。活动主题是页面的灵魂，其设计必须清晰明确，Banner突出且与主题一致；风格与主题一致，并和目标客户审美吻合；排版须注意PC端和移动端的区别和移植（不同终端，页面显示不同；PC版的页面显示于终端，一般会有差异）。

（3）体验环境友好。对于用户而言，友好的登录环境至关重要。首先，需要在用户信息的收集设置方面，尽可能考虑顾客特别是新顾客的隐私和安全要求，尽量不要涉及一些与用户隐私、利益相关的信息，如身份证、人脸识别、银行卡信息等。否则，顾客往往会因顾及安全而放弃参与。其次，一个完整的活动过程，往往需要在不同页面跳转，既包括不同层级页面的跳转，也包括不同平台页面的跳转，这种跳转要尽量减少。再次，要考虑页面的响应速度。由于网络运行环境或网速原因，页面会出现卡顿现象，近八成消费者会在7秒左右选择跳出操作。所以，在活动设计时，页面响应速度要尽可能迅速，否则消费者很可能因等待太久停止参与活动。最后，要考虑不同浏览器的兼容性，开发者要注意用户的浏览器是否都支持该页面活动，这就需要活动开发者在活动正式上线前，对浏览器的兼容问题进行检查。

2. 内容要求

无论是品牌宣传还是主题促销活动，活动策划书本身是比较刻板的。如何让活动更引人注意、引发关注并激发目标人群兴趣，是活动成败的又一关键因素。这就需要活动组织者换位思考，目标受众更喜欢什么样的策划内容呢？这就要在内容的选择上进行巧妙的安排。

（1）活动形式简单、有趣。从目标受众的角度来看，充满愉悦的浏览应该不需要太多的付出，无论是体力层面还是精神层面。有趣的内容才能吸引受众的注意，用户关注某一方面的信息，有一个重要的原因就是有趣。有些在运营的产品就是因为其趣味性而获取海量用户和众多关注的。

简单的操作才会让受众轻松参与。否则，设计复杂的参与流程，需要客服和运营者去教会受众如何参与，这对顾客而言，不是一次值得投入的体验。

（2）情感共鸣和热点促进。受众在关注文章、视频等内容时，总会被某些语言和文字、某类场景所感动，从而引起情感共鸣。如果将这些能够引起情感共鸣的元素加入运营活动中，或者在运营活动中设置直击用户心灵的活动环节，那么用户一般是会乐意关注并转发的。当然如果在一些热点事件或热点时间节点的配合下，开展能直击用户心灵的活动，那么效果将事半功倍。

（3）争议性话题引发讨论。俗话说，一千个读者心目中就有一千个哈姆雷特。可见，不同的人对事物、主题的看法是存在差异的。正是这种差异性，引来众多不同，从而让众多话题传播开来。因此，在活动运营中，如能提供一个有争议性的话题，开展一个争议主题的讨论活动，双方参与讨论，那么这一活动只会越炒越热，吸引关注并产生传播蔓延的效果。这类利用话题来引导流量的活动越来越多。

（4）实惠和惊喜永远是主角。推出有创意的活动，向用户直接让利不失为一种有效的方法。在互联网和移动互联网环境下，在平台上呈现出来的产品差异不大的情况下，推出产品让利活动，毋庸置疑会吸引众多用户关注。另外，提供额外惊喜的方法也是一种不错的选择。如在活动过程中为用户提供一些让利的方式提升用户的幸福感，这种意外惊喜属于锦上添花的做法，往往能激发更多的参与热情。

3. 程序要求

（1）拉新活动。让潜在用户成为现实用户。拉新活动，顾名思义就是通过活动的开展，让受众成为平台账号的新用户或成为产品或品牌的新客户。一般是先将潜在用户转化为平台注册用户，然后再由注册用户转化为产品用户。

当然，拉新活动还有一种特殊情形，那就是通过活动使潜在用户直接成为产品客户。活动中的拉新大多出现在产品促销活动信息发布后，老用户基于促销活动中的优惠条件（如两人购买，一人半价或免单）会向朋友推荐该促销活动信息，成功地让潜在用户成了产品客户。

（2）激活活动。唤醒睡眠用户。在众多平台上，用户虽多，但是真正的活跃用户其实有限，有些用户甚至在订阅、关注后，基本上从来不曾光临平台，这些用户就是平台的睡眠用户。一般来说，一个平台账号的活跃客户占比不会超过15%，有时会更低，其中大多数处在睡眠用户或半活跃半睡眠用户状态。对于占比如此大的用户，平台账号可以经常举办一些活动把他们激活，这样的活动就是激活活动。

对于激活活动，我们可以通过活动发布，引发睡眠客户或曾经有消费但不活跃的客户关注，并触发其购买行为。在营销中，存在著名的二八定律（20%的投入有80%的产出），这同样适用于激活活动运营：对那些曾经有消费行为的不活跃老客户，只要投入了20%，你就有可能获得80%的产出，而对那些不曾有消费行为的不活跃用户，可能投入了80%，其产出却只有20%。因此，对以销售盈利为目标的酒店企业来说，激活活动的对象选择更多的是曾经产生过消费行为的不活跃老客户。

（3）促销活动。刺激更多客户。促销活动，顾名思义就是以促进销售、提高产品订单数和购买量为目的的活动。这一类型的活动在各个电商平台、外卖平台上随处可见,主要目的是促使没有消费欲望的顾客消费,或者让有消费欲望的顾客增加消费频率或消费金额。

关于促销活动的方式有很多,特别是在电商平台竞争激烈的情况下,其精妙的招数设置令人惊叹。例如,打折优惠或送优惠券的活动,可以刺激一些还在犹豫买或不买的人迅速下单;满减活动,可以刺激那些准备购买的人为了满足优惠条件而加购。

(4)品牌活动。提升知名度和美誉度。如果说促销活动更多的是注重订单数量的增加,那么品牌活动则更多地注重品牌的认知提升,具体表现在扩大品牌知名度和提升品牌美誉度。一般来说,利用各种渠道和平台,把品牌及其产品植入其中的,都是品牌为了提升其知名度和辨识度而进行的活动,如冠名赞助、电视广告等。

(5)趣味活动。检验活跃用户。活动,在孩子的眼里基本上可以与"玩"和"有趣"画上等号。因此,在活动运营中,趣味活动也是作为一种重要的活动类型而存在的。只是这里的活动不是为了玩而活动,而是为了一定的运营目的——加强与用户之间的互动和联系,同时检验平台账号的活跃用户数。

专业词汇

对以有趣互动为核心的趣味活动而言,其形式和类型也是多样化的,如话题类活动、比赛类活动、好奇盘点类活动等。而话题类活动,一般都是有特定的关注人群的,它主要是通过话题引起这些关注用户的参与,以有趣的活动内容来提升用户的活跃度,并最终凭借这一话题活动实现其商业化的运营目的。

任务评价与总结表

任务实操

撰写酒店数字化活动策划方案

第一步,选择附近一家主题酒店或民宿,通过资料查询、实地考察、电话访谈等形式了解其特点、消费者类型、消费者购买行为等信息。

第二步,根据掌握的资料给该主题酒店或民宿策划一份特定节假日(如中秋、元旦等)的营销活动。

要求主题创意鲜明,营销目标明确,策划内容能反映酒店的具体特征和目标消费者需求特征。策划文案需条理清楚,内容翔实。

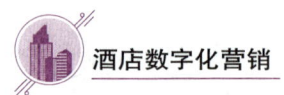 酒店数字化营销

项目训练

 练一练

扫描右侧的二维码,开始做题吧。

随堂练习

项目十 撰写酒店数字化文案

项目导读

酒店数字化文案是营销的核心工具，能吸引受众、引发共鸣、推广品牌并促进购买，对流量转化至关重要。本项目系统地讲解了酒店数字化文案的概念、特点及常见类型，着重传授实用的文案写作技巧与方法。学生将熟练掌握广告语、品牌推广文案、营销软文、自媒体短文案等推广类文案及旅游电商文案、促销活动文案等销售类文案的写作方法，夯实写作基础，精通数字化技能，切实提升在数字化时代的营销实战能力。

# 酒店数字化营销

学习目标

知识目标	1. 了解酒店数字化文案的概念和特点 2. 熟悉酒店数字化文案的常见类型 3. 掌握酒店数字化文案的写作技巧与方法 4. 了解酒店数字化销售文案的写作方法和要求 5. 熟悉酒店数字化推广文案的写作方法和要求
能力目标	1. 能够在不同的数字化平台为酒店选择合适的营销文案 2. 能够撰写具有吸引受众注意力、引发共鸣，树立酒店品牌形象等作用的酒店数字化文案 3. 能够为酒店营销撰写推广文案 4. 能够为酒店营销撰写销售文案
素养目标	1. 遵循诚实守信的职业道德，撰写真实的酒店数字化文案 2. 通过酒店数字化文案传递正确的价值观和审美观 3. 能够使用文字描述和展现中国酒店的服务特色和文化特色

思维导图

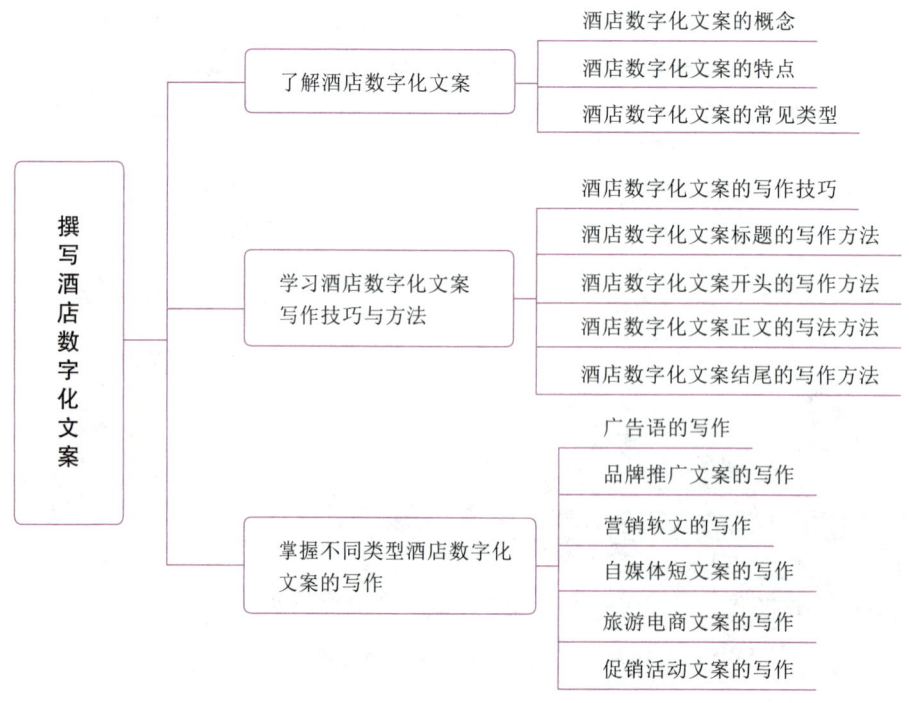

项目十 撒写酒店数字化文案

 任务一　了解酒店数字化文案

任务导入

某家五星级酒店的市场营销总监赵强要建立酒店数字化营销体系，他想选择流量比较多的平台进行数字化营销，并规划每个平台的数字化推广方式和计划。请你帮助李强总监选择合适的平台，并规划推广方式。

任务知识

一、酒店数字化文案的概念

在市场营销中，文案就是在营销推广过程中用于吸引受众的一种广告表现形式。大多数情况下，消费者在预订酒店时并没有走进酒店，只能通过酒店提供的文字描述或图片，了解酒店的装修风格、服务特色等。文案就成了酒店消费者了解酒店产品和服务的一个渠道，在传达酒店产品信息和促成交易方面起着至关重要的作用。

随着大数据、移动互联网、信息智能终端等新一代信息技术的发展，数字化、智能化成为酒店品牌发展的核心关键词。其中，酒店数字化主要指酒店的数字化运营，不仅包括分析客户数据，掌握消费者画像，实现精准营销，也包括通过公众号、小程序、OTA、微信、微博等数字化平台传播酒店产品信息和服务特色，实现数字化营销推广。

酒店数字化文案主要指上述数字化平台中有关酒店营销的文案。与传统文案不同，数字化文案不仅包括文字，还涵盖了图片、视频、超链接等元素，以使文案更能适应酒店数字化运营与营销的需要。所以，酒店数字化文案是在移动互联网的基础上，借助数字化平台生成的酒店推广文案和销售文案。

二、酒店数字化文案的特点

酒店数字化文案是在互联网技术、数字化技术环境下发展出来的一种新型文案，它更加符合当下人们的阅读习惯，也更能适应数字媒体传播的需要。

其写作方式也与传统文案有所不同,主要有以下特点。

(一)内容的多元化

在信息爆炸时代,为了方便文案快速传播并能够吸引消费者的关注,必须对文案进行加工处理,酒店数字化文案借助互联网技术和数字化平台由单一的文案变为文字、图片、链接、视频等灵活组合方式,因此,酒店数字化文案内容更加多元化。

(二)成本低、传播快

酒店数字化文案一般通过微信、微博、公众号、视频号等酒店自身运营的数字化营销平台进行发布,并借助酒店员工、客户的转发实现传播,传播成本较低。如果文案写得足够打动人,会有更多的人自发地转发和传播,从而实现酒店信息的快速传播。总之,酒店数字化文案可以通过低成本投入获得满意的效果。

(三)互动性强

酒店数字化文案多发布于社交、娱乐及资讯平台上,受众可通过平台与酒店数字化文案发布方进行互动,不再是单向的传播,而是多向的沟通。在有来有往的互动过程中,一方面,酒店可以更多地了解客人的需求,从而调整服务方向,提高服务水平;另一方面,通过互动方式可以拉近酒店与客人的距离,从而促使客人成为酒店的忠实粉丝。

(四)时效性强

在移动互联网环境下,信息的传播速度和更新速度都很快,人们逐渐表现出碎片化阅读的特点。在这样的背景下,为了吸引受众的注意,数字化文案往往要有很强的时效性,经常以节日、节气、热点话题作为切入点,若是文案传达的信息过时,就很难引起受众的注意。因此,在数字化文案的写作过程中,一定要注意信息的有效获取与及时传达。

(五)定位精确

酒店数字化文案本身要借助数字化平台发布和传播,数字化平台除了具有信息传播的功能,还可以通过后台大数据分析确定主要受众群体的个性特征,明确市场定位,从而针对目标市场的特点撰写文案,有助于实现精准营销。例如,安缦酒店和 W 酒店是定位截然不同的两家酒店,因此两家酒店的文案风格也不尽相同。安缦酒店定位为一家为心灵而筑、体验不同文化的精品酒店,因此其数字化文案主要以心灵升华、隐秘、文化体验等方面作为切入点。W 酒店定位为一家年轻潮人喜爱的精品酒店,因此其数字化文案主要体现酒店潮流、时尚、前卫的特点。

三、酒店数字化文案的常见类型

在酒店运营过程中，在不同平台上会用到很多篇幅不同、作用不同的数字化文案。了解酒店数字化文案的类型是写好文案的前提，根据不同的标准，酒店数字化文案分类如下。

（一）按照表现形式分类

酒店数字化文案的表现形式因传播渠道和平台不同而不同。例如，微信、微博、抖音、视频号中的文案主要用来配合说明图片或者视频，篇幅简短。而微信公众号和OTA推广平台中的推广文案，则可以把文字、图片、视频、语音等组合呈现，篇幅较长。

（二）按照文案写作目的分类

根据写作目的，酒店数字化文案可以分为推广文案和销售文案。推广文案是指能够帮助品牌增值的文案，这种文案主要为了提升品牌知名度和影响力，如广告语、品牌推广文案、营销软文、自媒体短文案等，推广文案也可称为软文。销售文案是指能够帮助直接转化的文案，这种文案主要为了激发消费者的购买欲望，引导消费者产生购买行为，从而提高产品销售量，如旅游电商文案、促销活动文案等，销售文案也可以称为硬广。

（三）按照篇幅长短分类

根据篇幅的长短，酒店数字化文案可以分为短文案和长文案。短文案需要快速吸引受众群体，短时间传递核心信息，并且可以与图文、视频组合呈现。长文案需要举重若轻、润物细无声、逐渐引人入胜，从而引发受众群体的情感共鸣，达到维护老客户、挖掘新客户的目的。

任务评价与总结表

任务实操

梳理当下比较流行的酒店数字化营销平台中营销文案的特点

第一步，请每个小组选择一家现实中的酒店作为研究对象。

第二步，小组成员共同研究并收集该酒店的定价策略信息，包括公开的价格、特殊折扣、会员优惠、季节性价格变化等。

第三步，分析所选酒店的价格策略如何反映其市场定位、竞争对策、供需关系及其他可能的外部影响因素。

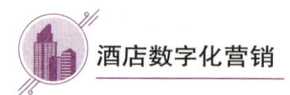

第四步，完成表10-1，总结你们的发现，并准备一个简短的演示文稿来向全班展示你们的分析结果。

表10-1　酒店数字化营销平台中营销文案的特点

平台名称	文案形式	文案特点	举例说明

任务二　学习酒店数字化文案写作技巧与方法

任务导入

赵强总监带领酒店市场营销部通过市场调研和头脑风暴最终为酒店选择了几个当下流量较大的数字化营销平台，建立了酒店数字化营销体系，并制定了详细的数字化营销方案。接下来，将要定期在各个平台进行营销和推广，其中，文案是重要的营销推广形式。为了能够让各个平台上的酒店文案起到吸引受众注意力、引发共鸣、树立酒店品牌形象等作用，现需要培训相关工作人员的酒店数字化文案写作技巧与方法，请你帮助赵强总监梳理酒店数字化文案的写作技巧与方法，并形成培训材料。

任务知识

一篇好的酒店数字化文案具有吸引受众注意力、引发受众共鸣、树立酒店品牌形象、引导消费行为等作用，怎样的文案才能实现这些作用呢？一篇完整的酒店数字化文案一般包括标题、开头、正文和结尾4个部分，大多数受众也是按照这样的顺序展开阅读，标题吸引受众点击文案，开头激发受众的阅读欲望，正文凸显酒店特色降低受众的跳出率，最后用结尾来引导受众采取相应的行动。那么，如何撰写才能满足这些要求呢？本任务主要解答这些问题，介绍数字化文案写作的技巧与方法。

一、酒店数字化文案的写作技巧

（一）撰写引人入胜的标题

一个有吸引力的文案标题能够快速吸引受众的眼球，激发阅读欲望。因此，文案撰写人员要想达到吸引受众关注、阅读、评论、转发等目的，就要设计撰写引人入胜的标题。

微课 10-1
酒店数字化文案的写作技巧

酒店文案标题可以起到传递酒店关键信息和吸引受众群体的作用，在撰写标题时，尽量将最新、最重要、最吸引人和受众最关心的信息放在标题中，运用一定的写作方法和技巧，撰写打动受众的文案标题，吸引受众点击文案。同样的情况下，优秀的标题需要满足以下要求。

1. 信息真实

文案传递的信息首先应该是真实、有效的，通过真实的信息获得受众的信任和信赖，切忌通过夸大或者失真的描述博取眼球、获取流量。

2. 被受众搜索到的概率较大

在信息时代，最容易获得的是信息，最容易被忽略的也是信息，如何在众多的信息中被快速发现是有效信息的必备条件，文案标题就承担了被受众搜索到的重任。酒店文案标题可以通过添加酒店地点、名称、定位、特色、价位等关键信息提高被搜到的概率。

3. 激发受众群体的点击欲望

通过关键词被搜索到的文案标题只成功了一半，通过一定的方法激发受众点击欲望才是成功的标题。酒店文案标题可以通过促销力度、酒店特征、保持神秘、唯美情境等激发受众的好奇心，从而吸引受众点击阅读。

（二）用户思维，引发受众共鸣

为提高文案吸引力，引发受众的情感共鸣，酒店文案应避免泛泛地描述酒店的特点，而应该站在用户的视角，关注受众的感受。描述消费者可以享受到的服务、对酒店的需求、对生活方式的向往等，挖掘消费需求，激发消费欲望。用户思维文案的撰写应该分为 3 个步骤。

1. 设置场景，分析用户需求

首先，找准目标用户；其次，对目标用户进行细分和场景化设置，比如商务客人的具体场景、度假客人的具体场景、亲子客人的具体场景等；最后，使用 5W2H（Who、When、Where、What、Why、How、How much）进行用户画像，找准用户需求。在分析的过程中，可以重点分析消费痛点和消费痒点，消费痛点是指尚未被满足而又被广泛渴望的需求，痒点是指用户对虚拟

249

自我的想象。

2. 清晰定位，分析产品特点

分析产品定位，找准产品特点。为了在文案中强调产品的独特性，在分析产品定位时，可以重点分析产品的差异化定位，找到分析产品的优势和产品的差异。在具体分析过程中，为了分析的全面性，可以将产品属性分为多个维度，比如酒店的硬件（包括位置、建筑风格、装饰风格、规模）、软件（服务特色、服务项目）、品牌等。

3. 结合用户需求与产品特点，撰写文案

将前面分析的产品特点与用户需求结合起来，形成文案。尤其是产品的哪些特点可以满足用户的痛点需求和痒点需求，从而引发情感共鸣，激发消费欲望。

案例 10-1

这家民宿的文案，让我从此不想住酒店了

一家名为"早安旅居"的民宿，因其独特的风格、温馨的服务和走心的文案吸引众多粉丝，很快由最初的几间房发展成为在重庆、长沙、北京、广州等多地开店的品牌民宿。这到底是一家什么样的民宿？又是什么样的文案呢？

"早安旅居"创始人希望旅行者不用面对千篇一律的酒店风，比如统一的白床单、缺乏个性的房间，而是可以感受当地的民俗风情，感受不一样的风景线，因此他们特地将房间设计得温馨又舒适，并利用走心文案吸引了很多消费者前往体验。住过的人都喜欢上了这里的亲切和自在感，继而口口相传，使得其粉丝越来越多。

"早安旅居"在撰写文案前首先思考了以下3个问题。

（1）精品民宿能满足用户的什么需求？

（2）住民宿的人群痛点是什么？

（3）为什么民宿能解决其痛点？

根据以上问题，文案撰写时按照以下3个步骤。

1. 分析用户需求

首先找到需要住酒店的消费群体，细化消费场景，并使用5W2H对消费群体进行用户画像（表10-2）。

表 10-2　早安民宿 5W2H 消费群体画像

场景	需求（本来希望……）	当下现状	冲突（痛点）
Who：需要出差的人 Where：同等价位的传统商务酒店 When：出差 What：休息 Why：出差需要在外地给自己找一个临时的"家" How：一早狂奔赶飞机见客户，晚上很晚才回家 How much：/	早出晚归，很累，像家一样舒适、有品质的酒店	传统酒店设备风格统一，缺乏温度	出差本来就很累，还住得不够温馨舒适
Who：旅行爱好者 Where：传统酒店 When：旅行 What：感受当地风土人情 Why：旅行的乐趣在于亲身体验 How：品尝当地美食，和当地人交流，逛当地有特色的街巷 How much：/	体验当地风情，获取不一样的经历	住的酒店都是统一白床单，千篇一律的装修风格	吃当地美食，逛特色街巷，就是住的地方没特色，感觉像一直没变过
Who：度假客人 Where：同等价位的传统酒店 When：度假 What：享受慢时光，拍照打卡 Why：修养身心，留作纪念，晒照片 How：逛的，吃的，住的都拍下来 How much：/	在美景中享受度假的乐趣，无论何时何地都可以拍好看的照片进行打卡	住的酒店太普通，度假体验降低，没法拍美景	度假时知道三分之一的时间在酒店度过，却没拍一张好看的场景秀

2. 找到产品优势

根据差异化定位，分析早安旅居与传统酒店的比较优势（表 10-3）。

表 10-3　早安民宿产品优势分析

早安旅居优势
像家一样的房间设计，温馨自在
风格差异化的城市门店设计，融入当地文化
处处皆美景，大厅、走廊、房间每一处都精心设计
像朋友一样的店长，介绍当地好吃的、好玩的，一起畅谈人生
丰富的线下活动，独特难忘的体验

3. 结合产品优势和用户需求，提供解决方案，形成推广文案

通过对目标用户的第一个场景分析，再结合早安优势"像家一样的温暖设计"，得出文案一：4:30 起床狂赶早班机，23:00 终于拜访完客户，多么希望此刻回的是"温暖的家"。我们已备好柔软被褥、慵懒沙发、江景浴缸……只为疲惫的你随时都能"回家"。

通过对目标用户第二个场景的分析，再结合早安优势"风格差异化的城市店设计"，得出文案二：吃了 18 个城市的特色美食，逛了 180 条风格迥异的街巷，偏偏住的地方"一成不变"。我们已备好复古、简约、混搭风，只为给你数不完的"惊喜"。

通过对目标用户第三个场景的分析，再结合早安优势"个性化设计+像朋友一样的店长"，得出文案三：旅行就是到别的地方去过别人的生活，如果连住的地方都千篇一律，还有什么新鲜可谈？我们已备好有趣的故事和人，还有用色彩说话的房间……早安精品民宿酒店，只为诗和远方还有特别的你。

（资料来源：营销航班公众平台，经改编。）

点评：想要写出唤起用户行动的文案，一定要先找到用户需求和产品，再将产品优势和用户需求进行绑定，同时将需求场景化，最后提供可行性解决方案，让用户以最小的行动成本就可达成目标。

（三）罗列证据，增强信任感

撰写酒店数字化文案时可以加入相关的推荐和证明，增强受众对文案信息的信任感，树立酒店的品牌形象。酒店文案可以通过用户证明、权威认证等方式增强信任感。

1. 用户证明

用户证明是指利用消费者对同一类消费群体的真实评价和感受有较强的信任感，很容易受好评的影响产生购买动机，从而针对顾客的精选留言、好评进行回复并且节选至文案中的一种写作方法。如某民宿收藏了不少客人的好评，民宿对好评也作了友好的回复，民宿可以将这些好评展示在 OTA 页面中，从而赢得受众群体的信任。

拓展阅读 10-1
真正的"诗与远方"——猪栏酒吧

2. 权威认证

权威认证是指利用消费群体对行业内权威机构的信赖，从而在文案中增加权威机构的推荐或者所获奖项等内容的一种写作方法。通过权威认证消除消费者的顾虑，培养消费意志，促成最终的消费。

（四）提供方案，引导消费

很多文案能够吸引受众、引发情感共鸣、赢得客户信赖，却不一定能够将受众转化为用户。为了提高用户转化率，应该根据支付方式、决策成本、潜在阅读时间等信息判断用户在此阅读场景下能否直接转化。如果支付方式便捷、决策成本较低、潜在阅读时间充足，那么用户能够在阅读场景下直接转化，可以将购买方式直接体现在文案中。如果用户在某个场景下的潜在阅读时间短，决策成本高，那么就需要将用户引导至其他场景才有可能实现转化。

（五）善用文字技巧，提高文案吸引力

在撰写文案时，还要考虑如何描述才能提高文案吸引力，降低受众的跳出率。根据对多篇经典文案的总结，可将吸引受众的文字技巧归纳如下。

1. 通俗又唯美

撰写酒店数字化文案要考虑到受众群体的广泛性和受众对美好生活的向往，做到既通俗又唯美。太过专业化的内容会增加受众的阅读障碍，酒店数字化文案要求专业化，使用大众能够接受的通俗语言。比如，"毗邻大海，精品客居，散客价150元起"可以改成"临海精品酒店，预订150元起"。

当然，通俗大众的语言并不是指朴素的语言，在有些情况下，酒店文案中可以使用对仗、押韵等唯美的语言描绘酒店的环境、设施、服务，从而满足消费者对美好生活的向往，提高文案内容的吸引力。

案例 10-2

济南花间堂正式开轩纳客，从此北方有江南！

江南，多烟雨；北方，多艳阳。
济南既带着北方平原的质朴，
又具南国水乡的幽情，
如一位清丽婉约的江南女子，
带着小、巧、灵、透的风韵，
隐居济水之畔，羡煞世人。

花间堂来到素有"千年历史文化名城"美誉的济南城中，试图在这座自然风光迤逦的城市中，完成"生活"和"景致"从北到南的切换。吴冠中笔下的徽派江南，白墙灰瓦、棕坊碧树，若隐若现，犹如仙境。这番景致本为徽州所独有，如今，在济南花间堂·舜庐你就能身临其境，体会别样的江南景致。

（资料来源：花间堂酒店微信公众号）

点评：该文案通过诗情画意般的语言，描述出济南花间堂所在的城市美、环境美、建筑美、意境美，写出了很多受众群体心中的江南梦，吸引周边及北方消费群体前往济南花间堂感受江南之美！

2. 幽默有趣

很多受众在各大社交媒体花费大量的时间，而有趣、有幽默感的文案会格外引起受众的关注。比如麦当劳在大暑时节解释所售产品：大薯，一种以马铃薯为原料，切成条状后油炸而成的食品，是现在最常见的快餐食品，流行于世界各地。文案从科普节气的角度解释什么是"大薯"，巧妙的谐音和一本正经的语言让人读完不免会心一笑，印象深刻。

3. 制造悬念

撰写文案时可以借助某个点制造悬念，引起受众的好奇心和思考，让受众带着疑问继续阅读，在阅读中探寻答案，提高文案的吸引力。这种手法经常在文案标题、营销软文、品牌故事中使用，给人一种设计精妙、新颖独特的感觉，能够达到出奇制胜的效果。

4. 借用话题

撰写文案时可以将热门事件、新闻、节日等作为创作的切入点，通过大众对社会热点的关注引导受众对文案的关注，从而提高文案的点击率和转载率。酒店经常推出这种营销文案，有的酒店逢节推出的各种节日文案，引发受众的情感共鸣；有的酒店会借助各种大型活动如啤酒节、世界杯等热点，撰写关注度高的营销文案；还有的酒店借助最新的电视、电影、综艺节目推出热点话题文案，从而引起受众的广泛讨论。

案例 10-3

由《速度与激情》成就的酒店借势营销"神话"

"好风凭借力"，速8酒店的"好风"来源于《速度与激情》故事的展开。2015年，速8酒店与《速度与激情7》电影结缘，"看完速7去速8"的文案刷爆朋友圈，速8酒店火了！当时的百度指数显示，速8的曝光量相比平时翻倍增长，机缘巧合的成就，让速8酒店看到了依托社交链条的裂变式效应和转化用户的机会。2017年，借着《速度与激情8》上映的风潮，速8酒店自电影首映前4天开始密集布局，通过直播、话题讨论、抽奖等活动"出圈"。数据显示，速8酒店"速8我们来了"微博话题冲击社会榜 Top11，阅读量超 1400 万；微博粉丝量净增近 4 万人，百度指数再一次刷新酒店纪录，最高达 25000+；电影首映当天，速 8 酒店组织的直播观看量达 233.9 万人，位列热门榜前 10。

（资料来源：迈点微信公众号，经改编）

点评： 速 8 酒店巧妙利用与《速度与激情 8》电影名字的重合，在电影上映前夕借势推出营销文案，引起广泛关注，品牌知名度得到大幅提升。

5. 巧用比喻

作为最基础的修辞方法，比喻经常能够起到事半功倍的效果。好的比喻，不需要冗长的文字就可以在第一时间给受众一种惊喜感和顿悟感，可以快速抓住受众的注意力；好的比喻，可以让受众感叹，原来一件事物还可以这样描述，一种感受还能这样表达，可以提高文字的吸引力，这些优势在数字化文案中显得尤为重要。比如很多文案将酒店比作出门在外的"家"，以安顿慰藉受众在外漂泊和疲惫的身心，起到吸引受众注意力和引发受众共鸣的作用。

6. 强调数据

数字化文案常常在标题中使用确切的数字来概括总结正文的内容。这种标题既可以给人一种理性思考，又具有较强的表现力，这里强调的数字要具有冲击力，要出乎意料，这样才能迅速抓人眼球，勾起好奇心！举例：住 7000 元一晚的酒店是什么体验？

7. 设置提问

在文案中设置问题，可以增加文案的互动性、吸引力和转发率。如美的食色文学餐厅的文案：当美食和文学碰撞一起，会擦出什么呢？一句提问引起了受众的好奇心，并引导受众在评论区进行回答互动，提高了文案的点击互动量和转发量。

二、酒店数字化文案标题的写作方法

本任务一开始就强调了标题对文案的重要性，标题常常决定了受众对文案的第一印象，并据此判断是否有点击文案并进行阅读的必要。因此，要撰写被搜索到、能够快速抓住受众吸引力且能激发受众点击欲望的标题，在撰写文案时，要做到主题突出、通俗易懂、新颖独特、简短有力，并通过许以利益、巧用符号、善用谐音、感情渲染、制造紧迫感等技巧提高标题的吸引力和点击率，本任务主要介绍以下数字化文案标题的写作方法。

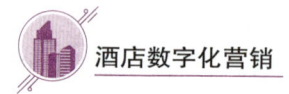

（一）宜事型

宜事型标题是指直接点明酒店营销推广意图的标题，这种标题常会开门见山地宣告某事项或直接告诉受众可以获得哪些利益或服务。折扣促销、产品上新等活动推广文案经常使用这种标题。

> **宜事型标题示例**
>
> 1. 住酒店，送特色体验，赠2500会员积分大礼（价值约合人民币1750元）。
> 2. 7.5折！亚特兰蒂斯海底套房终于来了，躺着看白鲸，还有3D奇幻秀、水族馆、水世界……劲省2K！

（二）提问型

提问型标题是用提问的方式来引起受众的注意，引发他们思考问题，加深对文案的印象，激发受众想要读完全文一探究竟的欲望。提问式标题可以是反问、设问，也可以是疑问，甚至用明知故问的方式表达文案的主题。

> **提问型标题示例**
>
> 1. 一晚8万，历时10年，耗资33亿的上海安缦，凭什么成为中国最贵酒店？
> 2. 入住率达100%的民宿，确定不了解一下吗？

（三）证明型

证明型标题主要通过客人的身份证实酒店产品和服务优势。这种标题旨在增强受众的信任感，既可以自证，也可以他证。这种标题经常在小红书、抖音、视频号等攻略类小程序中使用，以吸引受众"种草"。

> **证明型标题示例**
>
> 1. 种草这家民宿，超大玻璃落地窗，躺着看桂林山水，风景绝了！
> 2. 一个资深酒店控眼中的酒店……

（四）悬念型

悬念型标题侧重使用不合常理、鲜少听闻或让人比较震惊的信息，从而引起受众的好奇和思考，让受众带着疑惑去阅读，在阅读中探索答案。

> **悬念型标题示例**
> 1. 真情实感,住这家酒店睡觉成了浪费。
> 2. 亚朵知乎酒店的文案:"有问题?"酒店。

(五)盘点型

"干货"、经验分享类文案因实用性强,具有很强的吸引力,因此如果在标题中透露出本篇文章有内容丰富的总结、归纳,会吸引众多受众进行点击查看。

> **盘点型标题示例**
> 1. 2022年必看的终极酒店盘点,国内30+顶级新酒店,明年度假就选它!
> 2. 全国最美15家民宿婚礼场地全攻略。

(六)话题型

话题型标题是指以热词和热议话题为切入点撰写的标题,这种标题会吸引受众的广泛关注,从而提高文案的点击率和转载率。这种标题经常用于微信、微博、朋友圈等社交媒体平台。

> **话题型标题示例**
> 1. 旅游行业母亲节话题型标题:小时候,你教我大道理。长大后,我带你观世界。
> 2. 某酒店推出的"网课套餐"标题:头疼孩子上网课?不如交给酒店!

(七)赞扬型

赞扬型标题是指用正面、积极的语言对酒店的产品、服务和特征进行合理的、适度的赞扬,以突出酒店的优点,描绘出人们理想的生活环境,引起受众对住店期间美好体验的期待。

> **赞扬型标题示例**
> 1. 某民宿品牌的文案标题:逃离城市,去大自然里安家!
> 2. "简单、优雅、永恒",走进希腊圣殿般的安缦酒店。

· 257 ·

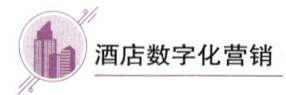

（八）谐音型

谐音型标题就是利用谐音来表达隐含的意思。谐音富有很强的生活气息，具有幽默感、趣味感和口语化的特点，是人们比较喜欢和易于接受的一种语言表达。

> **谐音型标题示例**
>
> 1. 某酒店五一假期促销文案标题：擂响五月，放"价"送礼！
> 2. 必胜客在考试季推出的文案标题：逢考必胜，芝士多多，知识多多！

三、酒店数字化文案开头的写作方法

数字化文案的开头具有承上启下的作用，上面承接文案标题，下面引导受众进一步阅读。数字化文案的开头与文案的跳出率紧密关联，如果开头索然无味或文不对题，前面精心设计的标题就可能白费工夫，因此，设计一个好的开头是文案人员的必修课。本任务主要介绍以下数字化文案开头的写作方法。

（一）悬念开头

悬念开头是指在文案的开头描述刺激、反转、不合常理的故事或场景，通过扣人心弦的表达来吸引受众的一种文案开头的设计方法。

例如，万豪国际酒店集团曾经发布了一则广告文案，文案是以一位"父亲"对女儿的内心独白开始的，具体写作如下。

> 我记得那天你认真地看向我问道：爸爸，我现在该做什么？于是，我把自己曾经听过的答案告诉你，现在你应该找一份工作，随便什么工作，然后努力工作，开始上班打卡下班打卡的日子，日复一日，你或许不喜欢，但这就是工作，这是生活本有的样子，当然了，你肯定不会听进去的，因此你向我展示了另一条路。

文案开头以和酒店没有任何关系的父女对话而开始，而且最后一句通过一反常态的情景制造悬念，让受众不禁好奇另一条路是什么。当然，文案的目的不是为了讨论工作，而是通过倡导年轻人去做自己喜欢的工作，很好地迎合了现代年轻人的理想状态，传达了万豪的品牌特色和形象，增加了年轻

项目十 撰写酒店数字化文案

人的品牌好感。

（二）直接开头

直接开头就是开门见山地提出文案的主题思想或点名要说明的对象。酒店文案采用直接开头的方式，就要在开头直接描述酒店产品、服务、特点和优势，描述酒店可以满足受众的哪些需求，给受众以直接的感官刺激。直接开头文案的示例如下。

> 一流的硬件，一线临江的景观，热情周到的服务，厚道的待客礼仪，美味丰盛的餐饮，完善的设施配套，每个方面都让您无可挑剔，满足您对奢华酒店所有的想象！

（三）名言开头

名言开头是指在文案开头精心设计一则精练、扣题又意蕴深厚的句子，或使用名人名言、谚语、诗词等引领文案的内容，突显酒店的环境特点和特色服务项目，引发受众对美好入住体验的期待。名言开头文案示例如下。

> 草树知春不久归，百般红紫斗芳菲。
> 数九寒冬终过去，多彩春日如约来。
> 若不带着家人、朋友去京郊山野好肆放松一番，
> 便真是虚度了呢！

（四）利益开头

利益开头是指文案一开始就将酒店的促销力度、奖赠方法、会员福利等优惠政策进行描述，从而起到吸引受众注意、激发购买欲望的作用。

（五）故事开头

故事开头也就是情景导入，即在文案的开头创造一个故事情景。可以是富有哲理的小故事，让受众突然懂得了某一道理；可以是引发受众情感共鸣的小故事，激发受众购买欲望；也可以是为了强调酒店特色直接写的故事，树立酒店的品牌形象。

（六）权威开头

权威开头是指借用权威机构、权威媒体、行业知名人物、权威数据、权威资料等表达和印证自己的观点，借此引领文案的内容，以增强文案的权威性和可信度。

(七)热点开头

将最新的热点话题和热点事件放在文案开头会吸引受众继续阅读文案,并可以引发受众的思考、转发和讨论等,因此,热点同样是文案开头写作的绝佳切入点。

(八)提问开头

恰当的提问不仅能引发受众的思考,还能借机自然导入文案的主题,引领下文,突出文案的主旨。例如,隐居乡里民宿为森林音乐会活动推出的软文就是通过提问开头,让受众在思考、联想的过程中对文中提出的治愈心灵的"音乐盛宴"充满了期待。以下为该文案的开头。

> 你有多久没有静下来听一首音乐了?
> 你是否记得
> 被音符环绕的惬意和放松?
> 邂逅一段温暖春光,仰望一片初夏星空。

(九)修辞手法开头

文案开头可以使用比喻、夸张、排比、比拟、反语等修辞手法,从而更加生动地表达出酒店的环境特点和服务特色。下面是某沿海城市酒店暑期营销文案的开头,文案运用拟人手法更加生动地描述了夏季海边度假的场景。

> 夏季来临
> 快和孩子一起奔赴××,
> 听海浪拍打沙滩上的奏鸣声,
> 享海风轻轻拂过脸颊的凉爽……

(十)内心独白开头

这是一种在文案开头就把内心的真实想法表露出来的写作方法。移动互联网时代人与人之间的交流大都是通过没有温度的显示屏完成,且很少有人经常与朋友谈自己的内心世界,因此,展示内心独白的文案可能会更加触动受众的内心世界,拉近与受众之间的关系。独白开头文案示例如下。

> 我们穷极一生做不完一场梦,从一个时代跨进另一个时代,从一个春天替换到另一个寒冬。自我、父母、师友、伴侣、孩子,眼前的真相让我们也会有僵固的时候,多少个应该熟睡的深夜,您独自徘徊在孤独与寂寞

的边缘，如一个过客问自己到底在寻找什么。×酒店正好有一抹温暖灯光为您照亮，简约的环境，私密性的"避难所"，无论您是商务出差，还是旅游到此……

四、酒店数字化文案正文的写作方法

数字化文案的正文是文案的核心，能够充分展示文案的整体脉络，能够将文案向受众传达的内容清晰详尽地表述出来，是文案创意和结构组织的具体体现。掌握文案正文的写作方法，可以让文案结构更合理、脉络更清晰、行文更自然。本任务主要介绍以下数字化文案正文的写作方法。

（一）总分式

总分式结构是总结表述与分别表述相结合而构成系统的结构方式，是微信文案中比较常见的一种文案结构。其中，"总"是文案的总起或总结，起到点明主题的作用；"分"是分层叙述，即将中心论点分成几个分论点，一一进行论证，逐层深入。

酒店数字化文案采用总分式结构，可以先介绍酒店的总体情况和特色，然后分别介绍客房、餐饮、娱乐等服务项目，从而清晰详尽地介绍酒店的特色和服务。

（二）三段式

三段式写作法是由新闻学中的"倒三角"写法延伸而来的，这种结构比较适合软营销文案的写作，是由开头（提出问题或事件）、中段（具体描述分析）、结尾（解决问题）三大部分构成的一种文案结构，具体可以分为以下3段。

第一段：使用简练且具有吸引力的语言概括一个事件，这个事件应该包含酒店的核心卖点。

第二段：对第一段中的事件展开描述，交代事件发生的背景、过程和相关细节，通过细节描述引发受众群体的情感共鸣、激发受众群体的消费欲望。

第三段：将前面描述的事件与酒店产品结合起来，引导受众马上行动。

值得注意的是，这里的"三段"并不是指文案由"3个自然段"组成，而是指将全文分为3个部分。

（三）片段组合式

片段组合式就是将体现共同主题的几个生动、典型的片段有机地组合起来，拼接成文，以展现产品特点，烘托品牌特色。在写作片段组合式文案时，可用开头定向，引起下文，主体部分细分片段，彼此关联又各自独立，最后结尾点明主旨的结构。写作的重点在于全文的片段式结构，同时要注意每个

片段内容不要太多，且不能分散主题，要多角度围绕主题展开描述。

酒店数字化文案采用片段组合式结构，一般开头会对酒店产品进行总体描述，然后主体部分以片段组合式介绍产品具体信息，如酒店硬件、酒店服务、目标群体、促销方式、预订渠道等。

（四）欲扬先抑式

欲扬先抑式是指为了肯定酒店的产品和服务，先用曲解或低调的态度去否定它，然后再肯定它的写作方法。这种方法可以解除受众的心理防线，让受众产生反差感，而这种反差感能够让受众在阅读文案的过程中产生思考，从而对该酒店品牌产生深刻的印象。

故事性营销软文可以采用欲扬先抑的手法，但不要让受众看到文案开头就能猜到结尾，而是要做到"千折百转"，让文案内容不停地给受众带来惊喜。

（五）并列式

并列式是指从酒店的各方面特征入手，不分先后顺序和主次，各部分并列平行地描述事件、说明事物。文案的各组成部分是相互独立和平行的关系，共同为文案主旨服务，前一段材料和后一段材料互换位置，不会影响文案的完整性和逻辑性。

（六）穿插回放式

穿插回放式是指利用思维可以超越时空的特点，以某物象或思想情感为线索，将描写的内容通过插入、回忆、倒放等方式，形成一个整体。具体操作上需要选好串联素材的线索，围绕一个中心点组织材料。

比如，在描写酒店环境、设施和服务时可以和之前的住宿经历进行对比，也可以和之前某个印象深刻的场景联系起来，从而引起受众的回忆、憧憬、讨论和思考，并最终引发受众群体的情感共鸣，激发消费欲望。

（七）递进式

递进式就是把受众的问题一层层地剥离开来，在论证的过程中做到层层深入、步步推进，一环扣一环，每部分都不能缺少。这类结构的文案具有逻辑严密的特点，文中材料与材料间的关系是逐层推进、纵深发展的，其内容之间的前后逻辑关系、顺序不可随意颠倒，后面材料的表述只有建立在前面材料的基础上才显得有意义。

酒店营销文案采用递进式结构时，常以议论体和故事体的形式进行写作，并且将重点内容放在文案的后半段。主要有以下3种表述方式。

第一种是由现象递进到本质、由事实递进到规律。比如可以先介绍酒店的装修风格、服务特色等，再介绍酒店的企业文化、设计理念、文化特色等。

第二种是直接讲道理，层层深入。比如可以先介绍酒店的设施设备、服务项目等，再介绍给客人带来怎样的入住体验，甚至上升到难忘的出行经历、亲子关系、家人关爱、修心养性、高效商旅等。

第三种首先提出"是什么"，然后展开对"为什么"的分析，最后讲"怎么样"。比如可以先通过引人入胜的入住体验和服务项目抓住受众的眼球，然后具体介绍酒店的环境特点、服务特色、服务项目等，最后通过介绍预订方法等引导受众消费。

五、酒店数字化文案结尾的写作方法

数字化文案的结尾是受众最后阅读的部分，能够留下深刻的印象，并能够影响读者会不会点赞、评论、转发或者购买。掌握数字化文案结尾的写作方法，可以让结尾与整个文章衔接更加自然，并产生预期的营销效果。下面主要介绍几种数字化文案结尾的写作方法。

（一）总结性结尾

总结性结尾是指在文案结尾再一次总结文章阐述过的观点或表达的情感，从而加深受众对主要观点或情感的印象。总结性的结尾，一般来说可以采用三段式，也可以是三句话：第一句话总结文章的关键词，列出事实的本质；第二句话升华，引起读者共鸣，可以使用一些金句；第三句话呼吁读者立即采取相应的行动。

（二）转折结尾

转折结尾就是用出其不意的逻辑思维，使展示的内容与结尾形成反差，让正文营造的气氛戛然而止，从而达到出人意料的效果，是一种让人惊奇的写作方法。这种写作方法常有奇效，氛围落差会使受众在心理上受到震撼，让受众惊叹于文案独特的构思，引起受众的讨论，留下深刻的印象。

（三）首尾呼应结尾

首尾呼应结尾是指在文案的结尾再一次回归或强调文案标题或开头提到的观点，从而加深读者对观点的印象，达成营销目的。读者在阅读文章的时候，通常是被题目或开头提到的观点吸引，结尾再呼应标题或开头观点，可以再一次印证和加强标题或开头的观点，从而引导受众的行为。

（四）引导行动式结尾

数字化文案在表达观点之后，有时需要在文案的结尾引导读者行动，比如转发、点赞、购买等。具体分为以下三种方式：第一种是引导关注或购买，通过找到文案内容与受众群体需求的共同点，在文案结尾处引导读者关注或购买；第二种是引导评论，在正文结束之后，加一句呼吁引导评论的话，提高粉丝活跃度；第三种是呼吁行动，在讲述了观点之后，号召受众在实际生活中运用。

（五）金句结尾

在写作数字化文案时，除了用名言开头之外，还可以使用金句结尾，来深化文章主题，引发受众共鸣。这些金句可以是名言警句、影视文学作品中的佳句，也可以是文案撰写人员个人总结的语句，重要的是能够帮助受众深刻地领悟文案思想，提升受众对文案的认同感。这些金句一般都富含哲理，不仅可以警醒和启发受众，还能有效提高文案的转发率。需要注意的是，文案撰写人员在使用金句时，一定要恰当使用，符合主题，总结到位，道理深刻，不要随意选取。

（六）幽默结尾

幽默的语言不仅能获得受众的会心一笑，还能获得受众的好感，增强文案的互动性。在文案结尾处使用幽默的语言，可以引起受众的互动与评论，带来很好的阅读体验，从而赢得受众的点赞、认同，并最终影响受众的购买行为。

（七）制造场景结尾

制造场景结尾就是在文案结尾处描述顾客群体内心向往的、美好的场景，以打动受众，从而引导受众行为，达成营销目的。

（八）话题讨论结尾

话题讨论结尾是指在文案结尾采用话题提问形式，是数字化文案常使用的结尾方法。提问可以引发受众思考，激发受众的互动积极性，从而增加文案的关注度和热度。

任务评价与总结表

任务实操

运用写作技巧撰写酒店数字化营销文案

第一步，查阅一家酒店或者民宿的资料，了解这家酒店或民宿的特点。

第二步，选出这家酒店或者民宿的两种典型客人类型，并根据客人类型完成以下 5W2H 分析表格（表 10-4）。

项目十 撰写酒店数字化文案

表 10-4　5W2H 分析

场景	需求（本来希望……）	当下现状	冲突 （痛点）
Who： Where： When： What： Why： How： How much：			
Who： Where： When： What： Why： How： How much：			

第三步，结合酒店或者民宿的特点，针对两种不同类型的客人，撰写两篇 50 个字以内的酒店数字化营销文案。

 任务三　掌握不同类型酒店数字化文案的写作

任务导入

某家五星级酒店在春节期间要做活动促销，需要在各数字化平台投放活动推广文案，请你帮助这家酒店撰写不同平台的春节活动促销文案。

任务知识

根据写作目的，酒店数字化文案可以分为推广文案和销售文案。推广文案主要包括广告语、品牌推广文案、营销软文、自媒体平台短文案等为了推广品牌知名度的文案。销售文案主要包括促销活动文案、旅游电商文案等为

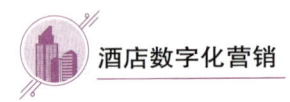

了直接提高销售量的文案。因为文案的目的和投放平台不同,具体写作方法和要求也不尽相同。本任务主要介绍不同推广文案和销售文案的具体写作方法和要求。

一、广告语的写作

(一)什么是广告语

广告语又称广告口号,是为了加强受众对酒店、商品或服务的印象而在广告中长期反复使用的简短口号性语句。它基于长远的销售利益,向消费者传达一种长期不变的观念,在广告运作中有着画龙点睛的作用。

(二)广告语的写作要求

1. 主题突出

广告语要将酒店主要特色和卖点高度概括地、清晰地展示给受众。为了深入人心,在具体表达上应尽量从满足客人的需求和诉求出发,可以将客人的诉求分为理性诉求和感性诉求。理性诉求,重在说明酒店的特色,表明客人选择入住酒店后会给他们带来的直接利益。感性诉求,常在广告中融入亲情、友情等情感,激起消费者的情感共鸣,从而诱发消费者的购买动机。

2. 通俗易懂

广告语中不宜使用艰涩难懂的词语,应当浅显易懂。恰当地运用口语,往往可获得较好的广告宣传效果。

3. 简短有力

广告语的语言一定要简练,不宜过长,从记忆的规律看,一般认为不超过10个字为宜。

(三)广告语的表现形式

1. 陈述语广告语

使用正式的语言、陈述性语气,能够有力、自信地总结酒店的主要卖点,突出酒店的主要特点和特色。

2. 诗化唯美广告语

使用稍具文学性的语言风格,在传达感性诉求时,能够更好地营造氛围,突出酒店的优美环境和优质服务。

3. 口语化广告语

使用生动活泼、语气鲜明的语言,能够拉近与受众的距离,产生情感共鸣。

项目十　撰写酒店数字化文案

酒店广告语示例

爱干净，住汉庭　　　　　——汉庭酒店广告语
天天睡好觉　　　　　　　——7天酒店广告语
睡在山海间，住进人情里　——短租平台 Airbnb 广告语
明白所需，满足所想　　　——洲际酒店集团广告语
待人如己　　　　　　　　——四季酒店广告语

二、品牌推广文案的写作

（一）什么是品牌推广文案

品牌推广文案也是推广文案的一种，它并不以直接促成销售为目的，而是通过一些能体现产品特色的文案让受众对品牌产生认知、情感，培养用户对品牌的黏性、忠诚度，是巩固品牌市场地位行之有效的工具。

（二）品牌推广文案的写作要求

1. 符合酒店品牌定位

品牌推广文案的语言要符合酒店目标市场的特点和品牌定位，比如商务型酒店与度假型酒店文案的语言风格和内容不一致，商务型酒店的文案更多地采用较为正式的语言，重点突出商务设施和服务，而度假型酒店的文案可以采用更加轻松活泼的语言，突出娱乐设施和服务。

2. 语言简练，便于传播

好的品牌推广文案应该易读易记，易于传播。无论是口语化文案，还是脍炙人口的金句式文案，都应该做到语言简练、朗朗上口，这样才有利于文案的广泛传播。

3. 语义丰富，展现品牌文化

好的品牌推广文案除了好看好听，还得有味儿。这个"味儿"就是要值得回味，就是要把品牌的文化给展示出来，因此在创作广告语时，应尽量多地将汉语言的魅力融入其中。

4. 强调客户需求和诉求

品牌推广文案的目的不仅限于让受众认知品牌，更重要的是引起受众的情感共鸣，从而培养品牌的忠诚客户。为了实现这一目的，品牌推广文案必须体现可以满足客户的哪些需求，也就是我们上面提到的痛点文案、痒点文案等。

如东方毅伍王大酒店以酒店为在外的家为主题，面向长期出差的高端商

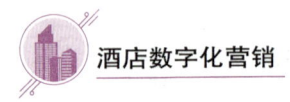

务人士推出的系列品牌推广文案如下：

> "东方毅伍王大酒店　温暖你的第二个家"
>
> 1. 习惯了漂泊，不是因为世界很大，而是因为我知道，离家越远，离梦想越近。
> 2. 一个人在外打拼，有时候难免会想家。
> 3. 欢迎王者归来——回家。

他们为打拼事业而远离家乡，不远万里来到西南边陲，自然会有一种拼搏向上的情怀，也会有一种漂泊之感。文案以"家"为主题，突出客户"乡愁"情结，也暗示酒店服务如家人般细心周到，环境如家般温馨。文案一和文案二站在客户的角度，表达他们的想法，易于引起情感的共鸣，容易被记住，便于传播。文案三是酒店作为"家"的呼唤，呼唤每个为事业、梦想打拼的"王者"回家。给了顾客十分尊崇的地位，同时"回家"二字表达了宾至如归的意思。

三、营销软文的写作

（一）什么是营销软文

营销软文是指酒店通过策划在数字媒体平台发布的可以提升酒店品牌形象和知名度，或促进酒店销售的一些宣传性、阐释性文章，包括特定的新闻报道、案例分析、深度文章等，类型多样。软文的精妙之处在于不需要刻意，而是追求一种"春风化雨、润物无声"的传播效果。

（二）酒店营销软文的写作思路

1. 故事类酒店软文

很多民宿酒店会通过故事、文化来撰写软文，通过这个故事展示酒店品牌文化和服务特色，而这个品牌文化和服务特色能够迎合目标群体的需求，从而产生情感共鸣。比如民宿主都是带着一份情怀而来，在跟客人聊天的时候，大部分会说因为旅行，喜欢上了某地，正好那时工作到了瓶颈期或者工作压力大再或者厌倦了工作，决定来某地开客栈，想要过一份与城市完全不同的生活。这是老板的故事，也是开客栈的初衷。

2. 环境描述类酒店软文

吸引人的酒店文案大多描述环境、服务，所以撰写酒店软文时一定要突出酒店的特色、住宿环境、服务设施等，这类酒店软文可以从以下5个方面切入。①触觉：床品、护理用品、地毯、沙发椅子、塑料、绵、麻、纸、布、金属、皮革、木质器件。②嗅觉：花草香、香薰系统、木材、空气、焚香。③听觉：音响、鸟声、溪水声、松涛声、波涛声、蛙声、虫鸣声、蟋蟀声。④味觉：茶、咖啡、冷饮、中餐、西餐、当地特色小吃。⑤视觉：房间呈现效果及窗外、客栈民宿周边景观。

四、自媒体短文案的写作

（一）什么是自媒体短文案

自媒体短文案是指发布在自媒体平台，字数在100字以内的文案。自媒体短文案重点在于维护客户黏性，表现核心信息，迅速吸引眼球，主要包括微信朋友圈文案、微博短文案、小红书文案和短视频文案。

（二）自媒体短文案的写作思路

不管投放在哪个自媒体平台，都需要紧紧抓住受众的关注点、心理特征和需求，才能写出点击率和传播度都比较高的文案。

1. 借势借力

为了提高用户黏性，自媒体短文案最好定期、定时更新，通过定期分享日常，持续抓住受众的吸引力，因此可以采用借势借力实时营销的方式。比如热点话题、天气状况、节日等都可以作为自媒体短文的切入点。

2. 展示特点

为了快速吸引受众眼球，可以将酒店的核心卖点以图文并茂的形式展示在自媒体平台。这些卖点可以是位置、装饰风格、服务项目、服务特色等。比如海景房可以强调海边度假的心境，亲子类酒店可以强调温馨亲子时光、难得难忘的体验等。

3. 场景化

配合图和视频的文案要做到图文一致，使用简练的语言将图片或视频中的场景描述出来。通过文案描述可以将受众带入图片或视频中的场景中，围绕图片或视频中"人""景色""环境"撰写文案。

4. 关注需求

有些文案虽然很美，却没有在受众心中留下深刻印象，更没有让受众因此记住这个酒店品牌，主要原因是文案没有关注受众的需求。只有将美的文案和受众需求结合起来，才能直击心灵，使酒店品牌和特色在受众心中留下深刻的印象。

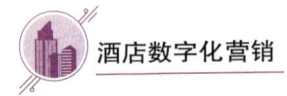

5. 强调省钱、折扣或价值

很多时候受众喜欢实惠的感觉，当酒店有促销活动时也可以在自媒体进行转发。如即日起至2024年5月5日，凡充值3000元即可参与酒店周年满赠优惠活动，多充多送，先到先得哦！

（三）自媒体短文案的表现形式

1. 精练语言

自媒体平台短文案的首要目的是在众多的信息中能够被受众筛选出来进行关注，因此，自媒体短文案要求语言精练，能够快速吸引受众的眼球。

2. 唯美且有哲理

为快速吸引受众眼球并使其产生情感共鸣，自媒体短文案要做到唯美且有哲理。因此，自媒体短文案可以采用经典诗词、文学作品、经典歌词、经典台词等。

五、旅游电商文案的写作

（一）什么是旅游电商文案

在携程、美团、飞猪、去哪儿、同程、马蜂窝等旅游电商平台上发布的旨在引导受众直接购买酒店产品的文案称为旅游电商文案，属于销售文案的一种。

（二）旅游电商文案的内容要素

旅游电商文案的目的与前述文案的目的不同，是以直接促成交易为目的的销售文案。用户在旅游电商平台预订酒店时，大部分会自主搜索，最终呈现出输入的关键词与酒店产品标题相匹配的搜索结果。酒店产品标题是指产品文案中的标题部分，其主要由与酒店产品相关的关键词组成，包括品牌名称、地理位置、酒店特征、价格信息、促销方案等。

（三）旅游电商文案的创作要点

1. 图文配合

再精妙的文案，缺乏生动的图片，也会显得过于苍白，缺乏表现力。为了吸引受众的注意和兴趣，旅游电商文案要与酒店代表图片、唯美图片配合使用，从而提高营销效果。

2. 突出卖点差异化

很多受众在预订酒店时喜欢货比三家，因此在写作旅游电商文案时，最好突出自身产品与其他产品的差异点，提升自身产品的竞争力。例如，在选择体现酒店地址的关键词时，可以选择与重要交通枢纽、附近标志性旅游吸引物，以及周边配套生活、娱乐设施等的距离。

3. 寻找切入点

文案的切入点可以成为连接产品和受众的工具，使文案能够触及受众，激发受众思考，引起受众的关注点或共鸣。切入点可在创意思维、新闻故事、热点话题、情感营销等方面寻找，要让受众觉得这篇文案立意独特，从而对酒店产品和品牌产生兴趣。

六、促销活动文案的写作

（一）什么是促销活动文案

促销活动文案是指表现酒店促销方案的图文并茂的文案，属于销售文案。这种文案一般会给消费者一个立即下单的理由，这个理由通常是"现在下单就有好处"（比如打折、特价）。在文案中说明特价活动限时、限量，给潜在客户以紧迫感，才更有效。

（二）促销活动设置方式

1. 物质奖励

预订酒店给予客户实际的奖励，如优惠券、抽奖等。

2. 稀缺感

制造稀缺的房源和限量的促销方式，如限时促销、限量促销。

3. 超值感

强调酒店产品和服务所含的价值超出所支付的价格，让受众获得实惠的感觉。

4. 炫耀和猎奇

炫耀指刻意向他人展现自己认可的事物，从而获得别人的赞美与羡慕。
猎奇要求获得有关新奇事物或新奇现象的心理状态。

5. 营造情绪

情绪是指人有喜、怒、哀、乐、惧等心理体验，这种体验是人对客观事物态度的一种反映。情绪具有肯定和否定的性质。能满足人的需要的事物会引起人的肯定性质的体验，如快乐、满意等；不能满足人的需要的事物会引起人否定性质的体验，如愤怒、憎恨、哀怨等；与需要无关的事物，会使人产生无所谓的情绪和情感。而强烈的情绪，就是"喜、怒、哀、乐"的增强版。

6. 尊崇感和重视感

针对特殊的受众群体推出特别的促销活动，让受众群体感

专业词汇

任务评价与总结表

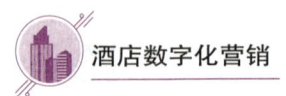

受到尊重和推崇。

任务实操

撰写不同类型的酒店数字化营销文案

第一步,选择一家酒店,分析酒店的品牌定位、服务特色、环境特点等。

第二步,选择文案的主题与切入点。

第三步,撰写不同类型的酒店数字化营销文案(完成3种类型的文案即可)(表10-5)。

表 10-5　不同类型的酒店数字化营销文案

文案类型	酒店概括	文案主题	文案内容

项目训练

扫描右侧的二维码,开始做题吧。

随堂练习

参考文献

［1］菲利普·科特勒，加里·阿姆斯特朗.市场营销：原理与实践［M］.楼尊，译.17版.北京：中国人民大学出版社，2020.

［2］马尔科姆·麦克唐纳，伊恩·邓巴.市场细分：如何发掘商业机会并从中获益［M］.北京：李九翔，曾斐，张鹏，译.化学工业出版社，2020.

［3］宁延杰.数字化营销［M］.北京：北京大学出版社，2023.

［4］魏云豪等.收益管理 实战版 突破增长困境 提高酒店营收水平［M］.北京：人民邮电出版社，2020.

［5］邓俊枫.酒店数字化营销［M］.北京：清华大学出版社，2023.

［6］容莉.互联网＋酒店运营手册［M］.北京：化学工业出版社，2020.

［7］李勇，钱晔.数字化酒店：技术赋能＋运营变革＋营销升级＋管理转型［M］.北京：人民邮电出版社，2021.

［8］汪京强，黄昕.酒店数字化营销［M］.湖北：华中科技大学出版社，2022.

［9］赵伟丽.酒店市场营销：第3版［M］.北京：北京大学出版社，2020.

［10］黄京皓.新媒体文案创作与传播［M］.北京：清华大学出版社，2020.